FLORIAN BAUER

BETON GOLD

MIT PLAN ZUM IMMOBILIEN-MILLIONÄR. AUS DER PRAXIS. FÜR DIE PRAXIS.

DEUTSCHER
WIRTSCHAFTSBUCH
VERLAG

Bibliografische Information der Deutschen Nationalbibliothek
Die Deutsche Nationalbibliothek verzeichnet diese Publikation in der Deutschen Nationalbibliografie; detaillierte bibliografische Daten sind im Internet über dnb.dnb.de abrufbar.

Wir freuen uns auf eure Anregungen und Fragen
info@deutscherwirtschaftsbuchverlag.com

Wichtiger Hinweis
Die im Buch veröffentlichten Empfehlungen wurden von Verfasser und Verlag erarbeitet und geprüft. Der Inhalt dieses Buches beruht ausschließlich auf den persönlichen Erfahrungen des Autors und erhebt keinen wissenschaftlichen Anspruch. Die benutzten Begrifflichkeiten sind wertfrei. Eine Garantie kann dennoch nicht übernommen werden. Ebenso ist die Haftung des Verfassers bzw. des Verlages und seiner Beauftragten für Personen-, Sach- und Vermögensschäden ausgeschlossen.

1. Auflage 2025

Deutscher Wirtschaftsbuch Verlag GmbH,
Christoph-Rodt-Straße 11,
86476 Neuburg an der Kammel
www.deutscherwirtschaftsbuchverlag.com

Auch wenn eine gendergerechte Sprache wünschenswert ist, gibt es aus Sicht des Verlages bisher keine befriedigende, gut lesbare Lösung. Der leichten Lesbarkeit zuliebe haben wir des Öfteren von der Doppelung männlicher und weiblicher Formen Abstand genommen. Selbstverständlich liegt es uns fern, dadurch einen Teil der Bevölkerung zu diskriminieren.

Redaktion: Ulrich Wille
Satz: inpunkt[w]o, Wilnsdorf (www.inpunktwo.de)
Korrektorat: Christine Rechberger
Covergestaltung: Christoph Rodak
Umschlaggestaltung: www.b3k-design.de, © 2025 Andrea Schneider & diceindustries
Bildnachweis: Adobe Stock/109618049
Druck: GGP Media GmbH
Printed in Germany

ISBN Print: 978-3-69066-084-6
ISBN E-Book (PDF): 978-3-69066-086-0
ISBN E-Book (EPUB, Mobi): 978-3-69066-085-3

INHALT

EINLEITUNG

Die Nachmittagssonne taucht die Terrasse der Finca in ein warmes Licht. Von hier aus haben Yvonne und Sebastian, Andrea und Andreas einen perfekten Blick über die sanften Hügel Mallorcas. Palmen wiegen sich im Wind, der Pool glitzert in der Mitte des Gartens.

»Also, ich hoffe, ihr habt Hunger!«, ruft Yvonne gut gelaunt, während sie die letzten Tapas-Schalen auf den langen Holztisch stellt. Oliven, Serrano-Schinken, Manchego-Käse und frisches Brot – ein perfekter Auftakt für ihr erstes gemeinsames Treffen in dieser neuen Konstellation.

Andrea lässt den Blick über die Szenerie schweifen. »Unglaublich schön hier! Ich könnte mich glatt daran gewöhnen.«

Andreas, der neben ihr steht, nickt zustimmend. »Ich wusste ja, dass Yvonne und Sebastian Geschmack haben, aber das hier übertrifft meine Erwartungen.«

Sebastian lacht und erhebt ein Glas Cava in die Runde. »Auf neue Freundschaften, alte Bande und eine Woche voller guter Gespräche!«

Sie prosten einander zu, während Andrea einen neugierigen Blick zu Yvonne wirft. »Erzähl mal, wie seid ihr eigentlich auf diese Finca gekommen?«

»Na, über wen wohl? Drei Mal darfst du raten.« Und ohne die Antwort auf diese rhetorische Frage abzuwarten, sagt sie: »Natürlich Florian! Er meint, die Eigentümer wollen sie eventuell verkaufen – also schauen wir uns das Ganze mal genauer an.«

Andreas hebt anerkennend die Augenbrauen. »Das klingt nach einer klassischen Yvonne-und-Sebastian-Aktion. Urlaub und Immobilien-Investment in einem.«

Yvonne zuckt unschuldig mit den Schultern. »Man weiß ja nie, welche Möglichkeiten sich ergeben.«

Andrea schüttelt amüsiert den Kopf und sagt gespielt seriös: »Also, gern schauen wir uns mal die Zahlen dazu an. Solange die Abschreibungen und andere Kosten stimmen, die wir von der Steuer absetzen können.«

»Ganz so einfach ist das hierzulande aber nicht – wir sind schließlich nicht in Deutschland«, fällt ihr Andreas ins Wort.

»Gemach, gemach, Leute. Genießen wir erst mal den Abend. Wir werden noch genug Zeit haben, über unsere Immobilienleidenschaft zu reden«, sagt Yvonne und hebt erneut ihr Glas.

Wohlstand entsteht oft erst durch erfolgreiche Investments in Immobilien. Steuerliche Vorteile, intelligente Finanzierungsstrategien und die richtige Herangehensweise machen es möglich, mit relativ wenig Eigenkapital ein solides Portfolio aufzubauen.

Dabei spielt das deutsche Steuerrecht eine entscheidende Rolle. Abschreibungen, Werbungskosten und clevere Finanzierungsmodelle können die Steuerlast erheblich senken und den Cashflow optimieren. Wer die Spielregeln kennt, kann sein Vermögen nicht nur langfristig absichern, sondern auch effizient vermehren. Diese Aspekte werden in den kommenden Kapiteln eine zentrale Rolle spielen – und genau hier setzt das Gespräch unserer vier Protagonisten an.

Immobilien gelten seit jeher als sichere und wertstabile Anlageform. Dennoch schaffen es die meisten Menschen nicht, signifikantes Vermögen durch Mietshäuser und Eigentumswohnungen aufzubauen. Warum? Weil sie entweder nicht den Mut fassen, überhaupt zu investieren, oder nach den ersten ein bis zwei Objekten aufgeben. Dabei bieten die in Summe nahezu einmaligen steuerlichen Regelungen in Deutschland – gepaart mit hervorragenden Finanzierungsbedingungen – beste Voraussetzungen dafür.

In diesem Buch erfahren Sie daher praxisnah, wie Sie Immobilien als gezieltes Werkzeug zur Vermögensbildung nutzen. Ich zeige Ihnen, welche Hebel Sie einsetzen können, um Ihre Rendite zu maximieren und Ihre Steuerlast zu minimieren. Zudem gehen wir auf typische Fehler ein, die viele Investoren daran hindern, langfristig erfolgreich zu sein.

Deutschland – eine Steueroase für Immobilieninvestoren?

Deutschland gilt als Hochsteuerland, und das leider zu Recht. Die hohen Steuern sind für die meisten Branchen eine Belastung und Ursachen vieler Probleme. Doch gerade für Immobilieninvestoren bietet das Land erstaunliche Möglichkeiten zur legalen Steueroptimierung: von der Gestaltung der Abschreibung über die Wahl des richtigen Investitionsvehikels bis hin zum steuerfreien Verkauf nach zehn Jahren. Wer die Spielregeln kennt und konsequent anwendet, kann seine Steuerlast erheblich reduzieren und ein beachtliches Vermögen aufbauen. Ich werde Ihnen aufzeigen, welche Strategien besonders effektiv sind.

Denn viele Investoren nutzen die bestehenden Möglichkeiten nicht vollständig aus, sei es aus Unkenntnis oder weil sie die Komplexität der deutschen Steuergesetzgebung scheuen. Dieses Buch soll Ihnen die Angst vor dem Thema nehmen und Ihnen Instrumente an die Hand geben, mit denen Sie Ihre Steuerstrategie optimieren können.

Fallstudien und Praxisbeispiele

Dieses Buch ist kein rein theoretisches Werk, sondern basiert auf meinen eigenen Erfahrungen, realen Immobilien, echten Deals und erfolgreichen Investitionen und denen meiner Kunden. Im Laufe der Kapitel werden wir immer wieder auf konkrete Fälle eingehen, die Ihnen zeigen, wie unterschiedliche Strategien in der Praxis funktionieren. Die Beispiele und Kalkulationen habe ich allesamt persönlich begleitet und verantwortet, teils sind es meine eigenen Investitionen.

Bonusmaterial zum Buch

Noch ein Hinweis: Ich werde in diesem Werk nicht die Grundlagen des Immobilienkaufs und -managements erläutern. Also: Wie und durch wen findet man Wohnungen, was muss ich beim Kauf beachten, wie funktionieren der Markt, Lagen, Standorte oder Nebenkostenabrechnungen? Dafür habe ich 2023 das Buch *Immobilieninvestments neu denken – Das 1×1: Wie Sie trotz hoher Zinsen erfolgreich investieren und ein Vermögen aufbauen* geschrieben. Ich erwähne diese Punkte hin und wieder aber, um Zusammenhänge herzustellen. In diesem aktuellen Ratgeber konzentriere ich mich auf die Investmentaspekte: Vermögens- und Portfoliobildung, Finanzierung und besonders das Thema Steuern.

Ihr Weg zum erfolgreichen Immobilieninvestor

Mein Ziel ist es, Sie in die Lage zu versetzen, gewinnbringend in Immobilien zu investieren. Dabei möchte ich Ihnen zeigen, dass es nicht darum geht, schnell reich zu werden, sondern langfristig ein solides Vermögen aufzubauen. Denn viele glauben, dass der Erwerb von ein oder zwei Immobilien ausreicht, um sich finanziell abzusichern. Doch Vermögensaufbau mit Immobilien ist ein Marathon, kein Sprint. Und man sollte frühzeitig mit dem Training anfangen.

Wenn Sie bereit sind, die Spielregeln zu lernen und konsequent anzuwenden, dann können auch Sie es schaffen, mit Immobilien Wohlstand zu schaffen. Dieses Buch soll Ihnen dabei als Leitfaden dienen – praxisnah, fundiert und motivierend. Also: Lassen Sie uns gemeinsam starten!

Zur Seite stehen mir wieder – wie in meinem vorherigen Buch – zwei Paare, allerdings in neuer Konstellation: Yvonne (36 Jahre), angestellt als Vertriebsassistentin, und Sebastian (48), leitender Angestellter aus Köln. Sie haben zwei Kinder und zusammen erzielen sie ein monatliches Haushaltsnettoeinkommen von 8.000 Euro, 700 Euro mehr als vor zwei Jahren aufgrund von Beförderungen und Gehaltserhöhungen. Sie sind sehr erfahren bei Immobilien und investieren regelmäßig. Über die Jahre haben sie sich von mir begleiten lassen und sich so ein Portfolio mit sieben Immobilien aufgebaut, sechs davon mit meiner Hilfe.

Das andere Paar besteht zwar noch aus Andrea (37, Lehrerin) auf der einen Seite, aber nicht mehr aus Peter, ihrem nun Ex-Mann. Vielmehr ist Andrea jetzt mit Andreas zusammen, einem 44-jährigen Juristen. Kennengelernt haben sich Andrea und Andreas auf »Empfehlung« von Yvonne und Sebastian. Das Paar hatte Andreas wiederum über Florian kennengelernt, der den dreien jeweils eine Eigentumswohnung in Lünen vermittelt hatte. So sind sie ins Gespräch gekommen und Yvonne und Sebastian haben Andreas als Machertypen mit Andrea zusammengebracht – der ihr endlich beim Immobilienkauf unter die Arme greifen sollte und ihr den letzten Push für den Kauf einer Eigentumswohnung in Weetzen geben sollte, wo er dann selbst ebenfalls zuschlug. Es wurde mehr als eine Investition in Immobilien. Peter, Andreas Ex-Mann, kam hingegen einfach zu wenig in die Umsetzung und hat immer nur das Schlechte an Immobilien gesehen. Andrea hat an Andreas beeindruckt, wie schnell er alles umgesetzt hat und wie positiv er an das Thema rangeht.

Beide Paare haben ein ausgesprochenes Immobilien-Mindset, aber jeweils unterschiedliches Wissen und Erfahrungen. Denn die steuerlichen Themen hatten Yvonne und Sebastian bislang noch nicht in dieser Tiefe auf der Rechnung. Da ist inzwischen Andreas – obwohl erst seit 2024 überhaupt in Immobilien engagiert – ein Crack.

Andrea und Yvonne kennen sich bereits seit Schulzeiten. Einmal im Jahr kommen beide Paare für einen gemeinsamen Urlaub zusammen. Dieses Mal, im Mai 2025, machen sie für zehn Tage auf Mallorca Urlaub. Die Kinder von Yvonne und Sebastian sind zu Hause bei den Großeltern, die Kinder von Andrea bei Peter, mit dem sie sich das Sorgerecht teilt.

Peter war im Mindset und bei seiner Weiterentwicklung im Leben ein lahmer, zu zögerlicher Typ – auch symbolisiert durch seine Überskepsis und Zögerlichkeit bei Immobilien. Natürlich war dies nicht der Grund für die Trennung, aber es war symptomatisch. Das frühere Paar Andrea/Peter hatte nichts in Immobilien investiert und so viele Chancen verpasst. Zwischendurch hatten sie allerdings mithilfe der Eltern ein Eigenheim gekauft, in dem nun Andrea mit den Kindern lebt. Doch sie bereut den Kauf der Immobilie, da sie keine Steuervorteile davon hat und sie durch Jobangebote in anderen Städten und Regionen Deutschlands besser örtlich flexibel gewesen wäre.

Andrea hat als Lehrerin eine 75-Prozent-Stelle. Die reduzierte Zeit nutzt sie vor allem, um sich mehr um ihre Kinder zu kümmern. Ihr Nettomonatseinkommen beträgt 3.500 Euro. Andreas (44) ist ehemaliger Richter und derzeit als Ministerialrat und Beamter in einem Landesministerium tätig. Sein monatliches Nettoeinkommen beträgt 5.900 Euro, er zahlt allein 25 000 Euro jährlich an Steuern – beziehungsweise müsste sie zahlen, wenn er nicht so clever in puncto Steuerabzüge agieren würde. Er ist ein Machertyp, prüft durch sein Jurastudium alles genau durch und will die Themen verstehen. Andreas hat erst mit 43 Jahren angefangen, dann aber richtig: Inzwischen hat er fünf Immobilien, die er binnen nur anderthalb Jahren gekauft hat und die ich im Laufe des Buchs vorstellen werde; weitere sind in der Pipeline. Viele seiner Immobilien sind 110-Prozent-finanziert, als Beamter hat er schließlich bei Banken gute Karten.

Während die vier beim Wein sitzen, wandelt sich das Gespräch allmählich. Andreas spricht über seine neuesten Investitionen. Andrea erzählt von ihrer ersten Wohnung in Weetzen und ihren Plänen, weiterzumachen. Yvonne und Sebastian berichten von ihrem letzten Kauf in Lünen, im selben Haus wie Andreas.

»Ich kann kaum glauben, dass ich mich früher so schwer damit getan habe, den ersten Schritt zu wagen«, sagt Andrea nachdenklich. »Und jetzt denke ich schon über die nächste Immobilie nach.«

Andreas legt eine Hand auf ihre. »Tja, es geht eben ums Umsetzen – nicht ums Zögern.«

»Also, wenn wir schon beim Thema sind ...« Sebastian lehnt sich vor. »Was haltet ihr davon, wenn wir morgen in der Stadt frühstücken und uns danach ein paar Objekte anschauen? Florian hat mir eine Liste mit interessanten Lagen hier auf der Insel gegeben.«

Andrea verdreht spielerisch die Augen. »Kaum angekommen und schon geht's los.«

»Aber genau dafür sind wir doch hier, oder?« Yvonne strahlt. »Also, wer ist dabei?«

Andreas hebt sein Glas. »Wenn es gute Rendite bringt, bin ich immer dabei.«

Und damit ist der nächste Tag bereits geplant.

GELDANLAGE UND INVESTMENTS – UND DIE BEDEUTUNG VON IMMOBILIEN

Altersvorsorge und finanzielle Freiheit

Wir kennen alle das Kernproblem: Die wachsenden Schwierigkeiten, die gesetzliche Rente oder traditionelle Sparpläne als ausreichende Altersvorsorge zu betrachten. Ohnehin gilt dies ja nur für Angestellte. Selbstständige und Unternehmer müssen vollkommen allein für ihre Zukunft sorgen. Beamte wiederum werden von uns allen alimentiert und haben im Alter eine weit überdurchschnittliche Pension. Trotzdem wollen gerade auch sie Eigentum erwerben, um einen besonders auskömmlichen Lebensabend zu genießen – wofür ein Protagonist in diesem Buch steht. Die gesetzliche Rente – die für die meisten relevant ist, aber zunehmend faktisch irrelevant wird im Sinne von: »Was zahle ich ein, was bekomme ich raus? Und: Reicht das überhaupt?« – deckt also selten die Kosten für den gewünschten Lebensstandard im Alter.

Alle sollten daher ihre Wunschvorstellungen zur Altersvorsorge systematisch herausarbeiten, Einnahmen und Ausgaben auflisten und ihre Ansprüche und Motive reflektieren. Ziel: unabhängig von staatlichen oder traditionellen privaten Rentensystemen zu werden und im Idealfall sogar finanzielle Freiheit zu erreichen. Das bedeutet: selbst zu entscheiden, wann man womöglich mit der Arbeit kürzertritt oder gar weit vor dem Rentenalter aufhört – etwas, wozu Immobilieneinnahmen wesentlich beitragen können.

Hier finden Sie einen kostenlosen Rechner, mit dem Sie berechnen können, wie viel Immobilienvermögen Sie für X € Rente aufbauen müssen – QR-Code scannen.

Assetklassen im Vergleich

Doch natürlich gibt es nicht nur Immobilien. Eine Darstellung der Altersvorsorge und des Wegs zur finanziellen Freiheit sollte fairerweise auch andere wesentliche Assetklassen umfassen: Aktien, ETFs, Gold oder Kryptowährungen. Was bieten sie, was Immobilien nicht bieten, und umgekehrt? Dabei kommt es nicht nur auf die schiere Rendite an. Vielmehr sind besonders auch folgende Aspekte und die Gesamtschau wichtig:

- Liquidität und Flexibilität,
- der Hebeleffekt (also die Nutzung von Fremdkapital),
- Inflationsschutz und
- steuerliche Regelungen.

In Zeiten von schwankenden Märkten und Unsicherheit suchen viele Anleger nach stabilen und langfristigen Strategien zur Vermögensbildung. In diesem Abschnitt erläutere ich meine Meinung zu den verschiedenen Anlageklassen und wie ich selbst diversifiziere, um finanzielle Sicherheit und Wachstum zu kombinieren.

»Lohnt es sich denn, in viele Immobilien zu investieren, wenn man die Mieteinnahmen versteuern muss?«, fragen sich viele. Ja! Denn auch bei anderen Anlageformen wie Aktien und Fonds müssen Gewinne versteuert werden, obgleich zu einem pauschalen Steuersatz von 25 Prozent plus Solidaritätszuschlag. Gewinne aus Immobilien dagegen werden mit dem persönlichen Steuersatz veranlagt, der in der Regel höher liegen dürfte (außer man nutzt dazu andere Rechtsformen, wie ich später darlegen möchte). Doch dies betrifft »nur« die zu versteuernde Summe. Ausgangspunkt und Hebel der meisten in diesem Buch dargestellten Aspekte ist daher, wie man es durch Abzugsmöglichkeiten aller Art und vor allem durch Abschreibungen schafft, seine Steuerschuld zu mindern, indem man die Bezugsgröße für die Steuer verringert und gleichzeitig aber Wertzuwachs schafft, indem man die Immobilien abbezahlt.

Hinzu kommt der unschlagbare Vorteil, dass man Immobilien meist nur mit einem gewissen Eigenkapitalanteil erwirbt – und den Rest finanziert. Die Zinsen für den Kredit stellen wiederum Kosten dar und wirken sich steuerschonend aus. Der Mieter zahlt im Idealfall den Kredit. Zudem bieten Immobilien weitere Möglichkeiten, Steuern zu sparen, und vor allem kann man sie als Privatperson nach zehn Jahren steuerfrei verkaufen, was bei allen anderen Anlageformen außer Gold und Kryptowährungen nicht möglich ist, dort sogar schon nach einem Jahr. Doch nun zu den wichtigsten Assetklassen im Einzelnen.

Tagesgeld: flexibel, aber begrenzt

Tagesgeldkonten erleben nach Jahren der Niedrigzinsen eine kleine Renaissance. Verzinsungen von 3 Prozent oder mehr wirken auf den ersten Blick attraktiv, zumal Tagesgeldkonten höchste Liquidität bieten: Das Geld ist jederzeit verfügbar, ohne Verluste hinnehmen zu müssen. Das macht sie ideal für Notgroschen oder kurzfristige Rücklagen (die man unbedingt auch haben sollte).

Doch genau hier liegen auch die Schwächen des Tagesgelds. Der Zinssatz mag positiv erscheinen, wird jedoch durch die Inflation meist entwertet. Selbst bei moderater Inflation verliert die Kaufkraft der Erträge oft mehr, als der nominale Zuwachs ausmacht. Zur Erinnerung: Im Jahr 2022 hatten wir eine Inflation von 7,9 Prozent, 2023 von 5,9 Prozent und 2024 von knapp 2 Prozent. Hinzu kommt die Abgeltungssteuer von 25 Prozent plus Solidaritätszuschlag (und gegebenenfalls Kirchensteuer), die die Nettorendite weiter schmälert.

Immobilien hingegen bieten nicht nur Rendite, sondern auch Schutz vor Inflation: Der Wert der Immobilie sowie die Mietpreise steigen tendenziell mit der Teuerung. Auch Aktien, ETFs und Gold zählen hier zu den sogenannten Sachwerten, die einen gewissen Inflationsschutz bieten. Tagesgeld bleibt dagegen ein reines Geldwertinvestment und verliert in Zeiten steigender Preise an Attraktivität.

Am nächsten Morgen sitzen die vier beim Frühstück auf der Terrasse, frische Croissants und ein kräftiger Café con Leche auf dem Tisch. Das Gespräch dreht sich um verschiedene Anlageformen.

»Ich habe neulich meine alte Lebensversicherung geprüft. Nach fast 18 Jahren Einzahlungen würde ich kaum mehr als meine abgeführten Beiträge herausbekommen«, sagt Andrea kopfschüttelnd.

»Das überrascht mich nicht«, meint Sebastian. »Die Renditen sind durch Gebühren und niedrige Zinsen so schlecht, dass es sich kaum lohnt. Ganz zu schweigen von der Inflation.«

»Und dann diese undurchsichtigen Verträge«, ergänzt Andreas. »Kaum jemand versteht wirklich, wie viel am Ende tatsächlich ausgezahlt wird. Ich habe meine vor drei Jahren gekündigt und das Geld in meine erste Immobilie gesteckt.«

Yvonne nickt zustimmend. »Das war wahrscheinlich die beste Entscheidung. Unser Geld arbeitet für uns, statt von Verwaltungsgebühren aufgefressen zu werden.«

»Eben«, sagt Andrea. »Deshalb überlege ich gerade, ob ich meine alte Police auflöse und das Kapital in eine weitere Wohnung investiere.«

»Wenn du langfristig Vermögen aufbauen willst, ist das sicher die bessere Wahl«, meint Sebastian. »Aber lass uns das nachher noch mal genauer durchrechnen.«

Lebensversicherungen

Lebensversicherungen sind extrem beliebt. In Deutschland gibt es 46 Millionen Policen, zusammen mit Pensionskassen und -fonds sind es gar 85 Millionen Verträge; also mehr als es Einwohner gibt. In sie werden jährlich 92,2 Milliarden Euro (2023) eingezahlt.[1] Man könnte also meinen, dass dieses Kapitel recht kurz ausfällt, weil Lebensversicherungen so großartig sind. Nein, der Abschnitt könnte aus einem anderen Grund gleich beendet werden, nämlich wenn wir uns die Rendite anschauen, die obendrein von der Inflation vollkommen aufgefressen wird. Insofern ergeben Lebensversicherungen für 99 Prozent der Menschen keinen Sinn.

Doch natürlich berichte ich ausführlich über die Assetklasse und Altersvorsorgeform »Private Rentenversicherung/Lebensversicherung« – obwohl das Produkt aus meiner Sicht nichts taugt und eine Geldverbrennungsmaschine ist. Die Verbreitung der privaten Rentenversicherung hat durch die staatliche Förderung (beispielsweise Riester) fatalerweise sogar zugenommen, wenngleich die Neuabschlüsse rückläufig sind. Die hohen Abschlusskosten, mangelnde Transparenz und vor allem mickrige Performance haben indes zuletzt Kritik hervorgerufen.

Funktionsprinzip

- Private Rentenversicherung: Sie funktioniert als Sparprodukt kombiniert mit einem Versicherungselement. Der Versicherungsnehmer zahlt Beiträge (einmalig oder laufend), die von der Versicherungsgesellschaft angelegt werden. Zum vereinbarten Zeitpunkt wird eine lebenslange Rente ausgezahlt. Die Rentenzahlung kann garantiert oder von der Entwicklung der Kapitalmärkte abhängig sein (etwa fondsgebundene Modelle).
- Lebensversicherung: Hier wird zwischen Risikolebensversicherung (Absicherung des Todesfalls) und Kapitallebensversicherung (Sparen und Absicherung kombiniert) unterschieden. Bei der Kapitallebensversicherung wird ein Betrag angespart, der entweder im Todesfall oder bei Ablauf der Laufzeit ausgezahlt wird.

Rendite nach Kosten

- Die Rendite privater Renten- und Lebensversicherungen gilt aufgrund der hohen Kosten und der niedrigen Verzinsung als vergleichsweise gering.
- Garantierte Verzinsung: Für Neuverträge liegt der garantierte Rechnungszins seit 2022 bei 0,25 Prozent. Das bedeutet, dass Versicherer das Kapital konservativ anlegen müssen (meist in Staatsanleihen oder festverzinsliche Wertpapiere).
- Effektive Rendite: Die durchschnittliche Rendite nach Kosten liegt oft nur bei 1 bis 2 Prozent pro Jahr, abhängig vom Vertrag und der Anlagestrategie. Ein Trauerspiel.
- Bei fondsgebundenen Produkten kann die Rendite höher sein, birgt jedoch mehr Risiko.

Die Hauptkritik richtet sich gegen die hohen Abschlusskosten (besonders Vermittlerprovisionen) und Verwaltungsgebühren. Diese können 5 bis 10 Prozent des Anlagebetrags ausmachen und drücken die Rendite erheblich.

Vergleich

Im Vergleich zu anderen Assetklassen wie ETFs oder Immobilien haben private Renten- und Lebensversicherungen Vor- und Nachteile:

Vorteile:

- Sicherheit durch garantierte Leistungen (zumindest beim klassischen Modell).
- Steuerliche Vorteile (bei langlaufenden Verträgen).
- Lebenslange Auszahlung möglich (bei Rentenversicherung).
  Nachteile:
- Deutlich geringere Renditen nach Kosten.
- Bindung an lange Laufzeiten (wenig Flexibilität).
- Intransparente Kostenstruktur.

Zwischenfazit

Private Renten- und Lebensversicherungen sind keine »schnellen« Investments, sondern konservative Vorsorgeprodukte. Sie bieten Stabilität, aber die Rendite bleibt aufgrund der hohen Kosten und der konservativen Anlagepolitik häufig hinter anderen Anlageformen zurück – auf gut Deutsch: Man macht Miese. In der Niedrigzinsphase wurden ihre Nachteile besonders deutlich. Zudem ist es auch so, dass Sie, wenn Sie als Investor zu viel Sicherheit suchen, ebenfalls deutlich länger brauchen, bis Sie Millionär werden – oder Sie benötigen mehr Kapital.

Berechnung eines beispielhaften Szenarios

Ein Versicherungsnehmer zahlt seit 1990 monatlich 200 Euro in eine private Rentenversicherung ein. In diesen Zeiten lag der Zins bei 4 bis 4,5 Prozent. Doch nach Kosten dürfte die durchschnittliche Rendite bei etwa 2,5 Prozent jährlich liegen. Da ergibt sich zum Renteneintrittsalter 2035 folgendes Ergebnis:

- Gesamteinzahlungen:
  200 Euro × 12 Monate × 45 Jahre = 108 000 Euro.
- Erreichte Summe (inklusive Zinsen): Circa 160 000 bis 170 000 Euro (je nach genauer Kostenstruktur und Überschussbeteiligung).

Die durchschnittliche Rendite nach Abzug aller Kosten liegt oft im Bereich von 1,5 bis 2,5 Prozent pro Jahr. Im Vergleich zu anderen Anlageformen wie ETFs oder Immobilien ist dies eine erbärmliche Performance, wobei die Lebensversicherung wenigstens durch Garantieelemente und langfristige Stabilität punkten kann.

Warum aber sind Lebensversicherungen dann so beliebt? Denn es sind keine renditeorientierten Produkte. Sie sind vor allem für Menschen geeignet, die Wert auf planbare Auszahlungen und Risikominimierung legen – und sie zahlen lebenslang. Doch nicht einmal bei einem ewigen Leben wäre dies im Vergleich zu ETFs, Immobilien und Co. ein Vorteil, weil diese es ebenso tun, sofern man bei ETFs nicht an die Substanz geht und immer für stetige Verzinsung sorgt. Wer also eine hohe Rendite sucht, sollte Alternativen prüfen.

Das einzige, das Sinn ergibt, ist eine Risikolebensversicherung für den Fall, dass beim Haupternährer unerwartet und früh der Todesfall eintritt. Dann sind Ihre Hinterbliebenen abgesichert. Aber alles andere ist finanzieller Quatsch, nämlich sein versteuertes Geld zu nehmen und in eine Lebensversicherung einzuzahlen, wo man kaum steuerliche Vorteile hat – außer in der Absetzbarkeit bei der Einkommensteuererklärung. Hinzu kommt der eklatante Nachteil, dass man nicht inflationsgeschützt ist und eben unterdurchschnittliche Renditen erzielt. Vor allem da die Versicherungsgesellschaften hohe Kosten haben – und man zudem keinen Hebeleffekt nutzen kann, aber dazu später mehr.

Jetzt wird es wahrscheinlich den einen oder anderen Leser geben, der sagt: Ja, aber eine Lebensversicherung kann sich jeder leisten. Das ist richtig. Doch vom selben Geld, sagen wir mal: 200 Euro monatlich, könnte man auch einen Kredit bedienen (zusätzlich zu dem, was aus den Mieteinnahmen stammt). Dies ist das Modell »Sparplan«, das ich in meinem vorherigen Buch beschrieben habe und das auch in diesem Buch unsere Protagonisten wieder ausleben. Die Idee: Sie haben anfangs keinen positiven Cashflow bei der Immobilie, weil Sie alles in die Zinszahlung und Tilgung stecken oder eine höhere Tilgung wählen, um den Kredit schneller abzuzahlen. Sie zahlen das Geld also ein und haben erst später etwas davon – genau wie bei einer Lebensversicherung, nur mit dem Vorteil, dass die Rendite wesentlich größer ist.

Insofern können sich wesentlich mehr Menschen Immobilien leisten als angenommen – und als sie es sich zutrauen. Nicht jeder erhält eine 100-Prozent-Finanzierung. Aber 20 Prozent Eigenkapital vorausgesetzt, sieht die Summe zur Einzahlung ähnlich aus wie bei Sparplänen und Lebensversicherungen – nur mit einem ganz anderen finanziellen Ergebnis.

Außerdem sollte man sich die Frage stellen: Worin investiert denn Ihre Lebensversicherung? Ganz stark in Immobilien. Nur, dass sie dafür – und der Versicherungsvertreter – ordentlich Gebühren nimmt. Versicherungen haben alle einen großen Immobilienbestand. Also kann man dies doch auch selbst machen und muss den Gewinn mit niemandem teilen.

Ich habe selbst am Anfang meines Berufslebens hohe dreistellige, teils vierstellige Beträge monatlich in Lebensversicherungen eingezahlt. Das war aber ein finanzielles Desaster – im Vergleich zu Immobilien. Ich will daher niemandem die Lebensversicherung ausreden. Jeder muss privat Vorsorge betreiben und sie ist besser als gar nichts – aber eben auch nur das.

Wenn man vermögende Menschen fragt, wie viele Lebensversicherungen sie haben, sagen sie vielleicht: »Eine, von damals und weil sie da noch steuerfrei war.« Aber die wenigsten werden sagen: »Ich habe vor Kurzem oder in den vergangenen zehn Jahren eine neue Police abgeschlossen.« Denn der beste Weg, vermögend zu werden, sind einfach Immobilien.

Kryptowährungen

Kryptowährungen haben in den letzten Jahren für Schlagzeilen gesorgt. Der Hype um Bitcoin und Co. hat viele Menschen in kurzer Zeit reich gemacht – ebenso wie er andere auf schmerzhafte Weise viel Geld gekostet hat. Während ich diese Zeilen schreibe, hatte der Bitcoin gerade einen Höchststand von 101 466 Euro am 17. Dezember 2024 erreicht – und war dann auf Talfahrt gegangen. Mitte Juni 2025 betrug sein Wert »nur« noch 90 700 Euro. Den Jahreswechsel 2024/25 hatte er als zweiterfolgreichste Assetklasse 2024 weltweit erlebt, nur kurz hinter Kakao und argentinischen Aktien (S&P Merval Index). Das allein zeigt schon das höchstspekulative Umfeld. Aus 100 000 Euro Anlage in Bitcoin am 1. Januar 2024 waren zwölf Monate später 238 450 Euro geworden.[2] Doch wo steht diese Anlageklasse im Vergleich zu Immobilien? Welche Vorteile bietet sie und welche Risiken birgt sie im Vergleich zu einem der ältesten Vermögensbausteine der Welt?

Es muss nicht unbedingt eine »Entweder oder«-Antwort sein. Kryptowährungen können auch zur Diversifikation genutzt werden. Die Grundfrage, ob Immobilien oder Kryptowährungen die bessere Anlage sind, greift daher zu kurz. Es kommt darauf an, wie Vermögen strategisch aufgeteilt wird. Immobilien und Kryptowährungen haben völlig unterschiedliche Charakteristika, die sich in einem diversifizierten Portfolio sinnvoll ergänzen können, sagen wir einmal mit 5 Prozent Kryptowährung. In jedem Fall ist es nur etwas für risikobewusste Anleger, denn letztlich hat der Bitcoin nur den Wert, den ihm Anleger zubilligen. Das mögen heute 100 000 Euro sein, morgen aber nur noch 10 000. Dies ist zwar beim klassischen Geld, den sogenannten Fiatwährungen, ähnlich. Doch hinter Dollar, Euro oder Schweizer Franken stehen offizielle Institutionen, Nationalstaaten oder im Falle der EU ein Staatenbund mit ihren Zentralbanken und nicht zu vergessen mächtige Volkswirtschaften.

All dies hat ein Bitcoin nicht vorzuweisen, er ist eine reine digitale Erfindung, an die die Menschen glauben. Vor allem aber investieren viele in Bitcoin, genau weil sie diesen großen Institutionen nicht vertrauen. Wesentliches Merkmal aus ihrer Sicht und damit ein Top-Argument: Bitcoins können nicht beliebig produziert werden und sind auf eine Menge von 21 Millionen begrenzt.

Immobilien bieten hingegen eine grundsätzliche Stabilität, die auf einem unveränderlichen Bedarf basiert: Wohnen ist ein Grundbedürfnis, das unabhängig von wirtschaftlichen Schwankungen besteht. Zwar können Immobilienpreise je nach Markt und Region schwanken, doch diese Volatilität ist deutlich geringer als bei Kryptowährungen. Genau auch aus diesem Grund finanzieren Banken sie so gern und Sie können teilweise mit wenig oder ohne Eigenkapital in Immobilien investieren, was hingegen bei Kryptowährungen nicht funktioniert, wo Sie immer mit Ihrem eigenen Geld arbeiten müssen.

Kryptowährungen haben ihre eigene Faszination. Bitcoin und Co. haben Renditen ermöglicht, die mit traditionellen Anlageklassen kaum zu erreichen sind. Doch diese Renditen gehen mit hohen Risiken einher: Kryptowährungen sind extrem volatil und Gewinne können genauso schnell verdampfen, wie sie entstanden sind.

Ein weiterer Nachteil ist die Sicherheit: Während die Blockchain-Technologie selbst als nahezu unknackbar gilt, sind die Wallets, in denen die Kryptowährungen aufbewahrt werden, anfällig für Diebstahl durch Hacking.

Trotz der Risiken darf der technologische Aspekt von Kryptowährungen nicht unterschätzt werden (ein ganz anderes Thema). Die dahinterstehende Blockchain-Technologie könnte langfristig auch die Immobilienbranche verändern. Prozesse wie der Immobilienkauf, notarielle Beglaubigung, Grundbucheintragung oder Finanzierung könnten durch die Blockchain schneller, sicherer und effizienter werden. Die Idee, dass ein Immobilienkauf ohne Notartermine, Postwege oder lange Wartezeiten abgewickelt werden kann, ist verlockend.

Aber in diesem Buch geht es um Investments und darum, wie Sie hierdurch Millionär werden können, nicht um Technik. Allerdings habe auch ich bereits in Kryptowährungen investiert und sehe sie als eine Anlageklasse, die je nach persönlicher Strategie ihren Platz finden kann – aber nicht zwingend muss. Eine breite Diversifikation bleibt entscheidend: verschiedene Anlageklassen, unterschiedliche Fristigkeiten und abgestufte Risikoniveaus.

Immobilien und Kryptowährungen könnten gegensätzlicher nicht sein. Während Immobilien auf Stabilität, Substanz und steuerliche Vorteile setzen, bieten Kryptowährungen hohe Renditechancen bei gleichzeitig hohen Risiken und können per Knopfdruck verkauft werden. Doch am Ende geht es nicht darum, die »bessere« Anlage zu finden, sondern darum, ein Portfolio aufzubauen, das die eigenen Ziele und Werte widerspiegelt. Wer in Kryptowährungen investiert, sollte sich bewusst sein, dass sie kein »sicherer Hafen« sind. Ihr Wert kann sich extrem schnell ändern, und sie sollten nur einen kleinen Teil des Portfolios ausmachen – dessen Verlust man verkraften könnte. Immobilien hingegen sind langfristig orientiert und weniger liquide, bieten dafür aber Stabilität und konstante Erträge. Zudem ist und bleibt Wohnen nach wie vor ein Grundbedürfnis und das Produkt »vermietete Immobilie« lässt sich nicht digitalisieren.

Wer es schafft, die Vorzüge beider Welten – die Sicherheit der Immobilien und die Innovationskraft der Blockchain – zu nutzen, könnte von beiden profitieren.

Liquide Mittel

Obwohl liquide Mittel keine Rendite bringen und keine Anlageklasse darstellen, sollten sie ein essenzieller Bestandteil jedes Vermögensmanagements sein. Sie ermöglichen es, flexibel auf Chancen zu reagieren (gerade in volatilen Märkten) und unvorhergesehene Ausgaben zu decken. Wie viel Kapital als Reserve sinnvoll ist, hängt von der individuellen Lebenssituation ab, sollte jedoch immer ausreichend sein, um handlungsfähig zu bleiben. Als Faustregel für den persönlichen Bedarf empfiehlt sich eine eiserne Reserve in Höhe von drei Monatseinkommen. Wer Anlagechancen nutzen möchte, benötigt mehr.

Liquide Mittel haben also zwei Funktionen: Sie dienen als Sicherheitsmaßnahme und strategische Ressource. Doch gerade größere liquide Reserven sollten nicht auf einem unverzinsten Konto liegen, sondern auf Tagesgeldkonten oder sogar in kurzfristigen Anlageformen.

Andreas lehnt sich zurück und nimmt einen Schluck von seinem Kaffee. »Was haltet ihr eigentlich von Aktien und ETFs? Ich habe da eine gewisse Summe investiert, aber manchmal frage ich mich, ob Immobilien nicht doch die bessere Wahl sind.«

Sebastian nickt. »ETFs sind solide Produkte für eine breite Streuung. Ich selbst habe einige, und sie sind eine gute Ergänzung zu unseren Immobilieninvestitionen.«

Andrea überlegt kurz. »Ich habe auch ein ETF-Depot. Auf so etwas stand ja Peter. Langfristig ist das schon eine gute Strategie, gerade wegen des Zinseszinseffekts – und die Zahlen sehen nicht nur in der Theorie gut aus. Aber mit Immobilien hast du einfach mehr Kontrolle, das ist was Reales.«

»Das ist genau der Punkt«, meint Yvonne. »Bei Immobilien weiß ich, worein ich investiere. Wenn ich bei ETFs eine Krise aussitzen muss, wo-

möglich gerade, wenn ich das Geld brauche, bleibt mir nichts anderes übrig, als abzuwarten.«

»Ich habe ja zuerst mit Immobilienaktien angefangen«, wirft Andreas ein. »Ich dachte, das wäre der ideale Kompromiss – in Immobilien investieren, aber ohne sich um Mieter oder Reparaturen kümmern zu müssen.«

»Und? Wie lief das?«, fragt Andrea interessiert.

Andreas schüttelt den Kopf. »Ziemlich enttäuschend. Die Kurse schwankten, die Dividenden wurden gekürzt, und am Ende hatte ich nicht das Gefühl, wirklich Einfluss zu haben. Deswegen bin ich dann zu echten Immobilien übergegangen.«

»Ein kluger Wechsel«, sagt Sebastian. »Aber erzähl mal, wenn Immobilienaktien dich nicht überzeugt haben, was hat dich dann noch gereizt?«

Aktien und Fonds

Aktien, ETFs und Investmentfonds gehören in jedes diversifizierte Portfolio. Sie bieten die Möglichkeit, langfristig von Unternehmensgewinnen und Marktwertsteigerungen zu profitieren. Für Einsteiger empfehle ich ETFs auf den gesamten globalen Markt, die eine breite Streuung über verschiedene Märkte ermöglichen und extrem wenig Verwaltungsgebühren kosten. Der MSCI World Index erzielte 2024 eine Rendite von knapp 28 Prozent.[3] Ich selbst investiere monatlich in ausgewählte ETFs und ergänze diese gelegentlich mit gezielten Investitionen in Einzeltitel, wenn sich attraktive Gelegenheiten bieten. Wichtig: Meine Strategie ist klar auf Langfristigkeit ausgelegt – kurzfristige Trades und Spekulationen spielen bei mir keine Rolle.

Edelmetalle und Sachwerte

Gold, Silber und Platin gehören zu den klassischen Inflationsschutz-Anlagen und sollten in einem diversifizierten Portfolio nicht fehlen. Sie bewahren ihre Kaufkraft auch in Zeiten wirtschaftlicher Unsicherheit und sind global als werthaltige Anlage anerkannt. Ich empfehle, bis zu etwa 10 Prozent des Vermögens in Edelmetalle zu investieren – je nach Alter und Sicherheitsbedürfnis. Die genaue Gewichtung hängt dabei von der individuellen Risikoneigung und dem gewünschten Grad der Absicherung ab.

Edelmetalle – im Wesentlichen geht es hier um Gold – bieten klare Vorteile:

- Inflationsschutz: Ihre Werte steigen tendenziell, wenn das Vertrauen in Währungen sinkt.
- Krisensicherheit: Gold und Silber sind in wirtschaftlich instabilen Zeiten oft gefragt.
- Teilweise Liquidität: Edelmetalle können relativ schnell verkauft werden, auch wenn sie nicht so liquide wie Bargeld sind und auch der Verkauf mit Gebühren einhergeht (der Kauf sowieso, teils mit einem Agio, also Aufpreis, von 3 bis 8 Prozent bei Münzen und 2 bis 5 Prozent bei Goldbarren, die man erst einmal einspielen muss).

Gold, üblicherweise keine Anlageform um an Wertzuwachs teilzuhaben, erzielte übrigens 2024 eine ungewöhnlich hohe Rendite von 34,5 Prozent.[4] Der Goldpreis in Euro ist von Juni 2024 bis Juni 2025 in exakt derselben Höhe gewachsen und lag Mitte Juni 2025 bei knapp unter 3000 Euro pro Unze. Neben Edelmetallen gibt es weitere Sachwerte wie Kunst, Schmuck oder Oldtimer, die ebenfalls in Betracht gezogen werden können. Diese bieten jedoch spezifische Herausforderungen:

- Erforderliche Expertise: Anders als bei Gold oder Silber ist bei Kunst oder Oldtimern ein tiefes Fachwissen notwendig, um Werthaltigkeit und Potenziale korrekt einzuschätzen.
- Geringere Liquidität: Der Verkauf solcher Sachwerte kann mehr Zeit und Aufwand erfordern, da sie auf weniger standardisierten Märkten gehandelt werden. Und besonders in Notzeiten dürften solche Werte schwer verkäuflich sein.

Zwischenfazit: Edelmetalle sind ein essenzieller Bestandteil eines langfristig stabilen Portfolios und dienen vor allem als Stabilitätsanker.

Während sie durch ihre einfache Lagerung und weltweite Akzeptanz überzeugen, erfordern andere Sachwerte wie Kunst oder Oldtimer deutlich mehr Fachwissen und sollten nur mit entsprechender Vorbereitung in Erwägung gezogen werden.

Alternative Investments

Alternative Anlagen wie Peer-to-Peer-Kredite (P2P), Unternehmensbeteiligungen oder Kryptowährungen, über die ich bereits berichtet habe, bieten eine spannende Ergänzung zu klassischen Anlageformen. Sie können die Diversifikation eines Portfolios erhöhen, bergen jedoch spezifische Risiken, die man genau abwägen sollte.

Peer-to-Peer-Kredite (P2P)

P2P-Plattformen locken mit hohen Renditen, die häufig über denen klassischer Anlageformen liegen. Diese Vorteile gehen jedoch mit einem erhöhten Risiko einher:

- Ausfallrisiko: Kreditausfälle sind trotz Risikostreuung ein reales Problem, insbesondere bei wirtschaftlichen Abschwüngen.
- Regulatorische Unsicherheiten: Der Markt ist in vielen Ländern wenig reguliert, was zu rechtlichen Risiken oder Betrugsrisiken führen kann.
- Liquidität: P2P-Kredite sind meist nicht sofort verkaufbar, was die Flexibilität einschränkt.

Direkte Unternehmensbeteiligungen

Diese Form der Investition eignet sich für erfahrene Anleger, die bereit sind, mehr Zeit und Engagement aufzubringen:

- Aktive Rolle erforderlich: Häufig erwarten Unternehmen von Investoren nicht nur Kapital, sondern auch strategische Unterstützung.
- Kapitalbindung: Unternehmensbeteiligungen sind meist langfristige Investments mit eingeschränkter Liquidität.

- Renditechancen und Risiken: Sie bieten hohe Ertragspotenziale, insbesondere bei Start-ups, doch die Ausfallquote in diesem Bereich ist ebenfalls hoch.

Aus diesem Grund sollten alternative Investments wie P2P-Kredite oder Unternehmensbeteiligungen nur einen kleinen Teil des Portfolios ausmachen, idealerweise maximal 5 bis 10 Prozent des Gesamtvermögens, je nach Risikobereitschaft und Erfahrung. Sie bieten interessante Chancen, erfordern jedoch ein tiefes Verständnis der jeweiligen Märkte und sollten nie die Basis einer soliden Anlagestrategie ersetzen.

Warum ich offene Immobilienfonds kritisch sehe

Offene Immobilienfonds bieten Privatanlegern die Möglichkeit, mit kleineren Beträgen in ein breit gestreutes Immobilienportfolio zu investieren. Allerdings halte ich diese Anlageform für weniger attraktiv – aus mehreren Gründen.

Ein wesentliches Merkmal offener Fonds ist ihre vermeintliche Liquidität: Anleger können ihre Anteile in der Regel jederzeit zurückgeben. Doch diese Flexibilität ist oft trügerisch. In Krisenzeiten, etwa während der Finanzkrise 2008, haben viele Fonds die Rücknahme von Anteilen ausgesetzt, um Liquiditätsengpässe zu vermeiden. Das bedeutet, dass Anleger im Ernstfall auf ihr investiertes Kapital nicht zeitnah zugreifen können, was gerade in Krisenzeiten das Risiko erhöht.

Hinzu kommt, dass offene Fonds überwiegend in Gewerbeimmobilien wie Büros, Hotels und Einkaufszentren investieren. Diese Segmente unterliegen stärkeren Schwankungen als Wohnimmobilien. Besonders die Nachwirkungen der Pandemie und der Homeoffice-Trend haben den Bedarf an Büroflächen reduziert. Auch Einkaufszentren stehen durch den Boom des Onlinehandels unter Druck. Selbst etablierte Anbieter wie Union Investment oder die Commerzbank mussten in jüngster Zeit Verluste hinnehmen. Zudem belasten hohe Gebühren oft die Rendite. Anleger zahlen nicht nur Verwaltungsgebühren, sondern auch für Transaktionen und Gutachten – Kosten, die sich bei der Performance deutlich bemerkbar machen.

Geschlossene Immobilienfonds: Noch weniger flexibel

Geschlossene Immobilienfonds unterscheiden sich grundlegend von offenen Fonds. Sie sammeln zunächst Kapital von Anlegern ein, um ein oder mehrere konkrete Immobilienprojekte zu finanzieren. Ist das benötigte Kapital erreicht, wird der Fonds geschlossen - weitere Anleger können nicht mehr einsteigen. Die Risiken sind hier signifikant höher. Geschlossene Fonds investieren oft in Großprojekte wie Bürokomplexe, Hotels oder Einkaufszentren, die stark von Markt- und Konjunkturentwicklungen abhängen. Zudem sind Anleger während der Laufzeit - häufig 10 bis 15 Jahre - an den Fonds gebunden. Ein vorzeitiger Ausstieg ist meist nur über den Zweitmarkt möglich, der jedoch wenig liquide ist, sodass ein Verkauf oft nur mit erheblichen Abschlägen gelingt.

Im Unterschied zu offenen Fonds gibt es bei geschlossenen Fonds keine tägliche Einschätzung des Anteilswerts. Die Rendite hängt am Ende vor allem vom Verkaufserlös der Immobilien ab. Ein Totalverlust des eingesetzten Kapitals ist nicht ausgeschlossen, sollte das Projekt scheitern.

Sowohl offene als auch geschlossene Immobilienfonds haben ihre massiven Schwächen: Offene Fonds bieten zwar mehr Flexibilität, reagieren jedoch häufig mit Verzögerung auf Marktveränderungen und sind in ihrer Rendite durch hohe, oft intransparente Gebühren belastet, die vor allem dem Emittenten zugutekommen. Geschlossene Fonds bieten möglicherweise höhere Renditechancen (und dort wird traditionell auch ein Fremdkapitalhebel genutzt), sind jedoch unflexibel und mit erheblichen Risiken verbunden. Die Fremdkapitalquote ist oft hoch, was das Verlustrisiko zusätzlich erhöht. Wer in Immobilien investieren möchte, sollte sich der Unterschiede bewusst sein und sorgfältig abwägen, welche Form - wenn überhaupt - in die eigene Anlagestrategie passt. Aufgrund der genannten Schwächen halte ich beide Anlageformen für wenig empfehlenswert.

Aktien von Immobiliengesellschaften

Es liegt nahe, dass sich Anleger, die sich für Immobilien interessieren, irgendwann auch einmal Aktien von Immobiliengesellschaften wie Deutsche Wohnen, Vonovia oder LEG anschauen. Sie bieten Investoren die Möglichkeit, am Immobilienmarkt teilzuhaben, ohne direkt Immobilien zu erwerben. Diese Unternehmen besitzen und verwalten umfangreiche Objektportfolios und generieren Einnahmen hauptsächlich durch Mieten und Immobilienverkäufe. Hier die Kursperformance der vergangenen Jahre, die aufzeigt, dass eine Investition keine gute Idee gewesen wäre:

- Deutsche Wohnen SE (DWNI): In den vergangenen fünf Jahren zeigte die Aktie von Deutsche Wohnen eine volatile Entwicklung. 2021 wurde das Unternehmen zwar von Vonovia übernommen, doch nicht komplett. Im Januar 2025 befinden sich noch gut 10 Prozent in Streubesitz. Nach einem Höchststand von rund 52 Euro im Jahr 2021 fiel der Kurs bis Mitte Juni 2025 auf etwa 22,50 Euro. Dies entspricht einem Rückgang von über 50 Prozent. Die Gründe für diese Entwicklung sind vielfältig und umfassen regulatorische Eingriffe, wie den gescheiterten Mietendeckel in Berlin, sowie allgemeine Marktunsicherheiten. Die Dividende wurde in den letzten Jahren deutlich reduziert. Für das aktuelle Geschäftsjahr 2025 wurde eine Dividende von 0,04 Euro je Aktie ausgeschüttet, was einer Dividendenrendite von 0,18 Prozent entspricht.

- Vonovia SE (VNA): Die Vonovia-Aktie erreichte im Jahr 2021 ein Allzeithoch von etwa 60 Euro. Seitdem sank der Kurs bis Mitte Juni 2025 auf rund 28 Euro, was einem Verlust von über 50 Prozent entspricht. Faktoren wie steigende Zinsen, die den Immobiliensektor belasten, und die Integration von Übernahmen beeinflussten die Kursentwicklung negativ. Vonovia zahlte für das aktuelle Geschäftsjahr 2025 eine Dividende von 1,22 Euro je Aktie – was aufgrund des niedrigen Kurses – einer Dividendenrendite von manierlichen 4,3 Prozent entspricht. Die meisten Anleger dürften die Aktie allerdings zu höheren Kurspreisen gekauft haben, was somit eine schlechtere Dividendenrendite ergibt. Zudem wurde die Dividende im Vergleich zu den Vorjahren gekürzt, um finanzielle Flexibilität zu bewahren.

- LEG Immobilien SE (LEG): LEG Immobilien verzeichnete in den letzten Jahren ebenfalls Kursrückgänge. Nach Höchstständen von über 120 Euro im Jahr 2021 fiel der Aktienkurs bis Mitte Juni 2025 auf etwa 70 Euro. Dies entspricht einem Rückgang von mehr als einem Drittel. Marktfaktoren und unternehmensspezifische Herausforderungen trugen zu dieser Entwicklung bei. LEG Immobilien schüttete für das aktuelle Geschäftsjahr eine Dividende von 2,70 Euro je Aktie aus, was – wegen des Kursrutsches – einer Dividendenrendite von 3,8 Prozent entspricht.

Aktien von Immobiliengesellschaften bieten Anlegern die Möglichkeit, indirekt in Immobilien zu investieren und von Dividendenzahlungen zu profitieren. Allerdings unterliegen sie, wie andere Aktien auch, Marktschwankungen. Die Kursrückgänge der letzten Jahre und die teils reduzierten Dividenden zeigen, dass diese Investments nicht risikofrei sind – zumal gleichzeitig der DAX und internationale Indizes boomten. Hinzu kommt, dass Anleger hierbei nur mit eigenem Geld investieren können, keinen Hebeleffekt erzielen und zugleich keine vergleichbaren Steuervorteile wie bei direkten privaten Immobilieninvestments nutzen können. Auch wenn die Aktien per Knopfdruck verkauft werden können, wenn die Kurse fallen, ist man gezwungen, die Aktie zu halten oder mit Verlust zu verkaufen. Selbst wenn der Wert einer Immobilie kurzfristig aus diversen Gründen sinken sollte, erhalte ich meine Miete wie vereinbart vom Mieter. Sie ist nicht abhängig vom Zinsniveau oder anderen Marktfaktoren.

Das Frühstück nähert sich dem Ende und Andreas greift die Frage Sebastians auf, welche Anlageform ihn noch gereizt habe: »Ehrlich gesagt, gibt es noch eine Anlageklasse, die mich begeistert.«

Sebastian schaut ihn skeptisch an. »Jetzt kommt's. Lass mich raten – Kryptowährungen?«

Andreas lacht. »Genau! Ich weiß, was ihr denkt: Der langweilige Jurist entdeckt plötzlich seine wilde Seite. Aber mal ehrlich, der Kryptomarkt ist faszinierend. Hohe Volatilität, aber auch unglaubliche Chancen.«

Yvonne schüttelt grinsend den Kopf. »Kaum zu glauben, dass das aus dem Mund eines ehemaligen Richters kommt.«

»Ja! Ich habe vor ein paar Jahren mit Bitcoin angefangen, damals noch bei rund 8.000 Euro pro Coin. Als es dann auf 60.000 Euro hochging, dachte ich, ich wäre der König der Finanzwelt.«

Yvonne lacht. »Und wann bist du wieder auf den Boden der Tatsachen zurückgekommen?«

Andreas nickt. »Als es auf 30.000 gefallen ist und ich panisch alles verkauft habe. Aber immerhin hatte ich dadurch zusätzliches Startkapital für meine Immobilien.«

Sebastian steht auf und streckt sich. »Großartig. Davon erzählst du uns unbedingt mehr. Doch genug der Finanzgespräche für diesen Morgen. Sonst verbringen wir den ganzen Tag hier. Zeit für den Ausflug!«

Die vier stehen auf und machen sich bereit für den Tag.

Portfoliomischung auf Basis vermieteter Immobilien

Wenig überraschend: Immobilien sind das Rückgrat meines Portfolios. Über die Vorteile habe ich ausführlich geschrieben und sie sind der Kern auch dieses Buchs. Immobilien bieten nicht nur Stabilität, sondern eben auch attraktive steuerliche Vorteile, vor allem bei langfristiger Vermietung und bei Einhaltung der steuerlichen Spielregeln.

Im Gegensatz dazu sehe ich ein Eigenheim nicht als Investition an, da es keine Einnahmen generiert.

Über allem steht – und dies ist meine Empfehlung für ein ausgewogenes Portfolio – die Diversifikation. Mögliche Anteile der jeweiligen Assetklassen habe ich bereits erwähnt: Immobilien bilden den Kern eines ausgewogenen Portfolios, ergänzt durch liquide Mittel, Aktien und Edelmetalle. Alternative Anlagen und spekulative Investments wie Kryptowährungen spielen eine untergeordnete Rolle, könnten jedoch als Beimischung genutzt werden. Jede Klasse hat dabei ihre eigene Funktion, ihre Charakteristika und ihre Risikostruktur, die es bei der Auswahl und Gewichtung zu beachten gilt.

Mein wichtigster Rat: Die Anlagestrategie sollte immer zu den persönlichen Zielen und der Risikobereitschaft passen. Steuerliche Vorteile sind dabei ein Bonus, aber nicht der alleinige Entscheidungsgrund für ein Investment.

Langfristigkeit und Planbarkeit

Besonders bei Aktien und ETFs plädiere ich für eine langfristige Perspektive von mindestens zehn Jahren. Kurzfristige Marktbewegungen und Volatilität sind dann kein Problem, sondern natürlicher Teil der Entwicklung. Ich investiere in ETFs, um eine breite Streuung zu erzielen, und ergänze dies durch Direktinvestitionen in ausgewählte Einzeltitel, wenn sich gute Chancen bieten. Dabei bedeutet »gute Gelegenheit« nicht, auf Trends zu springen, sondern fundierte Entscheidungen zu treffen, die mit meinen langfristigen Zielen übereinstimmen.

Die richtige Portfoliomischung

Die ideale Mischung eines Portfolios hängt von vielen Faktoren ab – vor allem von den eigenen Zielen und der Lebensphase. Wer Ende 20 bis Ende 30 ist, kann bei Immobilien stärker einsteigen. Der Hebeleffekt spielt hier eine entscheidende Rolle. Über Finanzierungen lassen sich größere Investitionen realisieren, die im Idealfall nach zehn Jahren steuerfrei verkauft oder umgeschichtet werden können. Das bietet die Möglichkeit, Schulden schneller abzubauen oder neue Investments zu starten.

Später, ab Ende 40, verliert der Hebeleffekt etwas an Bedeutung. Denn die Zeit, größere Gewinne aus Fremdfinanzierungen zu realisieren, wird knapper. Hier macht es Sinn, den Immobilienanteil auf etwa 35 bis 50 Prozent zu senken. Gleichzeitig kann ein ETF-/Aktien-Depot mit 25 bis 35 Prozent das Portfolio ergänzen, während Edelmetalle – vor allem Gold – und liquide Mittel die nötige Flexibilität bieten.

Eine Faustregel, die in vielen Lebensphasen sinnvoll sein kann, lautet: Ein Drittel Immobilien, ein Drittel Wertpapierdepot und ein Drittel liquide Mittel oder Edelmetalle. Diese Aufteilung ermöglicht es, flexibel auf Gelegenheiten zu reagieren und Risiken breit zu streuen.

Wer hingegen plant, im Alter Einnahmen hauptsächlich aus Immobilien zu generieren, kann den Anteil an Immobilien auch bei 40 bis 50 Prozent halten. Besonders attraktiv: Ist eine Immobilie abbezahlt, lassen sich über eine Hypothek schnell liquide Mittel schaffen – etwa für größere Anschaffungen oder unerwartete Ausgaben.

Es gibt beileibe nicht nur Immobilien als Investment, aber sie sind ein enormer Turbo zum Vermögensaufbau – und man sollte dahingehend sein Portfolio clever und richtig strukturieren. Unterm Strich bleibt die Zielsetzung entscheidend. Egal, ob man auf Vermögensaufbau, Sicherheit oder Flexibilität setzt – die Portfoliomischung sollte immer zu den persönlichen Plänen passen.

Zwischenfazit

Verglichen mit anderen Anlageformen bieten Immobilieninvestitionen daher viele Vorteile:

- Planbare Einnahmen: Immobilien bieten durch Mietverträge verlässliche, regelmäßige Einnahmen.
- Marktunabhängigkeit: Immobilienrenditen sind im Gegensatz zu Fonds vollkommen unabhängig von Schwankungen des Aktienmarkts, was eine stabile Anlage bedeutet. Indes koppeln sich Immo-

bilien nicht von der allgemeinen Wirtschaftslage ab, was wir seit Jahren erleben. Es geht nicht nur bergauf und manche Preise der vergangenen zehn Jahre waren auch übertrieben. Hier kann es zu Korrekturen kommen. Auch kann sich der Zins massiv ändern, wie wir es ab dem Frühjahr 2022 erlebt haben, teils hat sich der Zins verfünffacht. All dies kann die Kalkulation bei einer Refinanzierung auseinanderbrechen lassen. Allerdings gehört es zu einem Investment dazu, sich genau auf diese Risiken mit einzustellen. Ich propagiere hier keinesfalls, bei Betongold die rosarote Brille aufzusetzen.

- Inflationsschutz: Durch die allgemeine Wertsteigerung bei Immobilien und die langfristigen Mietrenditen bieten sie Schutz vor der Inflation.
- Steuervorteile: Der Kern des Buchs und Thema des nächsten Kapitels.

Immobilien bieten daher eine großartige Alternative: Die Vorstellung einer langfristig steueroptimierten und im Vergleich zu anderen Produkten sichereren Investition reizt viele Anleger. Immobilien – richtig ausgewählt, auch auf Basis der »Spielregeln« – versprechen eine höhere und planbare Rendite, die sich dem Kaufkraftverlust durch Inflation und dem Zugriff des Finanzamts besser entgegenstellt.

Gibt es denn gar keine Risiken bei Immobilien?

Immobilien gelten oft als sichere Investition und so stelle ich sie auch dar. Doch auch sie sind nicht frei von Risiken. Hier wiederum gibt es klare Regeln, die helfen, dieses Wagnis deutlich zu reduzieren. Das Ziel ist nicht, jedes potenzielle Risiko auszuschalten, sondern Fehler zu vermeiden, die unnötig teuer werden können. Denn eins sollten wir nicht vergessen: Investitionen in Immobilien, erst recht wenn es mehrere Objekte sind, sind eine unternehmerische Angelegenheit.

Ein typisches Problem entsteht, wenn Investoren versuchen, bei den Kosten zu sparen – etwa bei der Auswahl von Handwerkern, sollte es sich um ein Sanierungsobjekt handeln. Es mag verlockend sein, günstige Anbieter zu wählen, doch schlechte Handwerksleistungen können schnell zu kostspieligen Nacharbeiten und Verzögerungen führen. Bei Investitionen im fünf- bis siebenstelligen Bereich sollte Qualität an erster Stelle stehen. Wer hier am falschen Ende spart, zahlt oft doppelt.

Ein weiteres Risiko liegt in einer unzureichenden Marktkenntnis. Eine Immobilie in der falschen Lage kann langfristig Probleme bereiten, sei es durch Leerstand, sei es durch niedrige Mieteinnahmen oder einen stagnierenden Wertzuwachs. Hier sind fundierte Recherchen und eine realistische Einschätzung der eigenen Expertise unverzichtbar.

Auch mietrechtliche Stolperfallen sollten nicht unterschätzt werden. Fehlerhafte oder unvollständige Mietverträge können zu Konflikten mit Mietern führen. Dies gilt auch bei der Einhaltung der umfangreichen Regeln zum Mieterschutz, vor allem zur Begrenzung der Mieten. In vielen Regionen und Städten beschränken – oft lokale – Regeln oder Auslegungen die Miethöhe heftig. Auch wenn sie teilweise absurd gedeckelt sind, Mietspiegel wie in Berlin manipuliert sind und sich die offizielle Miete womöglich gar nicht rechnet, sollten Sie juristisch sauber bleiben. Sonst müssen Sie mit Klagen der Mieter rechnen, die zum Mietverein oder zu Rechtsdienstleister Conny gehen. Machen Sie sich also vorher mit dem lokalen Mietspiegel und der Kappungsgrenze vertraut und glauben Sie nicht blind dem Verkäufer, der Ihnen ein großartiges Mieterhöhungspotenzial ausmalt. Das mag betriebswirtschaftlich und vom Markt her gerechtfertigt sein – doch es sollte auch rechtlich korrekt sein.

Ebenso kann der Kauf einer Immobilie mit verdeckten Mängeln – etwa Baumängeln oder Altlasten – langfristig immense Kosten verursachen. Eine sorgfältige Prüfung der Immobilie und die Einschaltung von Fachleuten, wie Rechtsanwälten oder Gutachtern, sind hier unerlässlich.

Finanzierungsrisiken stellen eine weitere Herausforderung dar. Wer sich bei der Kreditaufnahme übernimmt oder keine ausreichenden Reserven für Zinsänderungen einplant, kann schnell in Schwierigkeiten geraten. So erleben es jetzt viele, die in der Niedrigzinsphase zu 1 oder 1,5 Prozent finanziert haben und die jetzt zu über 3 Prozent refinanzieren müssen. Flexibilität in der Finanzierung und eine konservative Kalkulation helfen, diese Risiken zu minimieren.

GRUNDSÄTZE DER FINANZIERUNG

Der Abend legt sich über die Küste Mallorcas, die Promenade ist in goldenes Licht getaucht. Sebastian und Andreas spazieren am Wasser entlang, in der Luft liegt der Geruch von gegrilltem Fisch aus den Restaurants.

»Wir haben uns zwar über Florian kennengelernt, aber wir haben uns noch nie wirklich en détail über unsere Investmentstrategien unterhalten«, beginnt Sebastian ein neues Gesprächsthema und blickt zu Andreas. »Du gehst das Ganze ziemlich konsequent an – obwohl du ja erst vor Kurzem angefangen hast.«

Andreas schmunzelt. »Ja, seit 2024 habe ich fünf Eigentumswohnungen gekauft – in Lünen im Ruhrgebiet, Weetzen bei Hannover, Viersen bei Mönchengladbach, Krefeld und jetzt ganz frisch in Hamburg. Alle, bis auf Hamburg und Weetzen, als 110-Prozent-Finanzierungen.«

Sebastian hebt die Augenbrauen. »Kein Eigenkapital? Die Banken gehen das mit? So viel auf einmal und solch ein Tempo?«

»Natürlich, ich bin ja Beamter – und das mit 5.900 Euro netto«, antwortet Andreas. »Aber die Institute machen das nicht ohne Gegenleistung. Die Zinsen sind natürlich höher als bei einer klassischen Finanzierung. Je nach Objekt rechne ich mit Tilgungen zwischen 1,5 und 3 Prozent, sodass ich die Darlehen in 20 bis 27 Jahren abbezahlt habe. Aber der entscheidende Punkt ist: Ich nutze meinen Cashflow und plane gezielt Sondertilgungen, wenn sich eine Gelegenheit ergibt.«

Sebastian nickt. »Richtig. So handhaben wir es auch. Selbst bei unserem bislang teuersten Objekt mit einem Kaufpreis von 267.000 Euro waren es gerade einmal 13 Prozent Eigenkapital.«

Die Finanzierung ist ein entscheidender Baustein beim Erwerb von Immobilien. Eine solide Planung sorgt dafür, dass das Investment langfristig tragfähig ist. In Deutschland werden die meisten Immobilieninvestitionen durch Fremdkapital finanziert. Für private, also nicht-gewerbliche Kapitalanleger sind Finanzierungen mit einem Eigenkapitalanteil von 0 bis 20 Prozent üblich. Dies bedeutet, dass Investoren die Kaufnebenkosten von etwa 10 Prozent sowie einen Teil des Kaufpreises selbst aufbringen, während der Rest durch Fremdkapital gedeckt wird. Vollfinanzierungen, bei denen kein Eigenkapital eingebracht wird, sind 2024 sogar leicht auf 11 Prozent aller Abschlüsse gestiegen (von knapp 9 Prozent 2023).[5]

Der Anteil der Immobilienkäufe zur Kapitalanlage, die vollständig ohne Finanzierung erfolgen, ist dagegen relativ gering. Genau genommen widerspräche dies auch dem Wesen eines Investments in Betongold (es sei denn, man möchte sein Geld retten, so wie es viele Käufer während der Euro-Krise gemacht haben). Spätestens im Abschnitt zum Hebeleffekt werden Sie erkennen, warum. Denn mit einem gegebenen Eigenkapital kann man schlichtweg gleich zwei oder gar drei Objekte erwerben statt nur eines. Ein Komplettkauf aus eigenen Mitteln wäre aus Investorensicht töricht; erst recht, wenn man ein Portfolio aufbauen möchte. Wohlgemerkt rede ich hier nicht von der Eigennutzung einer Immobilie.

Dieser Abschnitt beleuchtet die wesentlichen Aspekte und Stellschrauben der Immobilienfinanzierung, die für den Erfolg entscheidend sind.

Der Zinssatz: Ein Schlüsselelement der Immobilienfinanzierung

Der Zinssatz spielt eine zentrale Rolle bei der Finanzierung von Immobilien. Er beeinflusst nicht nur die monatlichen Kosten des Darlehens, sondern auch die Gesamtrendite einer Immobilie über die

Laufzeit der Finanzierung hinweg. Doch wie entwickeln sich Zinssätze, welche Faktoren bestimmen sie, und was bedeuten Schwankungen für Investoren?

Bis 2021 befanden sich die Zinsen auf einem Rekordtief, oft bei weniger als 1 Prozent für langfristige Finanzierungen. Diese Phase war ein Treiber des Immobilienbooms in Deutschland. Niedrige Finanzierungskosten machten es für viele Investoren attraktiv, sich am Markt zu engagieren. Auch Privatpersonen konnten so leichter den Traum vom Eigenheim realisieren.

Mit dem Jahr 2022 kam jedoch eine Wende: Angesichts steigender Inflationsraten sahen sich die Zentralbanken, insbesondere die Europäische Zentralbank (EZB), gezwungen, die Leitzinsen deutlich anzuheben. Binnen weniger Monate stiegen die Kreditzinsen für Immobilienfinanzierungen auf Werte zwischen 3 Prozent und 4 Prozent, was eine erhebliche Belastung für viele potenzielle Käufer darstellte. Diese Entwicklung verlangsamte den Immobilienmarkt spürbar und führte zu einer Neubewertung von Projekten.

Inzwischen hat sich die Situation stabilisiert. Seit 2023 liegen die Zinssätze für Immobilienfinanzierungen bei über 3 bis 4 Prozent, was im historischen Vergleich immer noch als moderat gilt. Für Investoren bleibt die Herausforderung bestehen, diese Schwankungen in ihre Kalkulationen einzubeziehen und flexibel zu bleiben, zumal schließlich auch andere Kosten gestiegen sind.

Die Zinssätze werden dabei durch verschiedene Faktoren beeinflusst:

- Leitzinsen der Zentralbanken: Diese bestimmen die Refinanzierungskosten der Banken und haben direkten Einfluss auf die Konditionen für Kredite.
- Inflation: Eine hohe Inflationsrate führt in der Regel zu steigenden Zinsen, da die Zentralbanken versuchen, die Kaufkraft der Währung zu stabilisieren.
- Bonität des Kreditnehmers: Die persönliche Kreditwürdigkeit beeinflusst die individuellen Konditionen. Eine hohe Bonität führt zu besseren Zinsen.

- Marktumfeld: Angebot und Nachfrage nach Krediten sowie die wirtschaftliche Gesamtlage spielen ebenfalls eine Rolle.
- Höhe der Finanzierung und Eigenkapitalanteil: Je höher der Eigenkapitalanteil, desto geringer das Risiko für die Bank, was oft zu besseren Zinskonditionen führt. Umgekehrt können kleinere Kreditsummen höhere Zinsen mit sich bringen, da die anteiligen Bearbeitungskosten für die Bank unverhältnismäßig hoch sind. Viele Banken haben hier Stufenmodelle, bei denen man auch aufpassen muss, dass mehr Eigenkapital nicht zu einem höheren Zins führt, weil so die Kreditsumme unter eine bestimmte Grenze rutscht. Genau dies sollte man daher mit dem Bank- oder Finanzierungsberater durchspielen.

Für Immobilieninvestoren sind Zinssätze von entscheidender Bedeutung, da sie direkt in die Kalkulation der Rentabilität einfließen. Ein Beispiel verdeutlicht dies:

- Bei einem Kreditvolumen von 500.000 Euro und einem Zinssatz von 1 Prozent liegen die jährlichen Zinskosten bei 5.000 Euro.
- Steigt der Zinssatz auf 3 Prozent, erhöhen sich die jährlichen Kosten auf 15.000 Euro – eine Verdreifachung der Belastung.
- Allerdings können bei einer vermieteten Immobilie die Zinsen vollständig abgesetzt werden, sodass der Anleger nach steuerlicher Betrachtung häufig nicht, wie in diesem Beispiel, das Dreifache an Zinsen zahlt. Zu den steuerlichen Möglichkeiten und Vorteilen im weiteren Verlauf mehr.

Daher sollten Investoren bei der Planung ihrer Projekte immer Puffer für Zinsänderungen einplanen und gegebenenfalls langfristige Zinsbindungen nutzen, um sich gegen steigende Zinsen abzusichern. Flexible Tilgungsoptionen können ebenfalls helfen, die Finanzierung an geänderte Rahmenbedingungen anzupassen.

Die Tilgung: Der Weg zur Entschuldung

Die Tilgung ist neben dem Zinssatz die zweite Säule jeder Immobilienfinanzierung. Sie bestimmt, wie schnell ein Kreditnehmer seine Schulden abbaut und somit finanzielle Freiheit erlangt. Die Wahl der Tilgungsrate beeinflusst nicht nur die Kreditlaufzeit, sondern auch die Gesamtkosten der Finanzierung - schließlich zahlt man immer nur Zinsen auf den noch offenen Betrag, die Restschuld. Durch eine rasche Tilgung senkt man also die Zinsbelastung drastisch. Allerdings bedeutet die Tilgung wiederum auch einen Kapitalabfluss; Kapital, das man womöglich für weitere Investitionen verwenden könnte. Wie so oft gilt es hier also, die richtige Balance zu finden. Möglichkeiten zur Sondertilgung helfen bei diesem Dilemma. Auf diese Weise kann man zusätzlich tilgen, muss aber nicht.

Was ist die Tilgung?

Die Tilgung beschreibt den Anteil der monatlichen Kreditrate, der zur Rückzahlung der ursprünglichen Darlehenssumme verwendet wird. Im Gegensatz zu den Zinsen, die die Kosten für das geliehene Kapital darstellen, führt die Tilgung zur schrittweisen Verringerung der Restschuld. Wichtig bei der Kalkulation und steuerlichen Betrachtung: Tilgungen sind keine Kosten und vermindern somit nicht die Steuerschuld, bedeuten aber einen Kapitalabfluss.

Arten der Tilgung

Es gibt verschiedene Tilgungsmodelle, die je nach finanzieller Situation und Zielen des Kreditnehmers zum Einsatz kommen:

- Annuitätendarlehen: Die monatliche Rate bleibt über die gesamte Laufzeit konstant. Zu Beginn besteht der größte Teil der Rate aus Zinsen, während der Tilgungsanteil mit der Zeit steigt. Dies ist die häufigste Darlehensform für Privatanleger.

- Tilgungsdarlehen: Hier bleibt der Tilgungsanteil konstant, während die Zinsen mit abnehmender Restschuld sinken. Dies führt zu sinkenden monatlichen Raten. Diese Variante ist aber eher im Industriebereich beispielsweise für Maschinenfinanzierung zu finden.
- Endfälliges Darlehen: Bei dieser Variante zahlt der Kreditnehmer während der Laufzeit nur die Zinsen. Die Tilgung erfolgt am Ende der Laufzeit in einer Summe. Dieses Modell wird häufig bei Investitionen genutzt, die durch andere Erträge (etwa Lebensversicherungen) gedeckt werden.

Wie wähle ich die richtige Tilgungsrate?

Die optimale Tilgungsrate hängt von verschiedenen Faktoren ab:

1. Finanzielle Situation: Kreditnehmer mit hohem Einkommen oder hohen Rücklagen können sich höhere Tilgungsraten leisten. Eine hohe Tilgung reduziert die Gesamtlaufzeit und spart Zinsen.
2. Zinsniveau: In Niedrigzinsphasen empfiehlt es sich, eine höhere Tilgungsrate zu wählen, da die monatliche Belastung trotz schnellerer Entschuldung tragbar bleibt.
3. Flexibilität: Viele Banken bieten die Möglichkeit, Tilgungsraten während der Laufzeit anzupassen oder die bereits erwähnten Sondertilgungen zu leisten. Diese Optionen schaffen Spielraum für unvorhergesehene Ereignisse.

Die Nacht liegt ruhig über der Stadt, nur das sanfte Plätschern des Wassers und das entfernte Summen von Straßenlaternen begleiten die beiden. Sie schlendern weiter am Ufer entlang, das Gespräch über Immobilien und Steuervorteile nimmt Fahrt auf. Andreas' Begeisterung für sein Finanzierungsmodell ist ansteckend: »Der Hebeleffekt bei 110-Prozent-Finanzierungen ist natürlich enorm«, sagt Sebastian.

»Exakt«, erklärt Andreas. »Ich will nicht ewig warten, bis ich mein Portfolio ausbaue. Lieber sichere ich mir jetzt mehrere Objekte, solange die

Rahmenbedingungen stimmen. Die Steueroptimierung erledigt den Rest. Ich müsste sonst 25.000 Euro im Jahr Steuern zahlen.«

Sie bleiben kurz stehen, der Mond spiegelt sich im ruhigen Wasser. Sebastian fährt sich mit der Hand durch die Haare. »Ich muss sagen, ich finde deine Strategie faszinierend. Aber hast du keine Sorge, dass du dich durch die hohen Zinsen langfristig verzettelst?«

Andreas lacht verständnisvoll. »Ja, genau hier setzt die Planung an. Mein Ziel ist es, Cashflow und Steuervorteile so zu nutzen, dass ich nicht in eine Zinsfalle tappe. Außerdem überlege ich, mittelfristig auf vermögensverwaltende Strukturen umzusteigen. So könnte ich nicht nur Steuern optimieren, sondern auch das Thema Erbe clever angehen – sollte ich irgendwann Kinder haben.«

Sebastian nickt anerkennend. »Oje! Da muss ich mir wohl noch etwas mehr Wissen aneignen. Du hast uns in kürzester Zeit überholt – und dabei auch Andrea mitgezogen. Ich glaube, wir sollten uns mal wirklich intensiv zusammensetzen. Am besten, wenn auch Yvonne dabei ist.«

Andreas grinst. »Deal!«

Beispiel: Die Auswirkungen der Tilgungsrate

Ein Kreditnehmer nimmt ein Darlehen über 300.000 Euro mit einem Zinssatz von 3 Prozent auf. Bei einer anfänglichen Tilgung von 2 Prozent beträgt die monatliche Rate 1.250 Euro (750 Euro Zinsen, 500 Euro Tilgung). Entscheidet er sich für eine Tilgung von 3 Prozent, erhöht sich die Rate auf 1.500 Euro (750 Euro Zinsen, 750 Euro Tilgung).

- Tilgung 2 Prozent: Gesamtlaufzeit circa 35 Jahre, Zinskosten circa 162.000 Euro.
- Tilgung 3 Prozent: Gesamtlaufzeit circa 26 Jahre, Zinskosten circa 117.000 Euro.

Eine höhere Tilgung führt somit zu einer erheblichen Einsparung bei den Zinskosten und einer schnelleren Schuldenfreiheit. Man hat allerdings einen geringeren positiven Cashflow, weil zusätzliches

Kapital abfließt. Eine hohe Tilgungsrate kann daher auch Nachteile haben:

- Hohe monatliche Belastung: Wer die Tilgung zu hoch ansetzt, läuft Gefahr, seine finanziellen Reserven zu erschöpfen.
- Eingeschränkte Flexibilität: In Phasen unerwarteter Ausgaben kann eine hohe Rate zur Belastung werden.

Deshalb ist es wichtig, einen ausgewogenen Ansatz zu wählen und gegebenenfalls eine Reserve für unvorhergesehene Ereignisse einzuplanen.

Tilgung als Teil der Strategie

Die Tilgungsrate sollte stets im Kontext der Gesamtstrategie betrachtet werden. Immobilieninvestoren sollten darüber nachdenken, ob sie eine schnelle Entschuldung anstreben oder ihr Kapital anderweitig einsetzen möchten. Häufig kann es sinnvoll sein, freie Mittel in zusätzliche Immobilien oder andere Investitionen zu lenken, statt sie ausschließlich zur Tilgung zu nutzen.

Die Wahl der Tilgung ist daher ein Schlüsselfaktor für den Erfolg jeder Immobilienfinanzierung. Sie beeinflusst nicht nur die Kosten und die Laufzeit, sondern auch die finanzielle Flexibilität und den langfristigen Vermögensaufbau. Eine durchdachte Planung, angepasst an die persönlichen Ziele und Möglichkeiten, ist daher unerlässlich. So sollten Immobilien, die zur Altersvorsorge dienen, idealerweise zum Renteneintrittsalter schuldenfrei sein, damit man dann den vollen positiven Cashflow für seine privaten Bedürfnisse verwenden kann. Ich bin ein Fan von hoher Tilgung und somit schnellerer Entschuldung. Bei den meisten meiner Finanzierungen habe ich einen Tilgungsanteil von 3 Prozent oder mehr. Erst die entschuldete Immobilie oder die nahezu getilgte Finanzierung bringt die finanzielle Sicherheit, die die meisten Anleger suchen.

Laufzeit und Zinsbindung

Die Entscheidung über die Laufzeit und die Zinsbindung eines Kredits gehört zu den wichtigsten Überlegungen bei der Immobilienfinanzierung. Beide Faktoren beeinflussen nicht nur die Höhe der monatlichen Raten, sondern auch die langfristigen Gesamtkosten des Darlehens. Um hier klug zu planen, lohnt es sich, die Grundlagen und strategischen Überlegungen zu verstehen.

Laufzeit: Wie lange zahle ich ab?

Die Laufzeit eines Kredits bezeichnet den Zeitraum, in dem das Darlehen vollständig zurückgezahlt werden soll. Sie ist flexibel gestaltbar, meist zwischen 10 und 30 Jahren, und hat erhebliche Auswirkungen auf die finanzielle Belastung:

- Kurze Laufzeit: Eine kurze Laufzeit bringt höhere monatliche Raten mit sich, da der Kredit schneller getilgt wird. Der Vorteil: Sie zahlen weniger Zinsen insgesamt, da der Kreditbetrag schneller abgebaut wird und somit die Zinslast sinkt. Diese Option eignet sich vor allem für Personen mit einem stabilen Einkommen und der Möglichkeit, höhere monatliche Belastungen zu tragen.
- Lange Laufzeit: Eine längere Laufzeit reduziert die monatlichen Raten und schafft dadurch mehr finanziellen Spielraum. Der Nachteil: Die Gesamtkosten des Kredits steigen, da über einen längeren Zeitraum Zinsen anfallen. Für Menschen mit einem moderaten Einkommen oder bei unsicheren finanziellen Perspektiven kann eine längere Laufzeit jedoch Sicherheit bieten.

Prüfen Sie, ob Ihr Kredit Sondertilgungen erlaubt. Diese ermöglichen es, außerplanmäßig Beträge zurückzuzahlen und die Laufzeit so effektiv zu verkürzen.

Zinsbindung: Sicherheit oder Flexibilität?

Die Zinsbindung legt fest, wie lange der Zinssatz für Ihren Kredit unverändert bleibt. Typische Zeiträume sind 5, 10, 15 oder 20 Jahre. Ihre Wahl hängt vor allem von der Zinssituation und Ihrer persönlichen Risikobereitschaft ab:

- Kurze Zinsbindung (5 bis 10 Jahre): Diese Option bietet oft günstigere Zinssätze, da die Bank ein geringeres Risiko trägt. Sie eignet sich, wenn Sie glauben, dass die Zinsen in Zukunft gleich bleiben oder sinken könnten. Allerdings tragen Sie das Risiko, dass die Zinsen bei einer Anschlussfinanzierung deutlich höher sein könnten.
- Lange Zinsbindung (15 bis 20 Jahre): Hier bleibt der Zinssatz über einen langen Zeitraum konstant, was Planungssicherheit schafft. Gerade in einer Niedrigzinsphase ist diese Variante attraktiv, da Sie sich günstige Konditionen langfristig sichern können. Der Nachteil: Langfristige Zinsbindungen gehen häufig mit einem kleinen Zinsaufschlag einher, da die Bank sich ebenfalls gegen das Risiko steigender Zinsen absichert.

Tipp: In Deutschland können Sie Darlehen mit einer Zinsbindung von mehr als zehn Jahren nach Ablauf dieser zehn Jahre mit einer Kündigungsfrist von sechs Monaten kostenfrei kündigen. Das bietet eine gewisse Flexibilität. Denn Sie können den vereinbarten Zins mit dem dann aktuellen vergleichen.

Die ideale Kombination aus Laufzeit und Zinsbindung hängt von Ihrer individuellen Situation ab. Einmal mehr sollten Sie sich über Ihre Ziele klar werden und hierzu eine entsprechende Strategie festlegen. Nutzen Sie die Möglichkeit, verschiedene Szenarien durchzurechnen und sich professionell beraten zu lassen. Ein gut abgestimmter Finanzierungsplan ist der Schlüssel für eine sorgenfreie Immobilieninvestition.

Die Laufzeit eines Darlehens beeinflusst nicht nur die Zinskosten, sondern auch die finanzielle Flexibilität. Längere Laufzeiten bieten niedrigere Monatsraten, können jedoch die Gesamtkosten erhöhen. Eine Zinsbindung über 10 bis 20 Jahre bietet Schutz vor steigenden Zinsen, ist aber oft mit höheren Zinssätzen verbunden. Kurzfristige Darlehen können von niedrigen Zinssätzen profitieren, erfordern aber eine sorgfältige Anschlussfinanzierung. Üblich ist daher eine Zinsbindung von mindestens zehn Jahren.

Der Hebeleffekt und die Eigenkapitalrendite: Vermögen aufbauen mit wenig Kapital

Viele Menschen denken, sie brauchen viel Eigenkapital, um in Immobilien zu investieren. Das ist ein Irrtum. Mit einem gut geplanten Finanzierungskonzept kann man auch mit wenig Eigenkapital ein Portfolio aufbauen, das solide Renditen abwirft. Eine der größten Stärken von Immobilien als Anlageform ist der sogenannte Hebeleffekt. Durch den Einsatz von Fremdkapital können Investoren auch mit geringem Eigenkapitaleinsatz große Gewinne erzielen – gemessen an der Eigenkapitalrendite.

Das Verhältnis von Eigenkapital und Fremdkapital

Der Erfolg einer Immobilieninvestition steht und fällt also mit dem geschickten Austarieren von Eigenkapital und Fremdkapital. Im Kern ermöglicht der Hebeleffekt, mit geliehenem Geld eine größere Rendite auf das eigene Kapital zu erzielen als wenn man nur sein Eigenkapital einsetzt. Dabei gilt: Je höher der Anteil des Fremdkapitals, desto größer kann der Hebel sein – solange die Immobilie genügend Erträge erwirtschaftet, um die Finanzierungskosten zu decken.

Angenommen, Sie erwerben eine Immobilie im Wert von 200.000 Euro. Die Mieteinnahmen betragen abzüglich der Kosten

10.000 Euro. Die Abschreibungen lassen wir in diesem Abschnitt einmal außen vor – sie würden den Cashflow in jedem einzelnen Fall verbessern.

- Beispiel 1: Sie bringen lediglich 20.000 Euro Eigenkapital ein und nehmen 180.000 Euro über einen Kredit auf. Dieser kostet Sie natürlich Zinsen, bei angenommenen 3,2 Prozent sind das 5.760 Euro im ersten Jahr (die Zinsbelastung nimmt im weiteren Verlauf, wie dargestellt, ab). Dies schmälert entsprechend die Einnahmen und sie erhalten »nur« 4.240 Euro pro Jahr. Dafür beträgt aber Ihre Eigenkapitalrendite bezogen auf die eingesetzten 20.000 Euro Eigenkapital satt 21,2 Prozent.
- Beispiel 2: Bezahlen Sie den Kaufpreis komplett aus Eigenkapital, erhalten Sie dafür direkt 10.000 Euro Mieteinnahmen – das ist mehr, aber zum Preis einer geringeren Eigenkapitalrendite von nur 5 Prozent statt gut 21 Prozent.

Treiben wir die Darstellung des Hebeleffekts einmal auf die Spitze: Angenommen, Sie haben die 200.000 Euro an Eigenkapital. Sie könnten dann, so wie in Beispiel 1 praktiziert, gleich zehn Wohnungen mit ähnlicher Finanzierung kaufen. Die Eigenkapitalrendite ist in diesem Fall natürlich dieselbe, nämlich 21,2 Prozent. Allerdings bekommen Sie eine größere Summe heraus. Die Berechnung sieht dann folgendermaßen aus, wobei die meisten Zahlen mit dem Faktor 10 multipliziert werden. Die Werte werden also entsprechend skaliert:

- Gesamtes Eigenkapital (aufgeteilt auf zehn Wohnungen): 200.000 Euro.
- Gesamter Kreditbetrag: 1.800.000 Euro, also 1,8 Millionen Euro, was für die meisten Privatanleger eine schier unglaubliche Zahl ist.
- Gesamtertrag (vor Abzug der Zinsen): 100.000 Euro.
- Gesamte Zinskosten: 57.600 Euro.
- Gesamtnettoertrag: 42.400 Euro.

Der Hebeleffekt bleibt gleich stark, weil das Verhältnis von Eigenkapital zu Fremdkapital pro Wohnung unverändert ist. Allerdings haben Sie mit zehn Wohnungen nicht nur das Potenzial für eine viel höhere absolute Rendite (42.400 Euro statt 4.240 Euro jährlich), sondern auch eine größere Diversifikation.

Nun aber kommt das – »Aber«: Sie müssen natürlich auch noch tilgen. Realistischerweise sollten dies mindestens 3 Prozent Anfangstilgung (im ersten Jahr) sein. Das wären dann 5.400 (beziehungsweise 54.000) Euro im ersten Jahr, was bedeutet, dass der Kredit nach 24 Jahren abbezahlt ist. Nehmen Sie eine 2-Prozent-Anfangstilgung, beträgt die erste Jahresrate 9.360 Euro (davon 5.760 Euro Zinsen und 3.600 Euro Tilgung) und Sie haben einen Überschuss von 640 Euro. Nachteil: Bis zur vollständigen Tilgung dauert es 31 Jahre.

Bei 4 Prozent Anfangstilgung betrüge die erste Jahresrate 12.960 Euro (davon 5.760 Euro Zinsen und 7.200 Euro Tilgung) und Sie hätten das Objekt schon nach 19 Jahren abbezahlt. Das bedeutet: Ein 35-Jähriger, der gleich zehn Objekte finanziert, hat mit 54 alle Schulden abgebaut und bekommt dann 100.000 Euro vor Steuern und Abschreibungen pro Jahr. Damit ist er – je nach seinen Ansprüchen und der persönlichen Konstellation – der finanziellen Freiheit sehr nahe gekommen oder hat diese erreicht.

Natürlich ist dieses Beispiel vereinfacht, auch wenn es nicht unrealistisch ist. Banken schauen sich bei solch hohen Summen natürlich besonders genau die persönliche Situation des Kreditnehmers an und es kann auch gut sein, dass man einen Eigenkapitalanteil von 20 Prozent wählen muss, um einen akzeptablen Zinssatz zu erhalten.

Auf der anderen Seite dürfte nach 19 Jahren auch die Miete gehörig gestiegen sein. In jedem Fall zeigt die Berechnung eindrucksvoll den Hebeleffekt und damit die absolute Notwendigkeit und Sinnhaftigkeit von Immobilienkrediten sowie gleichzeitig die Wirkung, die eintritt, wenn man rechtzeitig mit Investitionen anfängt. Mit 20 oder 25 Jahren, am Anfang des Berufslebens, dürfte man ohne Erbe oder reiche Eltern keine 200.000 Euro Eigenkapital haben. Doch mit ersten Immobilieninvestments, eisernem Sparen oder sinnvoller Anlage in ETFs oder einer Mischung aus allem sind 200.000 Euro mit Mitte 30 realistisch.

Jeder könnte auf diese Weise also fünf oder zehn Wohnungen aus unserem Beispiel erwerben. Wir haben in den letzten Jahren zahlreiche Kunden darüber beraten, wie der Weg zum Immobilienmillionär aussieht. Etliche von ihnen haben diesen Weg umgesetzt und sind auf dem Weg zur finanziellen Unabhängigkeit. In vielen Fällen und bei einem Alter von Ende 20 bis Ende 30 waren in der Regel bei guter Bonität weniger als 100.000 Euro nötig, um ein siebenstelliges Immobilienportfolio aufzubauen. Der Durchschnitt lag oft bei 40.000 bis 60.000 Euro Eigenkapital. Wenn die erste Million erreicht ist, heißt es letztendlich nur noch warten und entspannt durch den Mieter und das Finanzamt (durch die Steuervorteile) tilgen.

Dennoch möchte ich hier nicht den Eindruck erwecken, alles sei reine Mathematik: Höhere Fremdkapitalbeträge bedeuten mehr Abhängigkeit von stabilen Mieterlösen und niedrigen Zinsen. Deshalb ist es wichtig, den Fremdkapitalanteil mit Bedacht zu wählen. Ein Eigenkapitalanteil von mindestens 15 bis 30 Prozent wird allgemein empfohlen. Dieser reduziert die monatliche Belastung und die Abhängigkeit von Fremdfinanzierung. Darüber hinaus verbessert ein höherer Eigenkapitaleinsatz die Konditionen bei den Banken. Ob fünf oder zehn Wohnungen – mit solch einer Strategie kann man sich ein beachtliches Portfolio aufbauen und die Rendite maximieren, selbst wenn man mit begrenztem Eigenkapital startet.

Noch besser: 100-Prozent-Finanzierung

Es geht aber noch besser – allerdings teurer und riskanter: Kaufen ohne einen Euro Eigenkapital. Allerdings bekommt solch eine 100-Prozent-Finanzierung (oder eher 110-Prozent-Finanzierung, weil die Nebenkosten mitfinanziert werden) nicht jeder. Und sie hat auch ihren Preis. Der Charme liegt jedoch auf der Hand: Man braucht kein

Geld – nur ein starkes Objekt, eine hohe Kreditwürdigkeit und aus Sicht der Bank auch die »Kapitaldienstfähigkeit«, also die Fähigkeit, den Kredit vollständig abzubezahlen.

100-Prozent-Finanzierungen waren vor dem Zinsanstieg Anfang 2022 wesentlich populärer. Auch ich habe diese Option meinen Kunden – da, wo es passte – stets aufgezeigt. Noch immer ist diese Variante überraschend stark, wie das *Handelsblatt* Anfang November 2024 berichtete.[6] Denn während in Deutschland traditionell hohe Eigenkapitalquoten gefordert werden, zeigte eine Umfrage der Zeitung unter Finanzierungsvermittlern wie Interhyp und Bilthouse, dass etwa jeder zehnte Immobilienkauf ohne Eigenkapital realisiert wird. Besonders Kapitalanleger setzen oft auf solche Modelle; hier lag die Quote bei manchen Vermittlern sogar bei bis zu 33 Prozent. Diese Entwicklung wirft die Frage auf: Ist es angesichts von Zinsen von mehr als 3 Prozent sinnvoll, Immobilien ohne eigenes Kapital zu finanzieren?

Zunächst: Die Finanzierung ohne Eigenkapital scheint für bestimmte Zielgruppen attraktiv, vor allem für Doppelverdiener ohne Kinder und Beamte. Banken sind bereit, solche Kunden zu unterstützen, besonders wenn das Haushaltseinkommen hoch und die Immobilie in einer wertstabilen Lage ist.

Die Herausforderung bei einer 100-Prozent-Finanzierung liegt allerdings in der höheren monatlichen Belastung und einem Aufschlag auf den Zinssatz. Wer 100 Prozent finanziert, zahlt durchschnittlich 0,3 bis 0,5 Prozentpunkte mehr als bei einer Finanzierung mit Eigenkapital. Bei einer Beispielsumme von 322.000 Euro kann das zusätzliche Kosten in Höhe von bis zu 300 Euro pro Monat bedeuten. Diese Zusatzbelastung summiert sich über die Jahre zu erheblichen Mehrkosten. Und: Eine Wohnung in einer Metropole kostet wesentlich mehr. Eine Immobilie über den Kaufpreis von 1 Million Euro hat also allein schon einen Aufschlag von knapp 1.000 Euro gegenüber einer 90-Prozent-Finanzierung.

Das *Handelsblatt* hatte Interhyp gebeten, dies einmal auszurechnen (Zeitpunkt: Oktober 2024): Für eine Immobilie im Wert von 322.000 Euro – dem Durchschnittswert, den der Finanzierungsvermittler

Interhyp für von ihm finanzierte Objekte nennt – ergibt sich bei einer vollständigen Finanzierung ohne Eigenkapital und einer Zinsbindung von zehn Jahren eine monatliche Rate von 1.588 Euro. Grundlage sind ein Zinssatz von etwa 3,9 Prozent und eine Tilgung von 2 Prozent.

Zum Vergleich: Wer 10 Prozent Eigenkapital einbringt, verringert die monatliche Rate auf 1.288 Euro. Das bedeutet eine erwähnte Ersparnis von rund 300 Euro pro Monat im Vergleich zur Vollfinanzierung. Diese Differenz ergibt sich durch den höheren Zinssatz, den Banken für 100-Prozent-Finanzierungen verlangen. Bei einer geringeren Beleihung – zum Beispiel 70 Prozent – könnte sich die Rate nochmals erheblich reduzieren, da die Banken für niedrigere Kreditanteile entsprechend günstigere Zinssätze anbieten.

Für wen lohnt sich die 100-Prozent-Finanzierung – beziehungsweise: Wer bekommt sie überhaupt? Denn naturgemäß vergeben Banken solche Darlehen nur an eine besonders kreditwürdige Zielgruppe. Nun, dieses Modell ist vor allem für gut verdienende Paare ohne Kinder interessant, die das nötige Einkommen haben, um die höheren monatlichen Raten zu tragen. Auch Beamte aufgrund ihres bombensicheren Arbeitsplatzes oder leitende Angestellte mit stabilen und hohen Einkommen haben gute Chancen, eine solche Finanzierung zu erhalten – besonders dann, wenn sie in wertstabile Immobilien in gefragten Lagen investieren. Eine Vollfinanzierung ist jedoch keine Standardlösung und bleibt eine Nischenoption für Zielgruppen, die den finanziellen Spielraum für eine höhere monatliche Belastung haben.

In jedem Fall sollte man, wie bei anderen Krediten auch, auf eine flexible Kreditstruktur achten. Wer in den kommenden Jahren etwa einen Bonus oder eine größere Geldsumme erwartet, könnte einen Teil des Kredits über eine kürzere Laufzeit abschließen, um diesen später vollständig zu tilgen. Auch Sondertilgungen und eine anpassbare Tilgungsrate während der Zinsbindung bieten Vorteile und helfen, den Kredit schneller abzuzahlen. Fast alle Banken bieten 100-Prozent-Finanzierungen an, wobei Regionalbanken in der Praxis besonders aktiv sind, da sie den lokalen Immobilienmarkt gut kennen. Jedoch wirbt kaum ein Institut aktiv damit, man muss danach fragen.

Doch sollten Nutzer solcher Lösungen die Möglichkeit eines Einkommensverlusts einkalkulieren – etwa durch Familienzuwachs. Eine konservative Planung, die Worst-Case-Szenarien miteinbezieht, kann so vor langfristigen finanziellen Engpässen schützen. 100-Prozent-Finanzierungen bieten damit eine Möglichkeit, früher ins Eigentum zu kommen, sind jedoch kein allgemeiner Weg zum Wohneigentum und sollten mit Bedacht gewählt werden – auch wenn ich persönlich durchaus ein Verfechter dieser Variante bin.

Das Alter

Ja, ja, das liebe Alter ... Dieses Thema ist zentral beim Investieren – und wird doch so selten in einschlägigen Büchern und Blogs erwähnt und besprochen. Denn man kann schlichtweg sagen: Je früher man in Immobilien (aber auch andere Assetklassen) investiert, desto besser. Und zwar, weil man so mehr Zeit hat, den Kredit abzubezahlen und natürlich von steigenden Preisen und stetigen Mieteinnahmen länger zu profitieren. Daher sollte man nicht erst Anfang 50 damit beginnen, sich um die Altersvorsorge zu kümmern. Zweiter Grund: Mit zunehmendem Alter schauen die Banken verstärkt darauf, wie die Rückzahlung abläuft, wenn man aus dem aktiven Erwerbsleben ausgeschieden ist. Wer eine tolle Rente und private Altersvorsorge hat, hat auch hier keine Probleme. Alter allein ist kein Ausschlusskriterium aus Sicht der Banken, sondern das oft damit verbundene geringere Einkommen.

Kreditinstitute sind allerdings per Gesetz angehalten, die finanzielle Situation auch im Rentenalter zu prüfen. Wenn ich mit 25 bis 35 Jahren kaufe, gegebenenfalls noch mit 40, dann habe ich entspannt 20 bis 30 Jahre Zeit, das Investment abzuzahlen und dafür zu sorgen, dass mit Renteneintritt die Objekte schuldenfrei sind – auch für die Banken ist das entspannend. Mitte 50 ist dafür das optimale Alter.

Und noch aus einem anderen Grund sollte man möglichst früh investieren: Nehmen wir an, Sie stehen in Lohn und Brot, sind jung und womöglich sogar (noch) kinderlos. Dann haben Sie aus Sicht der Banken einfach eine hervorragende Bonität: hohe Einnahmen, weniger Ausgaben. Kinder sind natürlich kein kredittechnischer Beinbruch. Sie werden aber von der Bank mit einkalkuliert, denn natürlich sorgen sie für massive Zusatzausgaben.

Auch sollten sie generell Phasen auf der Sonnenseite des Lebens dafür nutzen, Kredite aufzunehmen. Vielleicht wird Ihnen irgendwann gekündigt. Dann vergibt eine Bank erst mal keinen Kredit an Sie (und die Kündigung steht sogar auf den Gehaltsabrechnungen, selbst wenn sie noch drei Monate in der Firma arbeiten). Oder aber Sie werden selbstständig. Dann sind Sie zwar durchaus kreditwürdig, doch Sie brauchen dafür meist erst mal ein paar Steuerbescheide und Jahresabschlüsse, um eine Finanzierung aufzunehmen.

Schließlich will eine Bank immer wissen, wie Sie das Geld zurückzahlen können, und zwar auch und gerade dann, wenn einmal die Miete ausfällt. Das müssen Sie durch Ihre persönliche Einkommenssituation darlegen – und mit zunehmendem Alter steigt die Wahrscheinlichkeit, dass da einige Unwägbarkeiten hinzukommen, wozu auch Krankheiten gehören. Ohnehin sollten Sie diese Punkte auch auf Ihrer persönlichen Rechnung haben, inklusive eine mögliche Scheidung und Unterhaltszahlungen. Denn dann tritt real das ein, bezüglich dessen die Banken wissen wollen: Wie können Sie auch im Fall dieser Fälle den Kredit bedienen?

Eine Selbstständigkeit kann Ergebnis einer aktiven Lebensentscheidung und ein erfolgreicher Lebensstil sein – oder aber aus der Not geboren. Kündigung, Scheidung oder Krankheit gehören leider zu unserem Leben und können die Bonität beeinflussen. Nutzen Sie daher die Schönwetterperioden Ihres Lebens, um in Immobilien zu investieren. Je früher Sie starten, desto länger profitieren Sie von Mieteinnahmen, Wertsteigerungen, Steuervorteilen und Tilgungsfortschritten. Planen Sie zudem realistisch: Rücklagen und Sicherheitspuffer für unvorhergesehene Ereignisse, eine klare Strategie und ein solides Finanzierungskonzept sind der Schlüssel, um langfristig erfolgreich zu sein – unabhängig vom Alter und gerade im Alter.

WOHNUNGSKREDITRICHTLINIE

Die Wohnungskreditrichtlinie (Wohnimmobilienkreditrichtlinie, WIKR) regelt seit 2016 die Vergabe von Krediten für Wohnimmobilien in der EU. Sie wurde geschaffen, um Verbraucher zu schützen und eine verantwortungsvolle Kreditvergabe sicherzustellen. In Deutschland wird sie durch das Bürgerliche Gesetzbuch (BGB) konkretisiert. Kernpunkte der Regelung sind:

Die Banken müssen vor der Kreditvergabe die Bonität des Kreditnehmers gründlich prüfen. Der Fokus liegt auf Einkommen, Vermögen und bestehenden Verbindlichkeiten, darunter auch Unterhaltszahlungen. Ziel ist es, sicherzustellen, dass der Kreditnehmer in der Lage ist, den Kredit langfristig zu bedienen – gerade auch bei Zinserhöhungen.

Besonders streng sind die Vorgaben für Selbstnutzer. Die Rückzahlung muss auch ohne künftige Wertsteigerung der Immobilie realistisch sein. Bei Kapitalanlegern wird zusätzlich geprüft, ob die geplanten Mieteinnahmen plausibel sind. Kredite dürfen nicht vergeben werden, wenn die Rückzahlung lediglich auf einer möglichen Wertsteigerung der Immobilie basiert.

Banken wiederum sind verpflichtet, den Kreditnehmer umfassend über die Risiken und Bedingungen des Kredits zu informieren. Dazu gehören: Laufzeit, Tilgungsrate, Zinsbindung und Auswirkungen von Zinsänderungen.

Die Richtlinie stellt sicher, dass auch ältere Kreditnehmer einen Kredit erhalten können, sofern sie die Rückzahlung absichern können. In der Praxis gibt es jedoch oft eine Benachteiligung älterer Menschen bei der Kreditvergabe – obwohl gerade sie mit einer verhältnismäßig guten Rente aufwarten können.

Eine Wette: Baufinanzierung mit Schweizer Franken

In der Schweiz waren die Zinsen für Baukredite Ende 2024 so günstig wie nirgendwo sonst in Europa. Während deutsche Banken für zehnjährige Darlehen rund 3,25 Prozent Zinsen verlangten, lag der Zinssatz in der Schweiz nur bei etwa 1,4 Prozent. Ja, richtig gelesen! Auch deutsche Immobilienkäufer können von diesen märchenhaft niedrigen Zinsen profitieren – allerdings nur, wenn sie bereit sind, ein Wechselkursrisiko einzugehen. Denn ein Anstieg des Schweizer Franken gegenüber dem Euro würde zwangsläufig den Schuldendienst vergrößern. Den drastisch niedrigeren Zins erkauft man sich also mit einer Wette.

Das Risiko ist – die Stärke des Schweizer Frankens ist sprichwörtlich – real: Bereits 2015 erlebten viele europäische Kreditnehmer massive Verluste, als der Franken stark aufwertete. Ein Franken-Kredit könnte sich dennoch lohnen, wenn der Kreditnehmer die monatliche Tilgungsrate durch die gesparten Zinsen deutlich erhöht. Auch hier lohnt es sich für jene, die ohnehin über ein gutes Einkommen und/oder Vermögen verfügen.

Für deutsche Kreditnehmer gibt es zwei Wege zur Finanzierung in Schweizer Franken: Einige Sparkassen und Volksbanken in Baden-Württemberg bieten diese Kredite für Kunden mit einem Einkommen in Franken an, wie etwa Grenzgänger, die in der Schweiz arbeiten und somit kein Wechselkursrisiko tragen. Andere Banken, wie die DZ Privatbank, öffnen Franken-Kredite auch für Kunden mit Einkommen in Euro. Hier ist der Zinssatz jedoch höher, da die Banken sich selbst in Deutschland refinanzieren müssen und daher nur eine begrenzte Kostenersparnis weitergeben können. Solche Kredite verlangen meist auch eine höhere Eigenkapitalquote und werden nur an Kunden mit hoher Bonität vergeben, die Wechselkursschwankungen verkraften können.

Schweizer Großbanken wie die UBS bieten eine spezielle Form des Franken-Kredits an: den Lombardkredit. Anders als bei klassischen Hypotheken dient hier nicht die Immobilie als Sicherheit, sondern ein Wertpapierportfolio, das von den Kreditnehmern oder deren Verwandten bereitgestellt wird. Die Einnahmen aus Dividenden und Zinsen fließen dabei weiterhin an die Eigentümer der Wertpapiere. Diese besondere Kreditform ermöglicht es, trotz der Zinsdifferenzen zwischen Euro-Zone und Schweiz zu deutlich niedrigeren Konditionen – oft unter 2 Prozent – zu finanzieren.

Eine Immobilienfinanzierung in Schweizer Franken bietet also für deutsche Kreditnehmer die Chance auf signifikant niedrigere Zinsen, ist jedoch nur für risikofähige und zahlungskräftige Kunden geeignet. Wechselkursschwankungen können die Schuldensumme schnell steigen lassen, und ohne stabile Tilgungsrate besteht die Gefahr, dass die Schuldenlast nach Ablauf der Kreditlaufzeit höher ist als bei einem Euro-Kredit. Offen gestanden wird diese Variante für 98 Prozent der Privatanleger keine Option sein, aber Sie sollten einmal davon gehört haben.

Der Vervielfältiger: Maßstab für den Kaufpreis

Über die Eigenkapitalrendite hatte ich bereits gesprochen. Kurz vorm Ende dieses Kapitels möchte ich noch auf zwei weitere Maßstäbe eingehen, die helfen, die wirtschaftliche Sinnhaftigkeit eines Deals einschätzen zu können. Dabei geht es um das Objekt und die Mieteinnahmen selbst. Der Vervielfältiger ist eine dieser zentralen Kennzahlen in der Immobilienbewertung. Er gibt an, wie oft die Jahresnettokaltmiete in den Kaufpreis passt. Zum Beispiel bedeutet ein Vervielfältiger von 20, dass der Kaufpreis dem 20-Fachen der jährlichen Mieteinnahmen entspricht.

Was sagt die Höhe des Vervielfältigers aus?

- Werte unter 20 sind niedrig und deuten darauf hin, dass die Immobilie wirtschaftlich attraktiv ist. Der Kaufpreis steht in einem vernünftigen Verhältnis zu den erwarteten Mieteinnahmen, was sich positiv auf die Rendite auswirkt.

- Werte über 20: Ein hoher Vervielfältiger kann auf eine Überbewertung hinweisen. Hier sollte geprüft werden, ob der Preis durch besondere Faktoren, wie eine herausragende Lage, einen hohen Sanierungszustand oder ein hohes Wertsteigerungspotenzial, gerechtfertigt ist.

Mit dem Vervielfältiger können Investoren rasch einschätzen, ob eine Immobilie zu einem realistischen Preis angeboten wird. In Kombination mit der Eigenkapitalrendite und anderen Kennzahlen, wie Zins und Tilgung, hilft er, eine fundierte Entscheidung über die Wirtschaftlichkeit einer Investition zu treffen. Wichtig ist jedoch, das Große und Ganze zu bewerten und nicht alles auf den Faktor herunterzubrechen. »Geringer Faktor gleich gute Immobilie« muss nicht immer richtig sein, da der Faktor auch deshalb so gering sein kann, da der Zustand schlechter ist und mit höheren Sanierungskosten zu rechnen ist.

Die Mietrendite: Maßstab für die Rentabilität

Die Mietrendite gibt an, wie hoch der jährliche Ertrag aus den Mieteinnahmen im Verhältnis zum Kaufpreis der Immobilie ist. Sie hilft ebenso Investoren, unterschiedliche Objekte zu vergleichen und den wirtschaftlichen Nutzen einer Investition einzuschätzen. Die Mietrendite und der Vervielfältiger drücken dabei dasselbe aus, nur in unterschiedlicher Form und über einen anderen Rechenweg. Sie sind zwei Seiten derselben Medaille: Die Mietrendite stellt die Erträge in den Vordergrund, während der Vervielfältiger den Kaufpreis ins Verhältnis setzt. Die Mietrendite wird in zwei Varianten berechnet:

1. Bruttomietrendite: Eine Immobilie mit einem Kaufpreis von 200.000 Euro und einer Jahresnettokaltmiete von 10.000 Euro hat eine Bruttomietrendite von 5 Prozent. Die Bruttomietrendite berücksichtigt keine laufenden Kosten und gibt daher nur eine grobe Orientierung.

2. Nettomietrendite: Wenn die laufenden Kosten (zum Beispiel Instandhaltungsrücklagen, Verwaltung, nicht umlegbare Betriebskosten) bei 2.000 Euro pro Jahr liegen, beträgt die Nettomietrendite 4 Prozent. Die Nettomietrendite bietet eine realistischere Einschätzung der tatsächlichen Rentabilität.

Eine Nettomietrendite von 4 bis 6 Prozent gilt in vielen Regionen als solide und wirtschaftlich attraktiv. Ein Wert von unter 4 Prozent kann auf hohe Kaufpreise hinweisen. Solche Objekte sind oft auf Wertsteigerung angewiesen. Über 6 Prozent bedeutet: attraktiv, aber manchmal mit Risiken verbunden, wie schlechter Lage oder hohem Sanierungsbedarf. Denn mutmaßlich genau aus diesem Grund ist der Kaufpreis auch so günstig.

Die Mietrendite ist ein entscheidender Indikator, um einzuschätzen, wie gut sich eine Immobilie refinanziert. Im Verbund mit dem Vervielfältiger oder der Eigenkapitalrendite gibt sie einen umfassenden Überblick über die Wirtschaftlichkeit und hilft, fundierte Entscheidungen zu treffen. Besonders bei der Nettomietrendite lohnt es sich, die langfristigen Kosten realistisch zu kalkulieren, um böse Überraschungen zu vermeiden. Eine hohe Mietrendite kann auf ein gutes Geschäft hinweisen, muss aber immer in Relation zu anderen Faktoren betrachtet werden. Aus meiner Erfahrung der vergangenen Jahre lässt sich jedoch festhalten, dass in die Nettomietrendite auch die Steuervorteile oder Steuernachteile eingerechnet werden sollten. Erst dann ergibt sich ein realistisches Bild über das Investment. Hier kann die steuerliche Situation einen enormen Vorteil ergeben oder eben auch einen Nachteil, den ich dann unbedingt mit einkalkulieren sollte.

Rückwärts rechnen: Mietrenditen realistisch einschätzen

Wie entscheidet man nun, ob sich der Kauf für einen lohnt? Ein bewährter Ansatz ist das Rückwärtsrechnen. Hierbei wird ausgehend von der möglichen Miete geprüft, ob der Kaufpreis angemessen ist. Zum Beispiel:

- Für eine 80-Quadratmeter-Wohnung mit einer Kaltmiete von 10 Euro pro Quadratmeter ergibt sich eine jährliche Miete von 9.600 Euro.
- Multipliziert mit einem konservativen Faktor (etwa 25) ergibt sich ein Kaufpreis von 240.000 Euro.
- Liegt der tatsächliche Kaufpreis weit darüber, etwa bei 500.000 Euro, ist eine hohe Mietsteigerung erforderlich, um langfristig rentable Renditen zu erzielen.

Selbst bei einer Mietsteigerung auf 15 Euro pro Quadratmeter in 15 Jahren – was sportlich kalkuliert ist – könnte die Rechnung nur knapp aufgehen. Entscheidend ist jedoch immer, ob realistische Mieten erzielbar sind und wie sich die Steuervorteile auf die Gesamtrechnung auswirken.

Die Sonne steht hoch am Himmel, als die Jacht sanft aus dem Hafen gleitet. Das Wasser schimmert tiefblau. Ein erfahrener Bootsführer steht am Steuer. Andrea lehnt sich an die Reling, genießt die warme Brise, während Andreas und Yvonne es sich auf den gepolsterten Sitzen im Heck bequem gemacht haben.

»Was für ein Traumtag«, sagt Andrea und nimmt einen Schluck von ihrem Cava. »Danke, Sebastian, dass du das organisiert hast.«

»Sehr gern«, antwortet er. »Das hier ist doch genau das, wofür wir investieren – finanzielle Unabhängigkeit bedeutet auch, solche Momente genießen zu können.«

Andreas nickt zustimmend. »Also, zum einen würde ich die Bezahlung der Bootsmiete gern übernehmen. Zum anderen ist finanzielle Unabhängigkeit ein gutes Stichwort. Ihr habt ja schon einiges an Immobilien, aber habt ihr euch mal wirklich mit den steuerlichen Strukturen hinter euren Investments beschäftigt? Ich meine über Abschreibungen und Zinsen hinaus?«

Sebastian lacht. »Wir haben doch eine Denkmalimmobilie – die Abschreibungen kennen wir aus dem Effeff. Oder was meinst du?«

Andreas lehnt sich vor. »Nehmen wir mal das Thema Rechtsformen. Ich sehe immer wieder, dass Leute ihre Immobilien privat halten, obwohl eine vermögensverwaltende Gesellschaft steuerlich und strategisch viel sinnvoller wäre. Allein schon wegen des Vererbens.«

Andrea hebt eine Augenbraue. »Vererben? Wir haben doch noch ewig Zeit. Unsere Kinder sind ja noch lange in der Schule.«

»Das denken viele«, entgegnet Andreas. »Aber wenn ihr später mal euer Portfolio an eure Kinder übertragen wollt, kann das ohne die richtige Struktur richtig teuer werden. Eine GmbH oder Familien-KG kann da steuerlich ein Gamechanger sein. Ihr zahlt auf Mieteinnahmen weniger Steuern und vermeidet es, dass das Finanzamt beim Erbe gnadenlos zuschlägt.«

Während er spricht, erreichen sie eine kleine Bucht. Sebastian wirft den Anker und springt auf. »Zeit für eine Abkühlung!« Ohne zu zögern, springt er ins Wasser. Yvonne lacht und folgt ihm, während Andrea skeptisch die Temperatur testet.

»Ihr seid verrückt«, ruft sie. »Aber gut, was soll's!« Mit einem Sprung gesellt sie sich zu ihnen. Andreas bleibt an Bord und schüttelt amüsiert den Kopf.

»Du traust dich nicht, Andreas?«, fragt Sebastian herausfordernd.

»Oh, ich liebe es, in Untiefen zu tauchen – allerdings eher im Steuerrecht als im Meer«, kontert Andreas und nimmt sich ein Bier.

STEUEROASE DEUTSCHLAND

Willkommen im Steuerparadies – nein, nicht auf den Bahamas oder den Cayman Islands, sondern mitten in Deutschland! Klingt verrückt? Ist es nicht. Für Immobilienbesitzer mit dem richtigen Knowhow wird Deutschland zur wahren Steueroase, in der sich das Finanzamt überraschend großzügig zeigt. Während viele Unternehmen und Branchen zu Recht von Horrorzuständen sprechen, sehen smarte Immobilieninvestoren hier goldene Möglichkeiten: Abschreibungen, die wie magische Gutschriften wirken, Investitionsstrategien, die den Fiskus zum stillen Mitfinanzierer machen – und schließlich das steuerfreie Einstreichen von Gewinnen. Willkommen auf der Insel der Glückseligen. Packen Sie Ihre Koffer!

Steuern – oder besser gesagt: das legale Vermeiden von Steuern beziehungsweise Steuerrückerstattungen – dienen als Hebel für den Vermögensaufbau. Ja, die steuerliche Optimierung und das Verständnis der Möglichkeiten sind wesentlich für das Schaffen von Werten. Hierzu zählen unter anderem Abschreibungen, steuerlich absetzbare Kosten und die Möglichkeit, Steuern in Vermögen zu transformieren. All dies werde ich in diesem zentralen Kapitel erläutern. Wichtig ist dabei, das Thema Steuern in seiner grundsätzlichen Logik zu durchdringen: Ein tiefgehendes Verständnis für Steuerthemen erleichtert die finanzielle Freiheit. Die Nutzung steuerlicher Vorteile, die bei Immobilieninvestitionen vielfältig möglich sind, beschleunigt den Vermögensaufbau massiv. Und: Ich rede hier von legalen Regeln, die der

Gesetzgeber bewusst so eingeführt hat. Es geht hier nicht um faule Tricks.

Ich rege zweitens ausdrücklich zur Selbstreflexion an und möchte Sie auffordern, den Betrag der gezahlten Steuern zu hinterfragen und zu überlegen, wie ein Teil davon durch Investitionen zurückfließen könnte. Mögliches Ziel: 10 Prozent der jährlich gezahlten Steuern in Vermögen umzuwandeln. Das allein verdeutlicht bereits das finanzielle Potenzial von Immobilieninvestitionen als steuerlicher Hebel.

Eine Binsenweisheit, aber es muss sein: Steuern kann nur derjenige sparen, der auch Steuern zahlt oder zahlen müsste. Ebenso möchte ich betonen, dass Sie ein Investment in Immobilien nie nur wegen der Steuervorteile / Steuereffekte tätigen sollten. Das Objekt sollte auch passen und funktionieren – und die berühmten Spielregeln sollten eingehalten werden. Im Vordergrund sollte daher immer die Rentabilität stehen. Doch diese wird durch zentrale Steuerfaktoren stark geprägt.

Steuerberater – nicht immer die erste Wahl

Ich gehe einmal ganz unbescheiden davon aus – sonst würde ich nicht dieses Buch schreiben –, dass ich mich mit steuerlichen Themen rund um Immobilien gut auskenne. Gleichzeitig habe ich einen guten Steuerberater. Ich habe aber gar nicht die Erwartungshaltung an ihn, dass er mich über all diese Themen informiert. Wenn wir uns sehen, bringe ich immer meine Anliegen mit und frage, wie wir das umsetzen können. Das ist wahrscheinlich bei den meisten Steuerberatern der Fall und das ist auch nicht schlimm. Denn Steuerberater sind mit unzähligen und komplexen Themengebieten befasst, sodass sie sich gar nicht mit den jeweils aktuellsten Informationen in den Spezialgebieten auskennen können. Der Staat dreht täglich an Steuergesetzen, macht alles komplizierter, da können sich selbst

Steuerberater nicht überall und zu jeder Zeit auskennen. Daher sehe ich auch jeden selbst in der Pflicht, sich über diese Themen zu informieren.

Trotzdem oder gerade deshalb ein notwendiger Hinweis: Mit meinen Darstellungen zu steuerlichen Regelungen, hier in diesem Kapitel und anderswo, betreibe ich keine Steuerberatung. Meine Ausführungen können die Abstimmung mit einem Steuerberater nicht ersetzen, besonders wenn es um die Steuererklärung geht und das verbindliche Wissen darüber, welche Regelungen entsprechend der jeweiligen Immobilie für Sie infrage kommen. Ich übernehme keine Gewähr und Haftung für die Richtigkeit und Vollständigkeit der Angaben. Zudem können sich Steuergesetze ändern – die hier dargestellten Informationen entsprechen dem Stand Februar 2025.

Auf der anderen Seite kann ich aus eigener Erfahrung und der meiner Kunden berichten, dass sie durchwachsene Erfahrungen mit ihren Steuerberatern gemacht haben. Viele von ihnen haben schlichtweg keinerlei Immobilienaffinität, Lust oder auch Zeit für tiefergehende steuerliche Erörterungen einzelner Objekte. Zumal sie in der Regel entsprechend dem Einkommen vergütet werden, das der Mandant erhält. Aus diesem Grund haben sie daher oft – nicht immer – wenig Interesse, hier zu unterstützen und zu beraten. Natürlich gibt es darunter auch einige kompetente Leute oder sogar Koryphäen.

Ich gebe Ihnen hier umfassende Ideen und Anregungen mit. Doch lassen Sie bitte Ihren persönlichen Fall anhand des konkreten Objekts, der Investition und der steuerlichen Verhältnisse von Ihrem Steuerberater und gegebenenfalls Rechtsanwalt klären und vor allem durchrechnen. Die zentralen Eckdaten kann ich hier benennen und aufzeigen. Doch letztlich ist alles von vielen Stellschrauben abhängig, die nur Sie kennen und die der Steuerberater aufbereiten muss.

Es ist auch deshalb wichtig, weil Sie und die Experten die gesamte Tragweite etwaiger steuerlicher Hebel beachten müssen. Ein Beispiel hierfür ist die **reduzierte Restnutzungsdauer**, mittels derer man steuerlich gesehen den Lebenszyklus des Objekts drastisch verkürzen kann, und zwar mittels eines Gutachtens. Ich habe schon Gutachten gesehen, bei denen die Restnutzungsdauer auf 10, 12, 15 Jahre heruntergedrückt wurde und man im weiteren Verlauf noch sanieren wollte, um die Sanierungskosten ebenfalls voll von der Steuer abzusetzen.

Ich habe daraufhin gesagt, dass ich da vorsichtig wäre, und zwar nicht, weil es womöglich nicht gerechtfertigt und legal wäre – das ist ohnehin meine Grundregel. Ich rede tatsächlich auch von Objekten, wo man dies guten Gewissens machen kann. Doch wenn ich die Restnutzungsdauer so weit nach unten ziehe, dass ich deutlich höher abschreiben kann, ist das zwar steuerlich gesehen hochinteressant, obendrein mit einer Sanierung, die ich ebenfalls absetze. Doch dann könnte das Finanzamt auf die Idee kommen und sagen: »Okay, der hat nun erheblich saniert, dann erhöht sich doch die Restnutzungsdauer wieder.« Meist fällt das unter den Tisch, weil die Restnutzungsdauer irgendwann vor Jahren verkürzt wurde und nun möchte man die Sanierung absetzen. Wer indes im Finanzamt eins und eins zusammenzählt, könnte dieses Paket noch einmal aufschnüren. Man muss also immer schauen, wie sehr man dieses Thema ausreizt.

Eine andere mögliche Falle: Auch wenn etwas rechtlich umsetzbar und steuerlich darstellbar ist, ja ich meine Steuerlast korrekt bis auf null reduziere, kann es passieren, dass die Bank hellhörig wird, sich das Portfolio anschaut, die hohen Abschreibungen sieht – und die Immobilien neu bewertet, also niedriger im Wert ansetzt. Je nachdem in welcher Größenordnung man unterwegs ist, kann das negativ für neue Finanzierungen ausfallen.

Man sollte sich also von Anfang an der Tragweite steuerlicher Mechanismen bewusst sein und betreffende Objekte gegebenenfalls privat kaufen und wirklich überprüfen, wie weit man solche Gutachten – gepaart mit späterer Sanierung – ausreizt.

Steuern sparen mit Immobilien – ein Überblick

Nun aber hinein ins Steuerdickicht, das ich für Sie lichten werde. Was kann man überhaupt beim Finanzamt ansetzen? Welche Gestaltungsmöglichkeiten habe ich? Hier ganz kurz die Zusammenfassung der Klassiker – die ausführliche Darstellung, vor allem der Spezialitäten, folgt in den einzelnen Unterkapiteln:

- Zunächst schaut sich das Finanzamt an, was ich für Einnahmen habe. Das sind **Kaltmiete** und **Nebenkosten**, wobei die Nebenkosten ein durchlaufender Posten sind.
- Was habe ich dann an **Hausgeld** gezahlt? Die Nebenkosten sind darin wiederum enthalten, decken aber nicht das gesamte Hausgeld ab, ein Teil wird vom Vermieter/Besitzer getragen, die »nicht umlegbaren Kosten«.
- Dann sind für das Finanzamt die **Zinsen** entscheidend und die **Abschreibung** auf den Gebäudeanteil. Kredittilgungen sind wiederum für das Finanzamt nicht relevant, weil sie zwar Zahlungen, aber keine Kosten darstellen.
- Und ich habe **Sondereigentumsverwaltungskosten**, im Falle einer Eigentumswohnung ist das die konkrete Verwaltung der Wohnung und des Mietverhältnisses – nicht die Verwaltung der Wohnungseigentümergemeinschaft (WEG), die im (absetzbaren) Hausgeld enthalten ist und von einer klassischen Hausverwaltung organisiert wird. Oft spart man sich aber die 30 bis 40 Euro, besonders bei unproblematischen, langjährigen Mietverhältnissen. Es gibt Fälle, wo man jahrelang nichts voneinander hört. Der Mieter zahlt einfach jeden Monat regelmäßig seine Miete, alle paar Jahre wird eine Mieterhöhung fällig, die dieser akzeptiert.

KOSTEN FÜR SONDEREIGENTUMSVERWALTUNG

Wenn Sie das Sondereigentum Ihrer Eigentumswohnung selbst verwalten, können Sie folgende Kosten als Werbungskosten bei den Einkünften aus Vermietung und Verpachtung gegenüber dem Finanzamt geltend machen:

1. Fahrtkosten
   Fahrten zu Ihrer vermieteten Wohnung (etwa zur Überprüfung der Objekte oder für Handwerkertermine) können mit der Entfernungspauschale von 0,30 Euro pro gefahrenem Kilometer angesetzt werden.

2. Arbeitsmittel
   Dazu gehören beispielsweise:
   - Bürobedarf (Papier, Druckerpatronen, Ordner),
   - Kosten für einen Computer, Laptop, Drucker/Scanner, falls Sie diesen für die Verwaltung nutzen,
   - Software (etwa Buchhaltungs- oder Vermieterprogramme).

3. Telefon- und Internetkosten
   Ein Anteil der Telefon- und Internetkosten, der nachweislich für die Verwaltung genutzt wird, ist abzugsfähig. Eine Aufteilung anhand von Nutzungsanteilen (etwa 20 Prozent) ist üblich.

4. Fortbildungskosten
   Wenn Sie sich im Rahmen Ihrer Tätigkeit als Selbstverwalter weiterbilden (etwa Seminare zu Mietrecht oder Wohnungseigentumsgesetz), können die Kosten hierfür abgesetzt werden.

5. Rechts- und Beratungskosten
   - Gebühren für steuerliche Beratung oder Unterstützung durch Fachanwälte,
   - Literatur (Fachbücher oder Abonnements zu immobilienbezogenen Themen).

6. Arbeitszimmer
   Wenn Sie ein häusliches Arbeitszimmer ausschließlich für die Verwaltung nutzen, können Sie anteilige Kosten (Miete, Nebenkosten, Strom) absetzen. Hierfür gelten jedoch strenge Anforderungen: Das Arbeitszimmer muss ein eigener Raum sein und fast ausschließlich der Verwaltung dienen.

7. Sonstige Ausgaben
   - Porto- und Versandkosten,
   - Bankgebühren für ein separates Mietkonto.

Bewahren Sie hierfür alle Belege (Rechnungen, Quittungen, Kilometeraufzeichnungen) auf. Falls Sie bestimmte Ausgaben schätzen (zum Beispiel Anteil der Telefonkosten), notieren Sie die Berechnungsgrundlage.

Einmal mehr gilt: Diese Punkte dienen als Hinweis und stellen keine steuerliche Beratung dar.

Ebenfalls kann man bei einer Kapitalanlageimmobilie / vermieteten Immobilie **Renovierung und Instandhaltung** ansetzen. Grundsätzlich gilt dies für jede Renovierung. Ich muss nur Folgendes beachten: Bei einem Kaufpreis von 120.000 Euro entfallen 100.000 Euro auf den Gebäudeanteil, 20.000 sind für den Grund-und-Boden-Anteil. Wenn ich nun innerhalb der ersten drei Jahre nach dem Kauf die Wohnung für 25.000 Euro renoviere, kann ich diese Summe zwar absetzen. Allerdings muss ich es je nach Baujahr über 50 Jahre lang abschreiben. Diese Renovierungskosten von 25.000 Euro erhöhen meinen Abschreibungsanteil. Dass dies auf 50 Jahre gestreckt wird, ist in den meisten Fällen ärgerlich, da ich durch solch eine Sanierung meistens den Steuereffekt direkt haben möchte. Das geht. Dafür darf ich innerhalb der ersten drei Jahre nach Anschaffung nicht mehr als 15 Prozent vom Gebäudeanteil renovieren, das heißt, ich darf natürlich mehr renovieren, aber ich kann diese Summe (gesamt oder nur anteilig) nicht mehr sofort von der Steuer absetzen.

Denkmalimmobilien funktionieren ähnlich, folgen aber eigenen Gesetzen, was die Anrechenbarkeit anbelangt. Dazu später mehr in einem eigenen Abschnitt.

Zu beachten ist auch, dass es einen steuerlichen Unterschied zwischen erhaltungsnahen Aufwendungen und Sanierungen gibt (siehe Box):

ERHALTUNGSNAHE AUFWENDUNGEN

Kosten für Instandhaltung und Modernisierung, die innerhalb der ersten drei Jahre nach Anschaffung einer Immobilie entstehen.

- **Steuerliche Behandlung:**
  - Wenn die Kosten bis zu 15 Prozent des Gebäudeanteils des Kaufpreises betragen, können sie sofort als Werbungskosten von der Steuer abgesetzt werden.
  - Dies ermöglicht eine direkte Reduzierung der steuerpflichtigen Mieteinnahmen.

- **Beispiele:**
  - Austausch von Fenstern,
  - Erneuerung von Bodenbelägen,
  - Reparatur oder Austausch der Heizungsanlage, sofern sie nicht zu einer wesentlichen Verbesserung führt.

SANIERUNGEN (WESENTLICHE VERBESSERUNGEN)

Maßnahmen, die den Wohnstandard wesentlich verbessern oder das Gebäude in einen neuwertigen Zustand versetzen.

- **Steuerliche Behandlung:**
  - Wenn die Kosten über 15 Prozent des Gebäudeanteils des Kaufpreises liegen, gelten sie nicht mehr als Erhaltungsaufwand, sondern als nachträgliche Herstellungskosten.
  - Diese müssen über die Gebäudeabschreibung (AfA) verteilt werden, das heißt in der Regel 2 Prozent jährlich über 50 Jahre.
- **Beispiele:**
  - Kernsanierung eines Gebäudes,
  - Ausbau eines Dachbodens zu Wohnraum,
  - Einbau einer Zentralheizung in ein zuvor nicht beheiztes Gebäude,
  - Erweiterung der Wohnfläche durch Anbau oder Ausbau.

PRAXIS-TIPP

Wer Kosten geschickt steuern will, sollte Sanierungsmaßnahmen so aufteilen, dass sie **unterhalb der 15-Prozent-Grenze** bleiben und damit als Werbungskosten sofort abgesetzt werden können.

Falls größere Sanierungen anstehen, lohnt es sich oft, diese erst **nach drei Jahren** nach dem Kauf durchzuführen, um eine sofortige steuerliche Absetzbarkeit zu ermöglichen.

Eine bereits kernsanierte Wohnung hat Andreas von uns im Jahr 2024 fertig in Krefeld gekauft.

Objekt Krefeld, Eigentumswohnung 2024, Andreas: kernsaniert und kein Eigenkapital

- Kaufpreis: 139.000 Euro.
- 110-Prozent-Finanzierung.
- Mieteinnahmen: 665 Euro monatlich.
- Hausgeld: 158 Euro monatlich.
- Nebenkosten: 120 Euro monatlich.
- Verwaltergebühr: 25 Euro monatlich.
- Finanzierung: 871,47 Euro monatlich.
- Gesamtausgaben: 1.054,47 Euro monatlich.
- Steuererstattung: circa 206,17 Euro monatlich.
- Verlust nach Steuererstattung: circa 183,30 Euro monatlich.
- Zinssatz: 4,88 Prozent.
- Tilgung: 2 Prozent.
- Gebäude-AfA: 3,33 Prozent (ermittelt durch Restnutzungsgutachten).

Der ein oder andere wird hier vielleicht sagen, dass ein negativer Cashflow nach Steuererstattung nicht optimal ist. Das mag je nach Situation so sein. Doch wer mehr Eigenkapital nutzen möchte und dies womöglich über Monate oder Jahre ansparen müsste, verpasst so schlichtweg den Kauf – und damit die Chance auf Wertsteigerungen und auch Steuererstattungen von rund 2.400 Euro.

Zinsen im Falle eines Kredits – der meistens gegeben ist – sind nach dem Ende der 1-Prozent-Epoche ein zentraler Kostenfaktor, den ich selbstverständlich und unbegrenzt von der Steuer absetzen kann. Aus diesem Grund ist übrigens auch ein Eigenheim keine Investition, denn Zinsen für einen etwaigen Kredit kann ich dort nicht von der Steuer absetzen – wie überhaupt gar nichts, von energetischer Sanierung und Handwerkerleistungen einmal abgesehen. Ich muss alles von meinem Nettoeinkommen zahlen.

Nachdem sich alle wieder an Bord gesammelt haben, setzt der Bootsführer die Fahrt fort.

Yvonne greift den Faden wieder auf. »Also, wir haben uns zwar mit steuerlichen Abschreibungen beschäftigt, aber das große Ganze fehlt noch. Was genau würde so eine GmbH für uns bedeuten?«

Andreas lächelt. »Mehr Kontrolle, bessere Planbarkeit und steuerliche Vorteile. Ihr könnt Mieteinnahmen innerhalb der Gesellschaft reinvestieren, ohne dass die volle Einkommensteuer darauf fällig wird. Und wenn ihr clever gestaltet, könnt ihr später Anteile schrittweise übertragen, ohne dass euch die Erbschaftsteuer auffrisst.«

Sebastian runzelt die Stirn. »Und wenn man privat bleibt? Dann wird's teuer?«

»Richtig teuer – es sei denn, ihr wollt nach zehn Jahren wieder verkaufen«, bestätigt Andreas. »Aber in puncto Erbschaftsteuer sind die Freibeträge schnell ausgeschöpft, gerade bei eurem Volumen, und da kann eine sechsstellige Steuerforderung kommen. Wer dann nicht verkaufen will, um die Steuer zu zahlen, hat ein echtes Problem. In einer Holdingstruktur – diese muss nicht immer aus GmbHs bestehen, auch andere Rechtsformen sind möglich – kann man das alles im Voraus managen.«

Die Jacht nimmt wieder Fahrt auf, während die Gruppe weiter über Strategien diskutiert. Plötzlich klopft Andreas auf den Tisch. »Apropos Steueroptimierung – ich habe da ein schönes Beispiel aus der Praxis: meine Wohnung in Viersen bei Mönchengladbach.«

Andrea lehnt sich interessiert vor. »Ach, die mit dem Restnutzungsgutachten?«

»Genau!«, bestätigt Andreas. »Viele denken ja, eine hohe Gebäude-AfA gibt es nur bei Denkmalimmobilien. Aber mein Gutachten hat eine Abschreibung von 4,76 Prozent ergeben. Das ist ein enormer steuerlicher Vorteil.«

Sebastian pfeift anerkennend. »Nicht schlecht. Aber wie genau läuft das ab? Wir kennen nur das Stichwort, Florian hatte es mal erwähnt.«

»Ganz einfach«, erklärt Andreas. »Das Restnutzungsgutachten bewertet die verbleibende Nutzungsdauer der Immobilie. Je kürzer sie ist, desto höher die Abschreibung. Dadurch spare ich mir jedes Jahr einen ordentlichen Batzen Steuern.«

Yvonne runzelt die Stirn. »Klingt ja fast zu gut, um wahr zu sein. Ist das dann nicht eine Bruchbude, wenn das Haus offiziell nicht so lange zu nutzen ist wie herkömmliche Immobilien?«

Andreas schüttelt entschieden den Kopf. »Ganz und gar nicht. Die Wohnung selbst ist kernsaniert, aber das gesamte Objekt nur teilweise. Fenster sind neu, Elektrik im Haus und Keller ebenfalls. Aber Dach, Fassade und Heizung sind alt – was genau der Grund für die hohe Abschreibung ist. Und natürlich lassen sich zukünftige Modernisierungen ebenfalls steuerlich geltend machen.«

Andrea nickt beeindruckt. »Und die Steuerersparnis?«

»Exakt 259,45 Euro im Monat«, sagt Andreas grinsend. »Trotzdem ergibt sich noch ein kleiner rechnerischer Verlust von 180 Euro – der mich aber wiederum steuerlich entlastet.«

»Und was kostet solch ein Gutachten? Das musst du ja auch einpreisen.«

»Ach, das ist überschaubar. So 700 bis 900 Euro.«

Sebastian hebt sein Glas. »Auf kreative Steuerstrategien und auf Immobilien, die für uns arbeiten!«

Abschreibungen und der Unterschied zwischen linearer und degressiver AfA

Eine starke Säule bei den steuerlichen Regeln und den Bemühungen, seine Steuerschuld zu minimieren, stellen Abschreibungen dar. Wobei hier der Begriff »Bemühungen« fast schon übertrieben ist. Denn Abschreibungen (»AfA«, »Abschreibung für Abnutzung«) sind in den meisten Fällen – auf die Ausnahmen gehe ich selbstverständlich ein – ein quasi automatischer Standardfaktor, der nur von wenigen Grundregeln beziehungsweise dem Alter des Hauses abhängt.

Kennen sollte man auch den Unterschied zwischen degressiver und linearer Abschreibung und was sie jeweils bedeuten. Nehmen wir als Beispiel eine Immobilie mit einem Kaufpreis inklusive Nebenkosten von 120.000 Euro. Zunächst ist es wichtig zu wissen, dass die Abschreibung nur für den Gebäudeanteil und die Kaufnebenkosten gilt. Auf den Grund-und-Boden-Anteil ist keine Abschreibung möglich. In unserem Fall nehmen wir 100.000 Euro als Gebäudeanteil und für die Nebenkosten an, da es sich einfacher rechnen lässt. Es können aber auch 95 Prozent allein für den Gebäudeanteil sein, das kommt immer auf das Objekt und besonders auf die Bodenpreise vor Ort an.

Bei der **linearen Abschreibung** kann man nun jedes Jahr einen Wert von 2 Prozent ansetzen, wenn das Gebäude nach 1924 errichtet worden ist, also 50 Jahre lang 2.000 Euro, was für den Großteil der Objekte in Deutschland gilt. Für ein Baujahr vor 1924 gelten 2,5 Prozent, dann sind es 40 Jahre lang 2.500 Euro. Diese 2.000 oder 2.500 Euro stellen damit Kosten dar, die ich bei meinen Mieteinnahmen gegenrechnen kann. Das Großartige daran: Es sind Kosten, die nur steuerlich anfallen, nicht real. Denn die Abschreibung soll den Wertverlust der Substanz – nicht den sinkenden Marktpreis – ausgleichen. Sie wird also bei der Steuererklärung angesetzt, obwohl gar keine 2.000 / 2.500 Euro abgeflossen sind. Diese Summe minimiert damit eins zu eins meine Einnahmen und damit meine Steuerschuld bis zu 45 Prozent. Je nach persönlichem Steuersatz erwächst dadurch ein enormer geldwerter Vorteil und Cashflow – den es bei der Gesamtbetrachtung und Kalkulation zu berücksichtigen gilt.

Die lineare Abschreibung von 2 oder 2,5 Prozent bleibt übrigens die gesamten 50 / 40 Jahre gleich. Wenn ich das Gebäude nicht verkaufe, verschenke oder vorab vererbe, trage ich jedes Jahr 2.000 / 2.500 Euro in die Steuererklärung ein. Daher kann es sich je nach Alter und Abschreibungsdauer auch lohnen, die Immobilie an den Partner oder die Kinder zu verkaufen – und nicht zu verschenken. Denn auf diese Weise beginnt die Abschreibung wieder neu und kann je nach Kaufpreis und persönlichem Steuersatz gegebenenfalls auf einem höheren Niveau stattfinden.

Die **degressive Abschreibung** – wie beim Wachstumschancengesetz, auf das ich in einem späteren Abschnitt eingehe – funktioniert so, dass ich bei einem Gebäudeanteil von 100.000 Euro beispielsweise 6 Prozent = 6.000 Euro abschreiben kann. Man kann also gegenüber dem Finanzamt eine höhere Summe geltend machen, was sich logischerweise besonders dann lohnt, wenn man hohe Einnahmen / ein hohes Einkommen hat. Diese Summe bleibt aber nicht konstant, das liegt in der Bedeutung des Wortes »degressiv«: abnehmend oder stufenweise verringernd. Nach der Abschreibung von 6.000 Euro im ersten Jahr bleiben 94.000 Euro für die nächste Abschreibung übrig, von denen man wieder 6 Prozent ansetzt, was im zweiten Jahr 5.640 Euro bedeutet. Und so weiter.

Neben dem rein mathematischen Unterschied kann ich bei der degressiven Abschreibung in den ersten Jahren hohe Summen ansetzen, die sich dann verringern und schneller dazu führen, dass die Abschreibung beendet ist. Bei der linearen Abschreibung ist der Betrag wiederum kleiner, dafür kann ich ihn 50 oder 40 Jahre nutzen. Aus diesem Grund wird das Wachstumschancengesetz auch zu einem Push bei den Bauträgern führen, die sich mit ihren Produkten nicht an Eigennutzer, sondern an Kapitalanleger wenden, die dann vermieten.

Verkürzte Restnutzungsdauer – nur mit qualifiziertem Gutachten

Ein eigener Bereich ist die Abschreibung bei einer zeitlich veränderten und zwar verkürzten Restnutzungsdauer, die ich bereits in der Einleitung des Kapitels erwähnt habe. Hierzu muss man ein entsprechendes Gutachten erstellen. Dieses stellt bei einem meist sehr alten Gebäude fest, dass beispielsweise Heizung, Fassade oder Fenster in einem dermaßen schlechten Zustand sind, dass das gesamte Haus keine Nutzungsdauer mehr von 50, sondern nur noch von etwa 25 Jahren hat. Dann geht man nicht mehr von einer Abschreibung von 2 Prozent, sondern von 4 Prozent aus. Es sind durchaus auch 5 Prozent möglich, aber dies hängt von den Erkenntnissen des Gutachters ab. Wichtig ist, dass man einen Gutachter nimmt, der eine gesetzliche Zertifizierung hat – und nicht irgendeinen, mit dem man ein Eigentor schießt, wenn man auf dieser Basis kalkuliert. Schließlich muss das Ganze gegenüber dem Finanzamt bei der Steuererklärung funktionieren, in der man diese virtuellen und in dem Fall höheren Kosten ansetzt.

Die Möglichkeit, eine verkürzte Restnutzungsdauer anzusetzen, ist seit der Einführung des Paragrafen 7 Absatz 4 EStG (Einkommensteuergesetz) in Deutschland gesetzlich geregelt. Sie ermöglicht es Immobilieninvestoren, Gebäudeabschreibungen an den tatsächlichen Zustand der Immobilie anzupassen. Diese Regelung wurde geschaffen, um die Realität besser abzubilden: Denn viele ältere Gebäude haben durch schlechte Bauqualität oder fehlende Instandhaltung keine reguläre Nutzungsdauer mehr von 50 Jahren.

Die verkürzte Restnutzungsdauer wird in der Praxis besonders bei denkmalgeschützten Objekten, Altbauten oder Immobilien mit erheblichen baulichen Mängeln angewendet. Die höheren Abschreibungssätze ermöglichen es, den Wertverlust der Immobilie schneller steuerlich geltend zu machen und so die Liquidität zu verbessern.

Dabei ist ein qualifiziertes Gutachten Pflicht, um die verkürzte Nutzungsdauer nachzuweisen. Dieses Gutachten muss nachvollziehbar darlegen, warum die restliche Nutzungsdauer der Immobilie geringer ist als die gesetzlich vorgesehene Standardzeit von 50 Jahren. Der Gutachter sollte über eine gesetzliche Zertifizierung nach DIN EN ISO/IEC 17024 verfügen, da das Finanzamt sonst das Gutachten ablehnen kann. Er muss dabei nicht nur den allgemeinen Zustand der Immobilie bewerten, sondern auch auf wesentliche Faktoren wie Substanzmängel, technische Standards und Restlebensdauer der einzelnen Bauteile eingehen (etwa Dach, Heizung, Elektroinstallation).

Aufpassen: Eine verkürzte Restnutzungsdauer führt zwar zu höheren Abschreibungen und somit einer geringeren Steuerlast, gleichzeitig kann sie jedoch den Verkaufswert der Immobilie negativ beeinflussen, da sie auch als Indikator für geringere Qualität dient. Und da die Abschreibungen bei verkürzter Restnutzungsdauer schneller ausgeschöpft sind, sollte eine Anschlussstrategie für die Zeit nach der vollständigen Abschreibung eingeplant werden.

Das Finanzamt prüft die Plausibilität des Gutachtens genau. Daher ist es ratsam, das Dokument von Anfang an so zu erstellen, dass es allen Anforderungen standhält. Unsaubere oder überzogene Schätzungen können nicht nur abgelehnt werden, sondern zu Nachforderungen oder sogar Strafen führen.

Praxistipp: Wenn Sie das Objekt nach zehn Jahren steuerfrei verkaufen möchten, sollten Sie schon am Anfang planen, wann Sie sanieren möchten. Idealerweise zum Ende hin, also kurz vorm Verkauf, und so, dass Sie natürlich die reduzierte Restnutzungsdauer mehrere Jahre steuerlich anwenden können, sagen wir mal: sieben Jahre. Spätestens dann aber sollte die Sanierung beginnen, damit noch alles rechtzeitig umgesetzt werden kann, was bei Bädern beispielsweise nicht ganz so einfach ist. Meist klappt dies nur im leeren Zustand.

Fazit: Die Möglichkeit, eine verkürzte Restnutzungsdauer geltend zu machen, ist ein mächtiges Werkzeug für Immobilieninvestoren, um die steuerliche Belastung zu senken und ältere Immobilien wirtschaftlich attraktiver zu gestalten. Dies ist auch Teil meines Werkzeugkastens, setzt jedoch eine fundierte Dokumentation und ein qualifiziertes Gutachten voraus. Investoren, die diese Option nutzen möchten, sollten sich gut beraten lassen, um steuerliche Vorteile optimal auszuschöpfen und gleichzeitig langfristige Risiken zu minimieren.

Objekt Viersen, Eigentumswohnung 2023, Andreas: Restnutzungsgutachten

- Kaufpreis: 184.820 Euro,
- Mieteinnahmen (gesamt): 914,68 Euro monatlich,
- Hausgeld: 230 Euro monatlich,
- Nebenkosten: 160 Euro monatlich,
- Verwaltergebühr: 30 Euro monatlich,
- Finanzierung: 1.094,17 Euro monatlich,
- Gesamtausgaben: 1.354,17 Euro monatlich,
- Steuererstattung: circa 259,45 Euro monatlich,
- Verlust nach Steuererstattung: circa 180,04 Euro monatlich,

- Zinssatz: 4,5 Prozent,
- Tilgung: 2 Prozent,
- Gebäude-AfA: 4,76 Prozent (ermittelt durch Restnutzungsgutachten),
- ebenfalls kein Eigenkapital eingesetzt.

Die Jacht durchpflügt weiter die Wellen.

Es ist still geworden. Alle lassen die Informationen sacken. Andrea schüttelt ungläubig den Kopf. »Warum erfährt man so etwas nicht von Steuerberatern?«

Andreas lehnt sich zurück. »Weil sich die meisten Steuerberater darauf beschränken, die Steuererklärung nach Schema F auszufüllen. Sie denken in Vergangenheitsbewältigung, nicht in strategischer Planung. Nur wenige verstehen Immobilien wirklich als Investment und wissen, welche Stellschrauben man drehen kann.«

Yvonne seufzt. »Wir dachten, wir wären steuerlich gut beraten – aber wahrscheinlich haben wir jahrelang Geld verschenkt.«

Sebastian nickt. »Die meisten Steuerberater gehen nur von Standardlösungen aus. Sie sagen dir nicht, was du tun kannst, um deine Steuerlast wirklich zu minimieren. Das mussten wir selbst herausfinden.«

Andrea hebt ihr Glas. »Dann wird es Zeit, dass wir unsere Steuerstrategie selbst in die Hand nehmen!«

Wachstumschancengesetz: Neue Impulse für den Wohnungsbau

Die vorherige Bundesregierung unter Olaf Scholz (SPD) hat mit dem Wachstumschancengesetz im Frühjahr 2024 ein wichtiges Maßnahmenpaket geschnürt, um den stagnierenden Wohnungsbau anzukurbeln. Angesichts der anhaltenden Wohnungsnot war dies auch dringend erforderlich: 2023, im Jahr vor dieser Entscheidung, wurde das ohnehin zu niedrig angesetzte Ziel von 400.000 neu gebauten Wohnungen deutlich verfehlt. Lediglich 294.400 Einheiten konnten fertiggestellt werden, darunter waren allerdings auch 70.000 Einfamilienhäuser.

Ein zentraler Bestandteil des Gesetzes war die Einführung einer degressiven Abschreibung (AfA) von 5 Prozent für neu errichtete Wohngebäude. Damit sollen Bauherren und Investoren steuerlich entlastet werden, um den Neubau attraktiver zu machen. Bundesbauministerin Klara Geywitz (SPD) hob hervor, dass es dabei keine Baukostenobergrenzen gibt und bereits der Effizienzstandard 55 ausreicht, um von der Regelung zu profitieren. Großartig war, dass sie sogar rückwirkend für alle Bauprojekte galt, die ab dem 1. Oktober 2023 begonnen wurden.

Die Regelung, die bis zum Baubeginn 30. September 2029 läuft, ist durchaus flexibel und gilt nicht nur für klassische Neubauten, sondern auch für Dachgeschossausbauten, Anbauten, Nachverdichtungen oder die Umwandlung von Gewerbeimmobilien in Wohnraum. Bauherren können die degressive Abschreibung zudem mit der Sonderabschreibung für den Mietwohnungsneubau kombinieren. Letztere greift jedoch nur bei einem energetischen Gebäudestandard EH40 in Kombination mit dem »Qualitätssiegel Nachhaltiges Gebäude« (QNG). Hier zeigt sich jedoch eine Schwachstelle: Das Qualitätssiegel wird erst nach Fertigstellung des Projekts erteilt. Bauherren müssen also bereit sein, in Planung und Bau höhere Kosten zu investieren, ohne zu wissen, ob sich diese Investitionen später auszahlen. Angesichts der hohen Baukosten ist dies ein erhebliches Risiko, das viele abschrecken dürfte.

Die Einführung der degressiven Abschreibung kann dennoch erhebliche steuerliche Vorteile bieten. Ein Rechenbeispiel verdeutlicht die Attraktivität:

- Investitionssumme: 1 Million Euro.
- Degressive Abschreibung: Über zwölf Jahre können 442.776 Euro abgeschrieben werden. Mit einem Steuersatz von 30 Prozent ergibt dies eine Steuerersparnis von 185.966 Euro.
- Erinnern wir uns: »Degressiv« heißt, dass immer die Restsumme als Bezugsgröße angesetzt wird, anders als bei der linearen Abschreibung mit der feststehenden Investitionssumme. Ab dem elften Jahr kann man hier übrigens in die lineare Abschreibung von 3 Prozent wechseln, das bringt mehr.

- Zusätzliche Sonderabschreibung: Für vier Jahre sind weitere 5 Prozent jährlich möglich, also 200.000 Euro. Insgesamt ergibt sich eine Abschreibungssumme von 642.776 Euro, was bei einem Steuersatz von 42 Prozent eine Steuerersparnis von 269.966 Euro ergibt, beim »Reichensteuersatz« von 45 Prozent sogar von 289.249 Euro.

Das macht deutlich, dass die steuerlichen Erleichterungen die Baukosten spürbar reduzieren können – vorausgesetzt, die Projekte erfüllen die energetischen Anforderungen.

Auch Andreas hat im Jahr 2024 das Wachstumschancengesetz beim Erwerb einer Eigentumswohnung in Lünen nördlich von Dortmund genutzt (in demselben Objekt haben Yvonne und Sebastian ebenfalls eine Einheit erworben). Hier kam noch die Besonderheit dazu, dass die Immobilie vorher für Gewerbe geplant war und aus der Umwandlung in Wohnraum eine lokale Sonderabschreibung entstand.

Objekt Lünen, Eigentumswohnung 2024, Andreas: Sonder-AfA, kein Eigenkapital

- Kaufpreis: 161.500 Euro,
- Mieteinnahmen: 690 Euro monatlich,
- Hausgeld: 158 Euro monatlich,
- Nebenkosten: 100 Euro monatlich,
- Verwaltergebühr: 25 Euro monatlich,
- Finanzierung: 1.146,93 Euro monatlich,
- Gesamtausgaben: 1.338,93 Euro monatlich,
- Steuererstattung: circa 560,70 Euro monatlich,
- Verlust nach Steuererstattung: circa 88,23 Euro monatlich,
- Zinssatz: 4,82 Prozent,
- Tilgung: 3 Prozent,
- Objekt und Wohnung vollständig neuwertig saniert,
- Abschreibung: 5 Prozent Sonder-AfA für drei Jahre, danach 3 Prozent, hinzu kommt eine degressive AfA von 5 Prozent nach dem Wachstumschancengesetz.

Realitätscheck: Ist das genug?

Ob diese Maßnahmen den Wohnungsbau tatsächlich in Schwung bringen, bleibt umstritten. Der Zentrale Immobilien Ausschuss (ZIA), der Spitzenverband der Immobilienwirtschaft, begrüßte die zusätzlichen Abschreibungsmöglichkeiten. Diese könnten den Druck auf Bauherren mindern und den Neubau attraktiver machen.

Ein Problem bleibt jedoch die Baukostenobergrenze von 5.200 Euro pro Quadratmeter, die für die Sonderabschreibung gilt. Angesichts der gestiegenen Baukosten – erst recht in Ballungsräumen – ist dies eine Herausforderung. In Großstädten liegt der normale Wohnungsbaupreis oft schon bei 5.000 Euro pro Quadratmeter, und der Standard EH40 treibt die Kosten weiter nach oben. Der ZIA hält die Obergrenze zwar für »grundsätzlich angemessen«, betont jedoch, dass bei weiter steigenden Baupreisen eine Anpassung der Abschreibungsgrenzen notwendig wird.

Laut der Bundesarchitektenkammer könnte die Einführung zwar Investitionen stimulieren, jedoch sind zusätzliche Maßnahmen nötig, um die allgemeine Verteuerung auszugleichen.[7] Diese Einschätzung wird auch von Wirtschaftsverbänden geteilt, die vor einer Überschätzung der Effekte warnen. Derzeit zeichnet sich denn auch keine signifikante Wende im Wohnungsbau ab. Im Gegenteil.

Zwischenfazit: Ein Schritt in die richtige Richtung

Das Wachstumschancengesetz setzt wichtige Anreize, um den Wohnungsbau zu fördern. Besonders die degressive Abschreibung bietet attraktive Vorteile, die Bauherren und Investoren entlasten können. Doch hohe Baukosten und Unsicherheiten bei der Sonderabschreibung bleiben Hürden, die den erhofften Bau-Boom bremsen könnten.

Um langfristig mehr bezahlbaren Wohnraum zu schaffen, werden weitere Maßnahmen erforderlich sein – von der Senkung staatlicher Gebühren bis hin zu schnelleren Genehmigungsverfahren. Denn eines ist klar: Die Wohnungsbaukrise lässt sich nicht allein durch steuerliche Anreize lösen.

Für Kapitalanleger und Investoren gibt es übrigens derzeit (Anfang 2025) keine Sonderabschreibungen bei Neubauten, die über die Regelungen des Wachstumschancengesetzes hinausgehen.

Die vier sitzen entspannt auf dem Sonnendeck der Jacht. Sie hatten eben geankert, nicht weit von einer kleinen Bucht mit weißem Sandstrand. Sebastian schenkt allen ein Glas gekühlten Weißwein ein und lehnt sich zurück. Der Schiffsführer hält die Jacht sicher auf Kurs, während sich die Gruppe ungestört ihren Gesprächen und Getränken widmen kann.

»Was für ein perfekter Tag«, sagt Yvonne und streckt die Beine aus. »Kaum zu glauben, dass wir vor zehn Jahren noch ganz anders über Immobilien gedacht haben.«

Andrea nimmt einen Schluck und nickt. »Ja, und ich erst! Ich war immer diejenige, die gezögert hat. Ich dachte, ich müsste erst ein riesiges Vermögen ansparen, bevor ich investieren kann.« Sie lacht und schüttelt den Kopf. »Dann kam Andreas – und plötzlich ging alles ganz schnell.«

Andreas strahlt. »Das liegt daran, dass ich das Ganze wie ein System sehe. Man muss die richtigen Hebel nutzen. Warum jahrelang sparen, wenn man mit einer guten Finanzierung und den richtigen steuerlichen Stellschrauben gleich starten kann?«

Sebastian lehnt sich nach vorne. »Ehrlich gesagt, fasziniert mich dein Tempo, Andreas. Du hast in nicht einmal zwei Jahren ein Portfolio aufgebaut, für das andere 15 Jahre brauchen – wobei die meisten es nicht einmal in einem ganzen Leben schaffen.«

»Beeindruckend, nicht?«, sagt Andrea und schmiegt sich an ihn. »Das Einzige, was ich ihn immer frage, ist, ob er sich nie Sorgen wegen der Schulden macht. Ich meine, finanzieren tun wir ja alle – aber bei Andreas türmt sich da schon ein gewaltiger Schuldenberg.«

Andreas zuckt mit den Schultern. »Na ja, das mit den Schulden kennst du ja auch schon von Yvonne und Sebastian. Die haben dir das ja auch immer nächtelang erklärt, wie du berichtet hast. Also auch für mich sind Schulden nur dann ein Problem, wenn man keinen Plan hat. Ich rechne alles genau durch, kalkuliere verschiedene Szenarien und sorge für ausreichend Liquiditätsreserven. Die Immobilien arbeiten für mich – und nicht umgekehrt. Na ja, aber das wisst ihr ja alle. Zudem habe ich bei einigen Finanzierungen eine deutlich höhere Tilgung, um Restschuldrisiken zu vermeiden.«

»Das klingt alles so logisch, aber trotzdem hat es lange gedauert, bis ich es wirklich verstanden habe«, sagt Andrea nachdenklich. »Ich war zu lange in dem Denken gefangen: Erst sparen, dann kaufen.«

»Und Peter war da auch keine Hilfe«, ergänzt Yvonne trocken. »Der hat immer das Haar in der Suppe gesucht, anstatt einfach mal ins Handeln zu kommen.«

Andrea lacht. »Ja, das stimmt. Ich glaube, das war einer der Gründe, warum wir uns auseinandergelebt haben. Er hat sich immer nur auf die Risiken konzentriert – Andreas hingegen sieht die Chancen.«

»Gute Einstellung«, sagt Sebastian und hebt sein Glas. »Auf das richtige Mindset – und auf unsere nächste Immobilie!«

Tatsächlich – die vier genießen das Leben und lassen es krachen. Daher wollen wir uns an dieser Stelle wieder kurz auf eines der Kernthemen konzentrieren: Warum werden so viele Menschen nicht reich mit Immobilien? Die Antwort ist einfach: Weil sie sich mit den falschen Dingen beschäftigen und nicht wissen, wo und wie sie ansetzen sollen.

Viele lassen sich von Ängsten und Mythen leiten oder verlieren sich in Details, die für den langfristigen Erfolg gar nicht entscheidend sind. Sie denken an Reparaturen, an komplizierte Mietrechtsthemen oder an den vermeintlichen Verwaltungsaufwand – anstatt sich darauf zu konzentrieren, wie sie Immobilien strategisch nutzen können, um nachhaltigen Wohlstand aufzubauen.

Ein häufiger Fehler ist der Fokus auf das kurzfristige Geld. Viele erwarten sofortigen Cashflow und vergessen dabei, dass Immobilieninvestments oft erst über Jahre ihre volle Rendite entfalten. Dabei sind die steuerlichen Gestaltungsmöglichkeiten ein zentraler Hebel, um schneller voranzukommen. Wer die Abschreibungsmöglichkeiten kennt, gezielt Finanzierungsstrukturen nutzt und rechtzeitig auf vermögensverwaltende Konstrukte umsteigt, hat einen gewaltigen Vorteil. Hierbei ist nicht nur die vermögensverwaltende GmbH gemeint, sondern auch andere Rechtsformen, um frühzeitig an später zu denken und eine mögliche Erbschaftsteuer vollständig zu vermeiden.

Ein weiteres Problem ist die fehlende Strategie. Viele kaufen eine Immobilie, weil sie gerade verfügbar ist, anstatt eine klare Roadmap zu verfolgen. Ein strukturierter Portfolioaufbau bedeutet, von Anfang an die richtige Finanzierungsstrategie zu wählen, steuerliche Vorteile einzuplanen und Standorte gezielt nach langfristigen Entwicklungen auszuwählen. Wer blind kauft oder nach Bauchgefühl handelt, riskiert, in ungeeignete Objekte zu investieren, die nicht zur eigenen Strategie passen.

Letztendlich ist es genau dieses fehlende Wissen, das die meisten Menschen davon abhält, mit Immobilien wirklich wohlhabend zu werden. Und genau hier setzt dieses Buch an: Es zeigt Ihnen nicht nur, wie Sie die typischen Fehler vermeiden, sondern vor allem, wie Sie Immobilien strategisch als Werkzeug für Ihren finanziellen Erfolg einsetzen können.

Zum Glück ist auch bei Andrea der Knoten geplatzt. Sie hat sich endlich zum Erwerb einer ersten Immobilie durchringen können, der hoffentlich bald weitere folgen werden – in Weetzen, einem kleinen Ort im Großraum Hannover, wo gleichzeitig auch Andreas gekauft hat. Weetzen ist rund 15 Minuten von der Innenstadt Hannovers entfernt und bietet durch die gute Verkehrsanbindung eine optimale Basis für nachhaltige Mieternachfrage.

Objekt Weetzen, Eigentumswohnung Andrea 2024

- Kaufpreis: 144.000 Euro,
- Mieteinnahmen: 750 Euro monatlich,
- Hausgeld: 215 Euro monatlich,
- Nebenkosten: 150 Euro monatlich,
- Verwaltergebühr: 30 Euro monatlich,
- Finanzierung: 632,45 Euro monatlich,
- Gesamtausgaben: 877,45 Euro monatlich,
- Steuererstattung: circa 119,34 Euro monatlich
- Verlust nach Steuererstattung: 8,11 Euro monatlich,
- Zinssatz: 3,96 Prozent,
- Tilgung: 1,5 Prozent,
- Gebäude-AfA: 3 Prozent (ermittelt durch Restnutzungsgutachten).

Denkmalimmobilien und ihre Abschreibungsmöglichkeiten: Ein steuerlicher Vorteil mit Charme

Zurück zu Hause gönnen sich alle erst einmal eine Pause. Nach der intensiven Reise sind sie durstig, doch Hochprozentiges gibt es heute nicht mehr – stattdessen nur Wasser und Saft. Während sie sich im Wohnzimmer versammeln, kommt das Gespräch auf ein Thema, das bisher nicht so im Fokus stand: Denkmalimmobilien.

Andreas lehnt sich vor. »Ich muss zugeben, dass ich mich mit Denkmalimmobilien noch nicht so tiefgehend beschäftigt habe. Ihr habt doch beide eine in Leipzig, oder?«

Yvonne nickt und wirft einen Blick zu Sebastian. »Ja, genau. Unsere Eigentumswohnung in Leipzig haben wir 2020 gekauft – und es war definitiv kein Schnäppchen.«

Sebastian ergänzt: »267.000 Euro ohne Kaufnebenkosten, 4.450 Euro pro Quadratmeter. 35.000 Euro Eigenkapital haben wir eingebracht, und die Wohnung ist 60 Quadratmeter groß.«

Andreas runzelt die Stirn. »Hört sich teuer an. Aber lohnt sich das wirklich?«

»Absolut«, erklärt Yvonne. »Unser monatlicher Überschuss liegt bei 400 Euro – und das nur dank der steuerlichen Vorteile. Wir profitieren von circa 80 Prozent Abschreibung für die Sanierungskosten.«

»Genau«, fügt Sebastian hinzu. »Die Zinsen lagen damals bei 1,72 Prozent, was natürlich ideal war. Aber es war ein Projekt mit hohem Beratungsaufwand. Steuerberater, Gutachter – ohne Profis wäre das kaum machbar gewesen.«

Andreas nimmt einen Schluck Wasser und denkt nach. »Und der Wert heute?«

Yvonne lächelt. »Wir haben es konservativ berechnet: Rund 310.000 Euro. Das entspricht einer Wertsteigerung von 15 Prozent in nur wenigen Jahren.«

»Nicht schlecht«, murmelt Andreas. »Aber nicht jedes Denkmal ist eine gute Investition, oder?«

Sebastian schüttelt den Kopf. »Definitiv nicht. Man muss sich genau anschauen, wie die Sanierung abläuft, welche steuerlichen Vorteile wirklich greifen und ob die Lage passt. Tatsächlich ist nicht jede denkmalgeschützte Immobilie automatisch ein gutes Investment.«

»Interessant«, sagt Andreas und lehnt sich zurück. »Ich glaube, ich sollte mich damit mal näher beschäftigen.«

Andrea lacht. »Wurde auch Zeit. Schließlich sind Denkmalimmobilien steuerlich ein riesiger Hebel – wenn man es richtig macht.«

Die Gruppe nickt und taucht weiter in die Details ein, während der Abend sich langsam dem Ende neigt.

Objekt Leipzig, Eigentumswohnung 2020, Yvonne und Sebastian: Denkmalimmobilie

- Kaufpreis: 267.000 Euro ohne Kaufnebenkosten, 4.450 Euro pro Quadratmeter, 35.000 Euro Eigenkapital, 60 Quadratmeter,
- Überschuss: 400 Euro monatlich inklusive Steuervorteilen dank 80 Prozent AfA,
- Zinsen: 1,72 Prozent, Kernsanierung,
- Wert heute: Rund 310.000 Euro bei konservativer Betrachtung, Wertsteigerung: 15 Prozent, jährliche Steuererstattung von circa 9.000 Euro bei diesem Investment.

Denkmalimmobilien bieten Anlegern eine faszinierende Kombination aus historischem Charme und steuerlichen Vorteilen. Denn wer in eine denkmalgeschützte Immobilie investiert, profitiert von besonderen Abschreibungsmöglichkeiten, die vom Gesetzgeber geschaffen wurden, um den Erhalt von Baudenkmälern zu fördern. Diese steuerlichen Anreize machen Denkmalimmobilien zu einer äußerst attraktiven Kapitalanlage – vor allem für gut verdienende Steuerzahler.

Die besondere Abschreibung für Denkmalimmobilien ist im Paragrafen 7i Einkommensteuergesetz (EStG) geregelt. Sie ermöglicht es, Kosten für die Sanierung und Modernisierung des denkmalgeschützten Gebäudes in außergewöhnlichem Maße steuerlich geltend zu machen, und zwar in diesem Falle ausnahmsweise auch für Selbstnutzer:

Abschreibung für Selbstnutzer

Wer eine Denkmalimmobilie selbst nutzt, kann die Sanierungskosten über zehn Jahre mit jeweils 9 Prozent pro Jahr abschreiben. Das bedeutet, 90 Prozent der anerkannten Sanierungskosten werden innerhalb eines Jahrzehnts steuerlich abgesetzt. Solche – zumal solche gewaltigen – Steuereffekte gibt es für Selbstnutzer sonst nicht.

Abschreibung für Vermieter

- Für Kapitalanleger ist die Abschreibung noch großzügiger. Sie können die Sanierungskosten über zwölf Jahre abschreiben: acht Jahre lang mit 9 Prozent und weitere vier Jahre mit 7 Prozent. Insgesamt lassen sich so 100 Prozent der anerkannten Kosten steuerlich geltend machen.
- Zusätzlich können Vermieter die reguläre lineare Abschreibung für den Gebäudewert nutzen, die sich bei Altbauten auf 2 Prozent pro Jahr beläuft!

Wohlgemerkt gelten die besonderen Abschreibungsmöglichkeiten ausschließlich für Sanierungs- und Modernisierungskosten, nicht für den Kaufpreis der Immobilie (das sind 2 Prozent pro Jahr) oder des Grundstücks (gar nichts). Die Maßnahmen müssen vom Denkmalamt genehmigt und fachgerecht durchgeführt werden. Nur so wird der Erhalt des Denkmalstatus gewährleistet, der die Grundlage für die steuerlichen Vorteile bildet.

Die Vorteile einer Denkmalabschreibung sind also vielfältig und gehen über den reinen Steuereffekt hinaus:

1. Hohe Steuerersparnis: Die außergewöhnlichen Abschreibungsmöglichkeiten erlauben es, die Steuerlast erheblich zu senken, vor allem in den ersten Jahren nach der Sanierung. Dies macht Denkmalimmobilien besonders für Personen mit hohem zu versteuerndem Einkommen attraktiv.
2. Wertsteigerungspotenzial: Sanierte Denkmalimmobilien befinden sich oft in begehrten Lagen und bieten eine einzigartige Ästhetik, die auf dem Immobilienmarkt geschätzt wird. Dadurch haben sie oft ein überdurchschnittliches Wertsteigerungspotenzial. Natürlich ist dies kein Automatismus. Daher Finger weg von schwierigen Lagen und Objekten.
3. Nachhaltigkeit und Image: Denkmalgeschützte Gebäude tragen zum Erhalt historischer Stadtbilder bei und sind ein Beitrag zum kulturellen Erbe. Sie verleihen Investoren eine positive Außenwirkung, die in Kombination mit den steuerlichen Vorteilen überzeugt. Ich kann daher aus eigener Erfahrung sagen: Es ist besonders schön, via Eigentumswohnung Mitinhaber eines solchen Schmuckstücks zu sein.

Trotz der Steuervorteile gibt es auch Herausforderungen, die bedacht werden sollten:

- Sanierungskosten: Die Kosten für die Instandhaltung und Modernisierung von Denkmalimmobilien sind oft höher als bei normalen Immobilien. Zudem können unvorhergesehene Mehrkosten auftreten, die das Budget belasten.
- Genehmigungen: Alle Baumaßnahmen müssen mit dem Denkmalamt abgestimmt werden, was zu längeren Planungszeiten führen kann.
- Strenge Nutzungsvorschriften: Um den Denkmalstatus zu erhalten, müssen spezifische Vorgaben eingehalten werden, die unter Umständen die Flexibilität des Investors einschränken.

Entscheidend: Kaufzeitpunkt und Bezahlung der Sanierung

Beim Kauf einer Denkmalimmobilie gibt es zudem einen zentralen Punkt im Zusammenspiel mit dem Verkäufer/Projektentwickler, der bedacht werden muss – wann der Kauf erfolgt und ab wann Kosten anfallen. Denn beim Kauf einer Denkmalimmobilie müssen ein besonderer zeitlicher Ablauf sowie spezielle finanzielle Verpflichtungen beachtet werden.

Hintergrund: Oft werden Denkmalimmobilien nicht als fertig sanierte Objekte verkauft. Stattdessen kauft der Investor/Käufer eine unsanierte Immobilie oder einen Anteil daran, noch bevor die Sanierung abgeschlossen oder teilweise, bevor sie überhaupt begonnen wurde. In solchen Fällen wird der Käufer von Anfang an in die Finanzierung und die Sanierung der Immobilie eingebunden. Das bedeutet: Der Käufer trägt bereits ab dem Zeitpunkt des Kaufs (oder oft auch schon davor) die Kosten, beispielsweise für die Sanierungsarbeiten. Diese Sanierungsmaßnahmen können jedoch nur steuerlich geltend gemacht werden, wenn sie nach dem Kauf erfolgen und durch den neuen Eigentümer veranlasst wurden.

Wenn die Denkmalimmobilie über einen Projektentwickler angeboten wird, kann es sein, dass der Käufer sich nicht auf den Kaufpreis beschränkt, sondern auch direkt am Sanierungsprozess beteiligt wird. Das kann zusätzliche finanzielle Verpflichtungen und Planungsrisiken mit sich bringen. Warum ist das wichtig? Der Zeitpunkt des Kaufs und die damit verbundenen Bedingungen sind entscheidend für die steuerlichen Vorteile. Käufer sollten deshalb genau prüfen:

1. Wann fallen Kosten an? Sind diese steuerlich absetzbar?
2. Wer übernimmt die Sanierungsmaßnahmen? Die Projektentwickler oder der Käufer?
3. Welche Risiken sind damit verbunden? Beispielsweise Verzögerungen oder unerwartete Kostensteigerungen bei der Sanierung.

Dieser Punkt ist zentral, weil er das Zusammenspiel von Steuerrecht, Finanzierung und praktischer Durchführung beim Kauf einer Denkmalimmobilie beleuchtet. Wichtig ist, genau zu prüfen, wie die Anteile - Grundstückswert, Immobilienwert und Sanierungskosten - kalkuliert wurden. Häufig sind in den Verkaufspreisen die Steuervorteile bereits eingerechnet. Das kann dazu führen, dass die Immobilie überteuert ist. Es gilt, nüchtern zu analysieren, ob unterm Strich die Zahlen Sinn ergeben. Daher hier noch einmal ausdrücklich die Gegenüberstellung der beiden Varianten:

Variante 1: Erwerb mit direkter Einbindung in die Finanzierung oder Sanierung

Hier kauft der Käufer eine unsanierte Denkmalimmobilie und ist direkt in den gesamten Sanierungsprozess eingebunden. Das bedeutet:

- Der Käufer finanziert die Sanierungskosten separat oder im Rahmen des gesamten Finanzierungsplans.
- Er trägt das Risiko und die Verantwortung für die Durchführung der Sanierungsmaßnahmen, etwa über die Beauftragung von Architekten, Baufirmen oder Gutachtern.
- Vorteil: Die gesamten Sanierungskosten können steuerlich geltend gemacht werden, da der Käufer die Maßnahmen selbst veranlasst.
- Nachteil: Diese Variante erfordert deutlich mehr Eigenengagement und birgt finanzielle Risiken, wie etwa Kostensteigerungen oder Bauverzögerungen.

Variante 2: Kauf einer Denkmalimmobilie vom Projektentwickler
Hier kauft der Käufer eine bereits sanierte Denkmalimmobilie von einem Projektentwickler, oft als schlüsselfertiges Objekt. Das heißt:

- Der Kaufpreis umfasst sowohl den ursprünglichen Immobilienwert als auch die bereits durchgeführte Sanierung.

- Vorteil: Weniger Aufwand für den Käufer, da die Sanierungsmaßnahmen bereits abgeschlossen sind. Oft übernimmt der Projektentwickler alle Abstimmungen mit Behörden und Denkmalämtern.
- Nachteil: Steuerlich lassen sich nur die Sanierungskosten geltend machen, die eindeutig im Kaufvertrag ausgewiesen sind. Häufig wird dieser Anteil jedoch pauschal angesetzt und lässt sich nicht immer in voller Höhe absetzen.

Der wesentliche Unterschied zwischen beiden Varianten liegt im Zeitpunkt des Kaufs und in der Beteiligung an der Sanierung: Bei Variante 1 (Einbindung in die Sanierung) trägt der Käufer von Anfang an die Verantwortung für die Sanierung und kann alle Kosten absetzen. Bei Variante 2 (Kauf vom Projektentwickler) erwirbt der Käufer ein fertiges Objekt, hat weniger Verantwortung, kann aber möglicherweise nicht den vollen steuerlichen Vorteil nutzen. Gerade bei Denkmalimmobilien, die von Projektentwicklern angeboten werden, besteht das Risiko, dass die Projekte nicht fertiggestellt werden – ein zunehmend häufiges Problem in der aktuellen Marktlage. Zudem muss überprüft werden, ob die Objekte vermietbar sind und in einer Lage liegen, die auch langfristig Nachfrage garantiert.

Fazit: Denkmalimmobilien sind nicht nur ein Stück Geschichte, sondern auch ein Instrument, um Steuern zu sparen und attraktive Renditen zu erzielen. Die außergewöhnlichen Abschreibungsmöglichkeiten bieten Anlegern einen deutlichen Vorteil, besonders in Kombination mit einer guten Lage und einem hohen Mietpotenzial. Allerdings sollte die Investition in eine Denkmalimmobilie gut geplant sein: Eine sorgfältige Prüfung der Sanierungskosten, ein fundiertes Gutachten und eine Abstimmung mit dem Denkmalamt sind essenziell, um langfristig von den Vorteilen zu profitieren. So wird aus einem Baudenkmal eine Kapitalanlage, die gleichermaßen emotional und wirtschaftlich überzeugt.

Dieses Konstrukt ist daher nicht für jeden geeignet, sondern vor allem für jene, die auch entsprechend verdienen – die Zahlung des

Spitzensteuersatzes könnte ein Kriterium sein. Letzten Endes muss man so viel verdienen, dass man die Vorteile ausschöpfen kann – und zwar auch in den kommenden Jahren. Durch den Steuereffekt ist je nach Finanzierung ein positiver Cashflow wahrscheinlich, das können je nach Objekt und Struktur durchaus 300, 400 oder 500 Euro sein – im Monat!

Doch auch wenn Denkmalimmobilien steuerlich attraktiv sind, sollte der Kauf nicht nur aus diesem Grund erfolgen. Das Objekt muss langfristig vermietbar sein und sich in einer guten Lage befinden, in der ein späterer Verkauf realistisch ist. Dennoch gibt es Szenarien, in denen selbst bei einem leichten Verlust beim Verkauf der Kauf lohnenswert ist, etwa durch die eingesparten Steuern, die direkt in die Tilgung fließen.

Übrigens: Meine Frau und ich haben 2020 die oben skizzierte Denkmalimmobilie gekauft, weil es zu unserer steuerlichen Situation gepasst und Sinn ergeben hat. Zudem handelte es sich um eine B+- oder sogar A-Lage in Leipzig.

Zwischenfazit Abschreibung

Was ich mit Kunden in puncto Abschreibung erlebt habe, ist beeindruckend: Wir hatten Fälle, da waren wir ohne Eigenkapitaleinsatz (nur die Kaufnebenkosten wurden bestritten) und trotz Zinssätzen von 5 Prozent im positiven Cashflow. Wenn man also das Steuerthema und besonders die Abschreibung richtig versteht und auf dieser Basis kalkuliert, kann man ganz anders bieten, also durchaus einen höheren Kaufpreis offerieren, als es Kaufinteressenten tun, die den Steuereffekt im wahrsten Sinne des Wortes nicht auf der Rechnung haben. Daher ist es auch wichtig, etwaige Gesetzesänderungen immer aktuell zu verfolgen, um solche Vorteile bereits beim Einkauf nutzen zu können.

Antrag auf Lohnsteuerermäßigung durch Werbungskostenabzug

Verabschieden wir uns nun einmal von historischen Prachtbauten und werden etwas kleinteiliger – allerdings nicht in Hinblick auf die Summe, die im Raum steht: 1.000 Euro monatlich können Arbeitnehmer, die Immobilien besitzen, von der Steuerzahlung erlassen bekommen. Wie das? Durch einen schlichten Antrag auf Lohnsteuerermäßigung aufgrund von Werbungskosten. Hier geht es darum, Kosten, die man bei seiner Jahressteuererklärung angeben würde, einfach vorzuziehen. Man hat also einen zeitlichen Vorteil von durchaus anderthalb Jahren, je nachdem, wann die Kosten anfallen und wie schnell man seine Erklärung abgibt und das Finanzamt den Steuerbescheid ausstellt. All dies wird man auch weiterhin tun – nur mit dem Unterschied, dass man mit dem Antrag schneller an das Geld kommt, nämlich jeden Monat. Das ändert den Cashflow auf kurze Sicht (langfristig hätte man das Geld ja ohnehin bekommen), vor allem aber die Liquidität. 1.000 Euro jeden Monat – damit lässt sich eine Menge anfangen, mehr, als wenn man es erst nachgelagert erhalten würde. Dabei wurde ich sogar positiv überrascht: Wir haben vielen unserer Kunden diesen Antrag empfohlen – und allen wurde stattgegeben, obendrein sogar rasch.

Die Sache läuft dabei nicht anders als bei der Jahressteuererklärung: Man setzt Werbungskosten an, darunter beispielsweise zwei Fahrten im Jahr zur Immobilie. So habe ich eine Kundin, die hat für ihre Immobilien 21.000 Euro Kosten geltend gemacht – unterm Strich, da sind also die Mieteinnahmen schon gegengerechnet. Zur Erinnerung: Ein 1-Millionen-Objekt generiert allein 20.000 Euro an jährlichen Abschreibungen, hier kamen Sonderabschreibungen ins Spiel auf Basis eines Restwertgutachtens.

Wenn man diese Summe mit 42 Prozent Spitzensteuersatz verrechnet, kommt man auf 8.820 Euro im Jahr, also 735 Euro im Monat, die sie 2025 monatlich weniger an Lohnsteuer zu zahlen hat. Das ist ein Riesenvorteil im Cashflow und bedeutet ein höheres Nettoeinkommen, was wiederum für die Banken interessant ist, wenn man das nächste Objekt finanzieren möchte. Natürlich würde man das Geld nach der nächsten Steuererklärung ohnehin wiederbekommen, aber man hat es jetzt schon, anderthalb Jahre vorher.

1.000 Euro mehr Cash jeden Monat sind also durchaus möglich. Eine extreme Veränderung der Liquidität. Bitte sprechen Sie Ihren Steuerberater darauf an und stellen solch einen Antrag.

Auf der Terrasse der Finca genießen die vier ihr Frühstück. Die Sonne steht bereits hoch am Himmel, der Duft von frisch gebrühtem Kaffee und warmem Brot liegt in der Luft. Yvonne lehnt sich nach vorn und greift nach einem Croissant. »Ich hoffe, die Wanderung wird nicht allzu anstrengend. Nach der Paella gestern Abend kann ich eine leichte Tour vertragen.«

Andrea lacht. »Ja, ich glaube, wir haben alle ein bisschen übertrieben. Aber es war auch einfach zu lecker.«

Sebastian legt sein Messer zur Seite. »Ich habe in der letzten Nacht über das nachgedacht, was Florian mir mal erklärt hat. Er meinte, dass die meisten, die ein solides Vermögen aufgebaut haben, also Millionäre, das mit Immobilien erreicht haben – weil sie die Mechanik verstanden haben.«

Andrea sieht interessiert auf. »Was genau meinst du?«

Sebastian zuckt mit den Schultern. »Na ja, andere Anlageklassen haben ihre Vorteile, aber bei Immobilien kann man so viel optimieren – mit Fremdkapital, mit Abschreibungen, mit der steuerlichen Gestaltung. Du kannst mit relativ wenig Eigenkapital ein großes Rad drehen. Und je länger ich darüber nachdenke, desto mehr verstehe ich, warum das so ein starker Hebel ist – den fast alle reichen Leute nutzen.«

Andreas nickt. »Der Trick ist, dass du nicht nur dein eigenes Geld nutzt oder womöglich gar kein eigenes, sondern das der Bank, das der Mieter und das des Finanzamts. Kaum eine andere Anlageklasse erlaubt dir, gleichzeitig Steuern zu sparen, Schulden abzubauen und Cashflow zu generieren. Aber das wirklich zu begreifen, dauert ein bisschen.«

Yvonne strahlt. »Dafür macht es dann aber umso mehr Spaß, wenn die Steuererstattung auf dem Konto landet.«

»Genau. Denn eins ist klar: Je mehr du verdienst oder als Unternehmer unternimmst, desto mehr Steuern kannst du sparen. Viele haben das erkannt, haben investiert und sind erst dadurch vermögend geworden«, fasst Andreas zusammen.

Andrea nimmt einen Schluck Kaffee und überlegt. »Ich gebe zu, vieles davon war mir vorher gar nicht so bewusst. Man weiß theoretisch, dass Immobilien als Kapitalanlage sinnvoll sind, aber was das in der Praxis bedeutet, wird einem erst klar, wenn man es endlich selbst gemacht hat.«

Andreas lehnt sich zurück. »Ja, es ist wie mit allem: Du musst einfach machen und dann weißt du, wie der Hase läuft. Ich bin stolz auf dich, dass auch du endlich den Schritt gewagt hast.«

Die vier beenden das Frühstück und bereiten sich auf ihre Wanderung vor.

Energetische Sanierungen: Steuerregeln und Förderprogramme

Für energetische Sanierungen gibt es mehrere steuerliche Vorteile und Förderungen, die allerdings meist für Privatpersonen interessant sind. Dennoch gibt es auch einige Optionen für Investoren. Für sie sind die steuerlichen Regelungen bei energetischen Sanierungen anders gestaltet als für Selbstnutzer. Hier ein Überblick über die relevanten Möglichkeiten für Kapitalanleger:

1. Sonderabschreibungen nach Paragrafen 7h und 7i EStG
   - Paragraf 7h EStG: Bei Sanierungen in sogenannten *Sanierungsgebieten* oder städtebaulichen Entwicklungsgebieten können die Herstellungskosten in den ersten acht Jahren mit jeweils 9 Prozent und in den folgenden vier Jahren mit jeweils 7 Prozent als Werbungskosten abgesetzt werden.
   - Paragraf 7i EStG: Für denkmalgeschützte Gebäude gilt dies ebenso.

2. Lineare Abschreibung
   - Als Vermieter können Sie die Kosten einer energetischen Sanierung im Rahmen der regulären Gebäudeabschreibung geltend machen (2 Prozent pro Jahr bei Wohngebäuden, die nach 1924 erbaut wurden).
   - Handelt es sich um Instandsetzungs- oder Modernisierungskosten, können diese in den ersten drei Jahren nach Erwerb unter bestimmten Bedingungen sofort als Werbungskosten abgezogen werden (bei Kosten bis zu 15 Prozent der Anschaffungskosten).

3. Förderung durch KfW und BAFA
   - Kapitalanleger können ebenfalls auf Förderprogramme der KfW und des BAFA zurückgreifen, etwa zinsgünstige Kredite oder Tilgungszuschüsse. Wichtig ist, dass die Immobilie nachweislich vermietet wird und die Maßnahmen von Fachfirmen durchgeführt werden.
   - Es gilt jedoch zu beachten, dass Zuschüsse häufig versteuert werden müssen, da sie als Betriebseinnahmen gelten.

4. Steuerliche Absetzbarkeit von energetischen Maßnahmen
   - Anders als Selbstnutzer können Kapitalanleger energetische Sanierungskosten als Werbungskosten in ihrer Steuererklärung ansetzen, sofern diese eindeutig der Erzielung von Einkünften dienen. Dazu zählen Kosten für Dämmungen, Fenstererneuerungen oder Heizungsmodernisierungen.

Kapitalanleger profitieren also vor allem von Sonderabschreibungen und der Möglichkeit, Sanierungskosten als Werbungskosten anzusetzen. Bei Sanierungen in Denkmalschutz- oder Sanierungsgebieten ergeben sich zusätzliche steuerliche Vorteile. Förderprogramme wie die der KfW und des BAFA stehen ebenfalls zur Verfügung, sollten jedoch steuerlich geprüft werden, um Nachteile zu vermeiden.

Und hier der Überblick für Selbstnutzer:

1. **Steuerliche Absetzbarkeit gemäß Paragraf 35c EStG**
   - Sie können 20 Prozent der Kosten für energetische Sanierungsmaßnahmen steuerlich absetzen, wobei der Höchstbetrag bei 40.000 Euro pro Immobilie liegt.
   - Diese Förderung gilt für selbst genutzte Immobilien, die mindestens zehn Jahre alt sind.
   - Die Steuerermäßigung wird über drei Jahre verteilt: 7 Prozent im ersten und zweiten Jahr (jeweils bis zu 14.000 Euro) und 6 Prozent im dritten Jahr (bis zu 12.000 Euro).
   - Zu den förderfähigen Maßnahmen gehören die Wärmedämmung, der Austausch von Fenstern und Türen, der Einbau energieeffizienter Heizungen sowie der Einbau digitaler Steuerungssysteme.
   - Wichtig: Die Arbeiten müssen von einem Fachbetrieb ausgeführt und bescheinigt werden.

2. **Förderprogramme der KfW**
   - Die Kreditanstalt für Wiederaufbau (KfW) bietet zinsgünstige Darlehen und Tilgungszuschüsse für energetische Sanierungen.
   - Im Programm »Wohngebäude – Kredit 261« können Sie Zuschüsse für Maßnahmen wie die Dämmung, die Fenstererneuerung oder den Heizungstausch erhalten. Die Höhe hängt von der Effizienzsteigerung des Gebäudes ab.
   - Allerdings sind die Förderprogramme chronisch unsicher. Fördertöpfe sind schnell leer und auch die zuständigen Ministerien stoppen gern mal spontan die Programme. 100-prozentig verlassen kann man sich darauf nur, wenn man einen gültigen Förderbescheid in der Hand hat. Dies gilt auch für die nächsten beiden Punkte. Besonders die Energieberatung war in den vergangenen Jahren mehrmals von kurzfristigen Stopps betroffen. Es ging dann aber immer wieder bald weiter. Planungssicherheit entsteht so aber nicht.

3. BAFA-Zuschüsse
   - Das Bundesamt für Wirtschaft und Ausfuhrkontrolle (BAFA) bietet Zuschüsse von bis zu 20 Prozent der förderfähigen Kosten für Einzelmaßnahmen wie Heizungsoptimierungen, den Einsatz erneuerbarer Energien oder neue Fenster.
   - Auch hier gilt: Steuerliche Förderung und BAFA-Zuschüsse können nicht kombiniert werden, sodass Sie sorgfältig prüfen sollten, welche Variante in Ihrem Fall vorteilhafter ist.

4. Energieberatung
   - Die Kosten für eine Energieberatung können ebenfalls zu 50 Prozent steuerlich geltend gemacht werden. Alternativ werden bis zu 80 Prozent der Beratungsgebühren vom BAFA übernommen.

Vor Beginn der Sanierungsarbeiten sollten Sie klären, ob die steuerliche Absetzbarkeit oder die Förderprogramme besser zu Ihrer finanziellen Situation passen, da eine Doppelförderung nicht möglich ist. Es ist ratsam, vorab eine Beratung bei einem Steuerexperten oder Energieberater in Anspruch zu nehmen, um das maximale Sparpotenzial auszuschöpfen.

Grunderwerbsteuer – kein Grund zur Freude

Verlassen wir für kurze Zeit die Steueroase Deutschland. Zugespitzt könnte man sagen, dass wir uns in die Hölle begeben: Die Grunderwerbsteuer ist für Immobilienkäufer eine der größten Belastungen und nimmt je nach Bundesland und Kaufpreis enteignungsähnliche Züge an. Sie ist das größte Steuerärgernis und gehört definitiv nicht in die Rubrik »Steuerparadies«. Hier schlägt der Staat – in Gestalt der Bundesländer – unbarmherzig zu. Gleichzeitig verhindert er so die Bildung von Immobilieneigentum oder sorgt dafür, dass man bei einem gegebenen Eigenkapital nur kleinere Objekte kaufen kann. Zudem hat diese Entwicklung nicht nur die Kaufnebenkosten in die Höhe getrieben, sondern auch den Wohnungsneubau beeinträchtigt.

Dabei hat sich die Steuer erst in den vergangenen Jahren zu einem bedeutenden Kostenfaktor entwickelt, vor allem da die Bundesländer sie seit 2007 eigenständig anpassen dürfen (da sie ihnen allein zufließt). Sie ist die mit Abstand wichtigste Ländersteuer, weshalb auch nicht mit einer Absenkung zu rechnen ist. Ein Konstruktionsfehler innerhalb unseres föderalen Systems. Die Gesamteinnahmen 2023 (letztes verfügbares Jahr) betrugen 12,2 Milliarden Euro, gefolgt von der Erbschaft- und Schenkungsteuer mit 8,8 Milliarden Euro. Auf Platz 3 rangiert abgeschlagen die Biersteuer mit 650 Millionen Euro (jeweils alle 16 Bundesländer zusammengenommen).

Die 12,2 Milliarden Euro stellen im Vergleich mit 2022 einen deutlichen Rückgang von fast 29 Prozent dar, bedingt durch den damaligen Einbruch im Immobilienmarkt, die Zurückhaltung bei Käufen und die gesunkenen Kaufpreise. Man könnte allerdings auch den Effekt mit einpreisen, dass die Bundesländer den Bogen überspannt haben und durch die hohe Grunderwerbsteuer weniger Leute gekauft haben.

Denn die Grunderwerbsteuer ist meist der größte Posten unter den Kaufnebenkosten. Für ein 500.000-Euro-Einfamilienhaus in NRW zahlen Käufer 32.500 Euro allein für diese Steuer – ohne jeglichen Gegenwert. Besonders betroffen sind Investoren und Projektentwickler, die beim Kauf großer Mietshäuser oder Grundstücke mit enormen Summen belastet werden. Das einzig Positive daran: Sie gehören zu den Anschaffungskosten, die sich via Abschreibung jährlich von der Steuer absetzen lassen.

Übersicht der Grunderwerbsteuersätze nach Bundesland (Stand 2024):

- **6,5 Prozent:** Brandenburg, Nordrhein-Westfalen, Saarland, Schleswig-Holstein,
- **6,0 Prozent:** Hessen, Berlin,

- **5,5 Prozent:** Baden-Württemberg, Bremen, Hamburg, Mecklenburg-Vorpommern, Niedersachsen, Rheinland-Pfalz, Sachsen-Anhalt, Sachsen (2023 erhöht),
- **5,0 Prozent:** Thüringen (2023 abgesenkt, die CDU hatte hier gemeinsam mit FDP und AfD gestimmt),
- **3,5 Prozent:** Bayern.

Einfluss auf den Wohnungsbau

Immobilienverbände kritisieren zu Recht, dass die hohen Steuersätze den Wohnungsbau hemmen. Laut einer Studie des Instituts für Weltwirtschaft (IfW) Kiel hat nämlich die geringere Steuerlast in Bayern und Sachsen (erst 2023 auf 5,5 Prozent erhöht) dazu geführt, dass die Bauinvestitionen in diesen Ländern zwischen 2011 und 2020 um bis zu 11 Prozent höher lagen als in vergleichbaren Regionen.[8] Der Zusammenhang ist klar: Niedrigere Steuern fördern Investitionen und senken die Wohnkosten langfristig. Eine Senkung der Grunderwerbsteuer könnte also den Wohnungsbau wiederbeleben. Besonders beim Kauf von Grundstücken für den Mietwohnungsbau wird vorgeschlagen, die Steuer auf null zu senken. Doch bisher haben weder Bund noch Länder konkrete Maßnahmen ergriffen.

Die Grunderwerbsteuer wird bei nahezu allen Konstellationen fällig, außer bei den sogenannten Share Deals (nächster Abschnitt) oder beim Verschenken innerhalb der Familie. Diese Punkte mögen vielleicht trocken und langweilig wirken, aber das Grundwissen über steuerliche Themen bei Immobilieninvestments ist von elementarer Bedeutung, um erfolgreich Millionär mit Häusern und/oder Apartments zu werden.

Keine Grunderwerbsteuer durch Share Deals

Eine Möglichkeit, die Grunderwerbsteuer zu umgehen, bieten sogenannte Share Deals. Hierbei erwerben Investoren nicht direkt die Immobilie, sondern Anteile an einer Gesellschaft, die das Eigentum hält. Reformen in den letzten Jahren haben allerdings die Voraussetzungen verschärft. So darf ein Käufer maximal 89,9 Prozent der Anteile erwerben (vorher 94,9 Prozent), während die restlichen mindestens 10,1 Prozent wenigstens zehn Jahre von einem Mitinvestor gehalten werden müssen.

In der Presse kommen Share Deals immer böse rüber; so, als ob sich die Immobilienkonzerne hier etwas erschleichen, weil sie sich die Grunderwerbsteuer sparen, die je nach Bundesland 3,5 bis 6,5 Prozent beträgt. Doch all dies hat seinen Sinn: Diese Regelung ist daraus erwachsen, dass, wenn Unternehmen gekauft werden – und vermögensverwaltende Kapitalgesellschaften sind Unternehmen –, die Käufer nicht auch noch Grunderwerbsteuer zahlen müssen. Im Kern wendet sich diese Regelung aber natürlich an Unternehmen, die nicht schwerpunktmäßig in Immobilien investieren, sondern bei denen Grund und Boden zum Betriebsvermögen zählen. Plötzlich dafür noch einmal Grunderwerbsteuer in sieben-, womöglich achtstelliger Höhe zahlen zu müssen, würde die meisten Unternehmenstransaktionen, bei denen Grundstücke im Spiel sind, sehr unattraktiv machen. Daher sind solche Geschäfte von der Grunderwerbsteuer befreit.

Genau aus diesem Grund gilt es auch, einige Bedingungen beim Verkauf via Share Deal zu beachten. Zunächst reden wir nur über Unternehmen, also nicht über privat gehaltene Grundstücke. Nun wird beispielsweise die GmbH verkauft, die die Immobilien im Wert von 1 Million Euro hält. Veräußert wird aber nicht komplett, sondern eine Person kauft maximal 89 Prozent (bei 90 Prozent liegt die Grenze). Eine weitere Person, ein Geschäftspartner oder der Ehemann/die Ehefrau kauft die übrigen 11 Prozent. Dann fällt keine Grunderwerbsteuer an.

Share Deals sind aber nur etwas für Profis, das heißt, solche Verträge sollten immer vorab mit einem Rechtsanwalt und/oder Steuerberater geprüft werden. Beim Aufsetzen solcher Kaufverträge gibt es viele Dinge, darunter viele Fallstricke, zu beachten. Bei einem typischen Share Deal bleiben 10,1 Prozent der Anteile bei einer anderen Partei, häufig dem Verkäufer. Dies wird rechtlich so geregelt, dass der

Minderheitsanteil keinen Einfluss auf die Geschäftsführung oder die Gewinne der Immobilie hat. Dafür werden Beteiligungsverträge und Stimmrechtsvereinbarungen abgeschlossen.

Share Deals sind daher vor allem für größere Investitionen interessant, da die Einsparung der Grunderwerbsteuer bei kleineren Objekten oft in keinem Verhältnis zum Aufwand steht. Die steuerlichen Vorteile sind zwar attraktiv, doch die rechtlichen Konstruktionen erfordern eine sorgfältige Planung und oft auch juristische Beratung. Wichtig ist zudem: Die Beteiligten, die die restlichen Anteile halten, müssen verlässliche Partner sein. Ohne klare Vereinbarungen und ein abgestimmtes Vorgehen können Konflikte entstehen.

Eine der größten Immobilientransaktionen der vergangenen Jahre ging übrigens als Share Deal über die Bühne, als Vonovia 2021 in einem ersten Schritt 87 Prozent der Deutsche-Wohnen-Aktien übernahm. Nun hat die Komplettübernahme stattgefunden, und dank eines Joint Ventures mit dem Finanzinvestor Apollo blieb Vonovia auch hier von der Grunderwerbsteuer befreit, wie Medien berichteten. Die *Wirtschaftswoche* schreibt zu den Dimensionen von Share Deals: »Experten gehen davon aus, dass dem Fiskus so jährlich eine Milliarde Euro an Grunderwerbsteuer entgeht.«[9]

Grundsteuer: Pflicht ohne Ausnahme

Die Grundsteuer ist eine der ältesten Steuern Deutschlands. Sie wird auf sämtlichen Grundbesitz erhoben. Hierzu gehören Grundstücke und Gebäude sowie Betriebe der Land- und Forstwirtschaft. Sie wird von den Eigentümern getragen – und bei einer Vermietung über die Betriebskostenabrechnung auf die Mieter umgelegt. Dabei ist die Grundsteuer eine bedeutende Einnahmequelle für die Städte und Gemeinden (rund 15 Milliarden Euro jährlich). Dennoch wird sie vom Bund gesetzlich geregelt, von den Bundesländern im Einzelnen ausgestaltet – und von den Städten/Gemeinden mit einem eigenen Hebesatz versehen, in deren Kassen sie schließlich fließt. Ein Paradebeispiel für den deutschen Föderalismus.

Die Gesetzgebungskompetenz liegt also beim Bund und wurde sogar im Grundgesetz festgeschrieben. Allerdings haben die Bundesländer mit der Grundsteuerreform das Recht erhalten, eigene, vom Bundesgesetz abweichende landesrechtliche Regelungen einzuführen – was Baden-Württemberg, Bayern, Hamburg, Hessen und Niedersachsen getan haben. Das Saarland und Sachsen wenden das Bundesmodell an, haben jedoch andere Steuermesszahlen eingeführt. Als völlige Neuerung wurde den Gemeinden nun das Recht eingeräumt, auf unbebaute, baureife Grundstücke einen erhöhten Hebesatz festzulegen. Diese Regelung soll Spekulation verhindern oder zumindest verteuern. Und genau hier gab es denn auch die ersten – in der Presse ausgebreiteten – Schocks, als Eigentümer die Post vom Finanzamt aufmachten und die um ein Mehrfaches gestiegene Steuer verdauen mussten. Aber so war dies auch gedacht; nämlich die Eigentümer zum Bauen zu motivieren, statt dass sie das Grundstück mit einem Wohnwagen versehen als Wochenendgrundstück nutzen.

Die Reform der Grundsteuer

Die bisherige Berechnung der Grundsteuer beruhte auf teils veralteten Einheitswerten, die in Westdeutschland aus dem Jahr 1964 und in Ostdeutschland sogar aus dem Jahr 1935 stammten. Diese Diskrepanz führte zu ungerechten Belastungen und wurde vom Bundesverfassungsgericht 2018 für verfassungswidrig erklärt. Als Reaktion darauf hatte die Bundesregierung eine umfassende Reform auf den Weg gebracht.

Seit Anfang 2025 gilt nun ein neues Berechnungsmodell, das den aktuellen Wert des Grundstücks, die Grundstücksgröße sowie den sogenannten Bodenrichtwert berücksichtigt. Diese Faktoren sollen eine gerechtere Verteilung der Steuerlast gewährleisten. Allerdings verteuert dies – da die Steuerlast schließlich auf die Mieter umgelegt wird – Wohnen zusätzlich. Schon heute sind in manchen Fällen die Nebenkosten höher als die Kaltmiete, die der Vermieter erhält. Vieles davon ist auf staatlich verordnete Gebühren, Steuern und Vorgaben zurückzuführen. Das »teure Wohnen« ist also von Bund, Ländern und Gemeinden hausgemacht.

Keine Gestaltungsspielräume

Im Gegensatz zu anderen Steuern gibt es bei der Grundsteuer keinen Gestaltungsspielraum. Sie ist von jedem Grundstückseigentümer zu zahlen, unabhängig davon, ob die Immobilie privat genutzt oder vermietet wird; wobei im Falle einer Vermietung diese Steuer an den Mieter weitergegeben werden kann. Bei Wohnungsmietern ist sie fester Teil der Nebenkostenabrechnung. Auch steuerliche Tricks oder Umgehungsstrategien sind ausgeschlossen – die Steuer basiert auf festen Bewertungsgrundlagen und wird von den Finanzämtern berechnet.

Für Eigentümer bedeutet dies: Die Grundsteuer ist eine unvermeidbare Pflicht, die regelmäßig anfällt. Lediglich bei groben Bewertungsfehlern oder falschen Angaben im Grundsteuerbescheid besteht die Möglichkeit, Einspruch einzulegen. Ansonsten gilt: Wer Eigentum besitzt, zahlt. Punkt.

Für Aufregung hat im Zuge der Reform jedoch das Versprechen gesorgt, dass die Reform aufkommensneutral abläuft – unter anderem getätigt vom damaligen Bundesfinanzminister Olaf Scholz (SPD). Vereinfacht also: Der eine zahlt mehr, der andere weniger, unterm Strich bleibt der eingezogene Betrag gleich. Dieses Versprechen hätte jedoch nie von einem Bundesfinanzminister oder einem anderen Mitglied der Bundesregierung abgegeben werden können, nicht einmal auf Ebene einer Landesregierung (außer in den drei Stadtstaaten Berlin, Hamburg, Bremen). Denn diese Steuer ist ureigene Angelegenheit der Kommunen.

Ende 2024/Anfang 2025, als die ersten Grundstückseigner Post mit dem Steuerbescheid erhielten, zeigte sich nun die große Überraschung: Es gab teils drastische Erhöhungen, oft um ein Vielfaches. Senkungen gab es spärlich, auch wenn es offenbar ausgerechnet das Land/die Kommune Berlin geschafft hat, das ursprünglich gegebene Versprechen einzuhalten. Für die eher teuren Siedlungen im Westteil der Stadt sanken die Steuern, während sie im Osten stiegen.

Die ersten Grundsteuerbescheide nach der Reform haben so vielerorts für Unmut gesorgt. Viele Eigentümer berichten von teils deutlichen Erhöhungen, die vor allem auf gestiegene Bodenrichtwerte zurückzuführen sind. Während die Reform ursprünglich für mehr Gerechtigkeit sorgen sollte, fühlen sich nun vor allem Immobilienbesitzer in Großstädten oder begehrten Lagen überproportional belastet. Auf der anderen Seite profitieren Eigentümer in ländlichen Regionen, wo die Werte oft geringer ausfallen. Die neue Grundsteuer zeigt eindrücklich, wie schwer es ist, eine als gerecht empfundene Steuer zu schaffen. Während die Reform das Ziel hatte, alte Ungleichheiten zu beseitigen, hat sie neue Ungerechtigkeiten geschaffen – oder zumindest den Eindruck davon.

Wie erwähnt, wird die Grundsteuer auf die Mieter umgelegt – eine finanzielle Belastung für den Vermieter ist sie somit nicht. Noch nicht. Denn immer wieder fordern Politiker – paradoxerweise angesichts der Grundsteuererhöhungen und der damit verbundenen Diskussion –, dass diese allein oder zumindest hälftig der Vermieter/Inhaber der Wohnungen zu tragen hat. Ja, zur vorgezogenen Bundestagswahl im Februar 2025 stand es sogar im Wahlprogramm ausgerechnet der Partei von Olaf Scholz.[10] Doch warum soll der Vermieter die (Hälfte der) Grundsteuer zahlen, obwohl er da gar nicht wohnt? Natürlich kann man sagen, er ist ja Eigentümer. Wenn man da mitgeht, wären es wiederum Kosten, die ich gegenüber dem Finanzamt geltend mache. Und zweitens würde ich versuchen, sie direkt auf die Miete umzulegen – es sind ja Kosten. Es würde also unter dem Strich auf dasselbe herauskommen, ganz davon abgesehen, dass es Vermieten und Bauen weiter unattraktiver machen würde. Daher glaube ich, dass dies nicht so kommen wird, zumal es ein politisches Randthema ist. Die Reform als solche war schon ein riesiger Akt.

Die Wanderung durch die Tramuntana-Berge beginnt. Der Pfad führt die vier durch Pinienwälder, vorbei an Felsen und grandiosen Ausblicken auf das Mittelmeer. Andreas und Sebastian gehen voraus und vertiefen sich schnell in ihr Gespräch.

»Es gibt wenige Dinge, die ich mehr liebe als diese Zehn-Jahres-Regelung«, sagt Andreas und setzt seinen Fuß auf einen steinigen Abschnitt des Weges. »Steuerfrei den Gewinn einstreichen – wo gibt es das sonst?«

Sebastian lacht. »Ja, unglaublich! Völlig legal, völlig unkompliziert. Nach zehn Jahren steuerfrei rausgehen, reinvestieren, etwas Größeres kaufen und wieder von vorn. Das ist ja fast ein Perpetuum mobile!«

Andreas nickt begeistert. »Und dann vergleiche das mal mit Aktien oder Fonds. Erstens musst du sie mit deinem eigenen Geld kaufen, hast keinen Fremdkapitalhebel. Und dann: Versteuerung der Gewinne, auch wenn es ›nur‹ 25 Prozent sind. ETFs hin oder her, aber diese steuerliche Gestaltung ist nirgendwo so genial wie bei Immobilien.«

Sebastian tritt auf einen Vorsprung und bleibt kurz stehen, um den Blick auf die Bucht unter ihnen zu genießen. »Und das Beste: Neben den Mieteinnahmen arbeitet die Wertsteigerung die ganze Zeit für uns. Verkaufen, neue Objekte kaufen, das Portfolio wachsen lassen. Das ist doch der wahre Push für den Vermögensaufbau.«

Andreas grinst. »Exakt. Gerade bei meinen vielen 110-Prozent-Finanzierungen lohnt sich das. Ich werde sicher ein, zwei Immobilien nach zehn Jahren verkaufen, die Restschuld ablösen und aus dem gewonnenen Kapital dann etwas Größeres kaufen. Der nächste Schritt sind dann ganze Mietshäuser. Die meisten Leute sehen Immobilien nur als Langfrist-Investment, also kaufen und halten. Aber durch den steuerfreien Verkauf nach zehn Jahren kannst du richtig strategisch skalieren und weiter dazukaufen.«

Sebastian strahlt: »Wirklich, wo gibt es das sonst? Steuerparadies Deutschland, zumindest für die, die wissen, wie es geht.« Er nimmt einen tiefen Atemzug und setzt seinen Weg fort. »Komm, wir holen uns den nächsten Gipfel. Danach geht's weiter mit der Planung.«

Sebastian schaut zu Yvonne und flüstert ihr ins Ohr: »Schatz, wir sollten unbedingt dieses Thema mit der Familien-KG noch mal angehen und prüfen, wie sich hierbei Vorteile für uns und unsere Familie ergeben – gerade in Bezug auf die Ersparnis von Erbschaftsteuer.« Yvonne lächelt und nickt zustimmend.

Immobilie steuerfrei verkaufen

Nach einem Ausflug in Gefilde, wo der Staat – auch international – heftig zuschlägt, kehren wir nun wieder auf unsere Insel der Seligen zurück, wobei ich damit Deutschland und nicht Mallorca meine. Oder wie würde man sonst einen Standort bezeichnen, wo man 0 Prozent Steuern zahlt?

Der steuerfreie Verkauf von Immobilien in Deutschland nach einer Zehn-Jahres-Frist ist eine wichtige Stellschraube für die langfristige Vermögensplanung – und Kern der attraktiven Steuerregeln rund um Betongold. Genau aus diesem Grund stehen diese Regeln leider immer wieder auch auf der Agenda von vor allem linken Parteien, und zwar um sie abzuschaffen.

Das Grundprinzip ist einfach: Wer eine Immobilie privat (!) kauft und mindestens zehn Jahre lang hält (!) und vermietet, kann diese steuerfrei verkaufen. Die Frist beginnt mit dem Datum des notariellen Kaufvertrags und endet exakt zehn Jahre später. Wie immer ist der Notartermin des Verkaufs entscheidend. Dieser steuerliche Vorteil gilt nicht nur für Privatpersonen, sondern auch für Personengesellschaften wie GbRs, KGs oder Familien-KGs. Bei Kapitalgesellschaften, beispielsweise einer GmbH oder AG, fällt jedoch beim Verkauf eine Versteuerung an – der steuerfreie Verkauf ist hier ausgeschlossen.

Häufige Missverständnisse: Die Drei-Objekt-Grenze

Ein populärer Irrtum – und ich höre das immer wieder – betrifft die sogenannte Drei-Objekt-Grenze. Viele glauben, dass der Verkauf von mehr als drei Immobilien innerhalb von fünf Jahren automatisch zu einer steuerlichen Einstufung als gewerblicher Grundstückshandel führt – und somit Gewerbesteuern fällig werden könnten. Nein, das stimmt nicht und ich habe es selbst mit Steuerberatern schon diskutiert. Denn entscheidend ist nur die Einhaltung der Zehn-Jahres-Frist und dass es privat ist. Die Anzahl der Wohnungen ist dabei unerheblich, davon steht im entsprechenden Gesetz nichts drin. Solange also jede Immobilie mindestens zehn Jahre gehalten wurde, können auch mehr als drei Immobilien steuerfrei verkauft werden – im Prinzip auch 100. Selbst wenn es sich also um richtig viele Eigentumswohnungen oder Häuser handelt, bleibt der Verkauf steuerfrei – vorausgesetzt, die Frist wurde für jedes einzelne Objekt eingehalten. Die Drei-Objekt-Grenze greift häufig dann, wenn die Objekte innerhalb der Zehn-Jahres-Frist liegen. Es ist im Übrigen kein Gesetz, sondern eine Anweisung der Finanzbehörden.

Vorsicht: Steuerfreiheit bei Eigennutzung

Auch bei selbst genutzten Immobilien kann ein steuerfreier Verkauf möglich sein – sogar ohne Einhaltung der Zehn-Jahres-Frist. Entscheidend ist, dass die Immobilie **im Verkaufsjahr und in den beiden vorangegangenen Jahren** ausschließlich zu eigenen Wohnzwecken genutzt wurde. Ein Extrembeispiel: Sie sind im Dezember 2024 in das Haus/die Wohnungen eingezogen und verkaufen es/sie im Januar 2026. Hier ist der Verkauf steuerfrei, unabhängig davon, wie lange Sie das Objekt insgesamt gehalten haben. Dieser Vorteil gilt jedoch nur, wenn die Immobilie tatsächlich durch Sie oder Ihre nahen Angehörigen bewohnt wurde. Eine vorübergehende Vermietung kann diesen steuerlichen Vorteil gefährden.

Doch ausgerechnet bei selbst genutzten Objekten lauert eine Falle: Werden Immobilien häufig zur Eigennutzung gekauft und nach wenigen Jahren wieder verkauft, kann die Finanzverwaltung hier einen gewerblichen Grundstückshandel annehmen. Besonders bei Sanierungen oder Modernisierungen und einer anschließenden schnellen Veräußerung sollten Sie daher vorsichtig sein, wenn dies öfter vorkommt, da dies als gewerbliche Tätigkeit gewertet werden kann.

Zwischenfazit

Der steuerfreie Immobilienverkauf eröffnet zahlreiche Möglichkeiten, Vermögen strategisch zu planen und zu optimieren. Die Einhaltung der Zehn-Jahres-Frist ist dabei das A und O, aber auch die Wahl der passenden Struktur – ob privat, über Personengesellschaften oder Kapitalgesellschaften – spielt eine zentrale Rolle. Lassen Sie sich bei der Ausarbeitung Ihrer Strategie von Experten beraten, um die an dieser Stelle gar nicht mal so komplexen steuerlichen Rahmenbedingungen optimal zu nutzen und langfristig erfolgreich zu investieren.

Bonusmaterial zum Buch

An dieser Stelle möchte ich in einem kurzen Vergleich aufzeigen, wie sich ein steuerfreier Verkauf einer Immobilie gegenüber einem Fonds verhält, bei dem man 25 Prozent Abgeltungssteuer plus Solidaritätszuschlag zahlen muss. Die deutlich unterschiedliche Eigenkapitalverzinsung – und darauf kommt es an – zugunsten der Eigentumswohnung ist erstaunlich. Verantwortlich dafür ist zum einen der steuerfreie Verkauf, aber eben auch der unfassbare Hebeleffekt. Dies bedeutet aber nicht, dass ich Fonds/ETFs schlechtrede. Ich hatte bei der Darstellung der Assetklassen beschrieben, wie sinnvoll auch hier ein Investment ist.

Fonds/ETF

- Einmalanlage: 20.000 Euro, 5 Prozent jährliche Rendite,
- Ergebnis brutto nach zehn Jahren: 32.577,89 Euro,
- Ergebnis nach Abzug von Abgeltungssteuer und Solidaritätszuschlag: 28.900,88 Euro.

Immobilie

- Kaufpreis: 168.588 Euro (2024),

- Eigenkapitaleinsatz: 20.000 Euro (3.588 Euro für das Objekt plus Kaufnebenkosten),
- Finanzierung 2024: 165.000 Euro,
- Restschuld 2034: 124.500 Euro,
- *0 Prozent Wertsteigerung: 168.588 Euro,*
- positiver Cashflow plus Mietsteigerungen: 18.000 Euro,
- Gewinn steuerfrei: **62.088 Euro,**
- Eigenkapitalrendite: 15,99 Prozent,
- 2 Prozent Wertsteigerung pro Jahr: 195.653,26 Euro,
- Positiver Cashflow plus Mietsteigerungen: 18.000 Euro,
- Gewinn steuerfrei: **89.153 Euro,**
- Eigenkapitalrendite: 21,5 Prozent.

Dabei habe ich die Wertsteigerungen extrem konservativ angesetzt, trotzdem ergibt sich aus der 0-Prozent-Wertsteigerung ein um 114 Prozent höheres Vermögen gegenüber dem Fonds. Was würde wohl für eine Eigenkapitalverzinsung und Mehrperformance herauskommen, setzte man höhere Wertsteigerungen an?

Später haben sich die vier auf eine Bank am Wegrand gesetzt. Sie packen ihre Rucksäcke aus, holen Thermoskannen mit Kaffee hervor, dazu ein paar belegte Brote und geschnittenes Obst. Während sie die Aussicht genießen, lehnt sich Sebastian zurück und sagt: »Steuerfreier Verkauf, was für ein Geschenk!«

Andreas runzelt leicht die Stirn. »Ja, aber leider ist nicht alles steuerfrei. Beim Vererben sieht das schon anders aus.«

Andrea erstarrt und setzt ihren Becher ab. »Moment mal – das bedeutet, meine Kinder müssen später Erbschaftsteuer zahlen? Obwohl ich doch alles aus versteuertem Einkommen gekauft habe? Das kann doch nicht sein!«

Andreas nickt. »Langsam, langsam. Nur wenn man nichts macht. Dann aber kann das, je nach Konstellation, ordentlich ins Geld gehen.«

Andrea blickt besorgt in die Runde. »Aber ich will doch, dass meine Kinder abgesichert sind. Für wen mache ich das denn alles? Also, noch mal auf alles Steuern zu zahlen, das wäre für mich ein K.o.-Kriterium in puncto Immobilieninvestments!«

Andreas schüttelt den Kopf. »Nein, zum Glück ist es nicht so. Es gibt genug legale Möglichkeiten, das zu umgehen. Bei Immobilien gibt es ohnehin einige Sonderregelungen, etwa, wenn man als Erbe darin wohnt.«

»Aber das sind doch Kapitalanlagen an völlig anderen Orten«, protestiert Yvonne, »da werden Andreas Kinder nicht gleich einziehen, nur weil das Finanzamt an die Tür klopft.«

»Stopp, stopp! So schlimm wird es nicht. Wer sich auskennt, kann sein Vermögen so strukturieren, dass die Erbschaftsteuer minimiert oder sogar komplett vermieden wird. Außerdem kann, ja sollte man auch schon vorab vererben.«

»Das geht? Obwohl ich noch ganz fit bin?«, fragt Andrea, springt schnell auf und sprintet ein paar Schritte hin und her.

»Eben! Und je fitter du bist, desto besser. Denn dann kannst du alle zehn Jahre erneut die Freibeträge ausschöpfen, besser gesagt: deine Kinder«, strahlt Andreas.

Sebastian lehnt sich nach vorne. »Das klingt, als müssten wir da tiefer einsteigen. Florian hat uns für unsere Situation schon einmal den Hinweis auf eine Familien-KG gegeben. Welche weiteren Möglichkeiten gibt es da noch?«

Andreas lächelt. »Ach, da könnten wir noch ein paar Wandertage mit bestreiten. Wie gesagt: Vorerbe, Stiftungen, Familiengesellschaften, Nießbrauch – hinzu kommen die verschiedenen Rechtsformen mit ihren eigenen steuerlichen Regeln. Es gibt etliche Strategien, mit denen du deine Erben entlasten kannst. Da brennt nichts an, wenn man es richtig anpackt.«

Andrea atmet aus, nimmt einen Schluck Kaffee und nickt. »Puhh! Na dann bin ich beruhigt. Aber in jedem Fall müssen wir das vertiefen. Beim nächsten Stopp reden wir da ausführlicher drüber. Ich will genau wissen, welche Optionen ich habe.«

»Gern, aber ziehen wir erst mal weiter. Das Thema ist abendfüllend und wir wollen ja nicht hier auf dem Berg übernachten«, sagt Andreas.

Vererben, verschenken oder an Familienmitglieder weiterverkaufen

Eine Immobilie ist nicht nur ein Gebäude aus Stein, Glas und Beton – sie ist ein Vermögensbaustein, oft über Generationen hinweg aufgebaut. Sie steht für Sicherheit, für familiäre Werte und im Falle der Selbstnutzung nicht selten für Erinnerungen an wichtige Lebensmomente. Genau deshalb sind Immobilien in vielen Familien das Erbe schlechthin. Doch die Weitergabe einer Immobilie – sei es als Erbe, als Geschenk oder durch einen Verkauf innerhalb der Familie – ist kein simpler Vorgang. Hier prallen Emotionen, finanzielle Interessen und steuerliche Überlegungen aufeinander.

Viele Menschen fragen sich: Wie kann ich mein Vermögen sinnvoll weitergeben, ohne dass der Fiskus (zu stark) zuschlägt? Welche Möglichkeiten bieten sich, um hohe Steuerbelastungen zu vermeiden, zugleich die Immobilie im Familienkreis zu halten oder sogar gerade durch einen Verkauf Steuervorteile zu generieren? In diesem Abschnitt zeige ich Ihnen, welche Wege es gibt, eine Immobilie weiterzugeben – und zwar so, dass es finanziell sinnvoll bleibt und die familiäre Harmonie nicht leidet. Egal, ob Sie an Ihre Kinder denken, an Ihre Enkel oder an den Verkauf innerhalb der Familie – es gibt clevere Lösungen, mit denen sich Steuern sparen und Werte erhalten lassen.

Erbschaftsteuer auf Immobilien: Herausforderungen und Handlungsmöglichkeiten

Die Erbschaftsteuer auf Immobilien ist ein zunehmend kritisches Thema, besonders durch die Neuregelungen des Jahressteuergesetzes 2023, die aufgrund der in den letzten Jahrzehnten gestiegenen Immobilienpreise zu einer höheren Wertermittlung führten. Maßgeblich für die Ermittlung des Wertes der Immobilien sind seitdem angepasste Regeln, die sich vor allem auf die Ertragswert- und Sachwertverfahren auswirken. Das Bewertungsstichtag-Prinzip bleibt jedoch unverändert: Für die Erbschaftsteuer ist der **Wert zum Zeitpunkt des Erbfalls** entscheidend, jedoch nach den ab 2023 geltenden neuen Bewertungsmaßstäben.

Die Belastung der Erben hat dadurch – vor allem aufgrund der Preisanstiege – erheblich zugenommen. Besonders, da die Freibeträge seit 2009 unverändert geblieben sind. Von der Einkommensteuer kennen wir diesen Effekt der kalten Progression, hier ist es eine eiskalte! Politisch verantwortet hat diese Maßnahme der damalige Bundesfinanzminister Christian Lindner (FDP). Als das Kind in den Brunnen gefallen war und offenkundig wurde, wie sehr die Regelung Erben belastet, tauschte er den dafür zuständigen Abteilungsleiter aus, beließ es aber bei der Direktive.

Die Freibeträge – für jeweils einen Zeitraum von zehn Jahren – variieren nach Verwandtschaftsgrad:

- Ehegatten: 500.000 Euro,
- Kinder: 400.000 Euro,
- Enkelkinder: 200.000 Euro.

Bei entfernteren Angehörigen oder nicht verwandten Personen fallen deutlich niedrigere Freibeträge an. Zudem steigen die Steuersätze progressiv:

- Kinder und Ehegatten: 15 bis 19 Prozent (bei Immobilienwerten über 13 Millionen Euro 23 bis 27 Prozent),
- entferntere Verwandte und Fremde: bis zu 50 Prozent.

Durch die steigenden Immobilienwerte reichen diese Freibeträge oft nicht mehr aus. Selbst kleinere Immobilien in begehrten Lagen überschreiten schnell die Freibeträge. Die geänderten Bewertungsfaktoren verschärfen die Problematik. Der Immobilienwert wird durch neue Parameter wie Bodenrichtwerte und erzielbare Mieten höher angesetzt. Diese Änderungen treffen sowohl selbst genutzte als auch vermietete Immobilien. Die Folgen: Mehr Erben werden steuerpflichtig und die Erbschaftsteuer steigt im Schnitt um 50 bis 100 Prozent. Eine vermietete 100-Quadratmeter-Wohnung innerhalb des Berliner S-Bahn-Rings, geschätzt auf 750.000 Euro, führt für ein Kind bereits zu einer Steuerbelastung von 52.500 Euro.

Doch zum Glück kann man darauf reagieren. Handlungsmöglichkeiten sind unter anderem:

1. Vorzeitiges Vererben: Eine schrittweise Übertragung zu Lebzeiten nutzt die Freibeträge besser aus, da diese alle zehn Jahre erneut in Anspruch genommen werden können. Dies funktioniert freilich nur bei einem Immobilienwert innerhalb der Freibeträge.
2. Steuerfreies Wohnen: Ehepartner und Kinder können bis zu 200 Quadratmeter Wohnfläche steuerfrei erben, sofern sie mindestens zehn Jahre in der Immobilie wohnen.
3. Verkauf der Immobilie: Für viele Erben bleibt der Verkauf die einzige Option. Dies gilt besonders in teuren Städten wie München, Frankfurt oder Hamburg, wo hohe Werte mit knappen Mietrenditen aufeinandertreffen und/ oder wo es sich nicht anbietet, selbst drin zu wohnen.
4. Aufnahme eines Kredits: Erben können versuchen, die Steuer durch Fremdfinanzierung zu stemmen. Angesichts steigender Zinsen und strengerer Kreditvergaberichtlinien ist dies jedoch kein Spaziergang und widerspricht auch der Grundidee des Vererbens, zumal wir hier über bereits mehrfach versteuertes Vermögen reden: Die Immobilie wurde mit versteuertem Einkommen erworben, es wurde Grunderwerbsteuer entrichtet (sofern das Objekt nicht von Verwandten ersten Grades erworben wurde) und Grundsteuer wurde auch jedes Jahr bezahlt. Es ist daher nicht einzusehen, warum der Staat noch mal die Hand aufhält.

Ich werde in den nächsten Abschnitten darstellen, dass es zahlreiche Möglichkeiten gibt, wie diese Themen umgangen werden können – wenn die steuerlichen Strukturen richtig verstanden und aufgebaut werden. Dies muss nicht immer komplex und teuer sein.

Hohe Belastungen drohen

Wer also ein Einfamilienhaus in Berlin im Wert von 1 Million Euro an entfernte Verwandte vererbt (man ist kinderlos und eine Cousine erbt), vermacht ihnen damit auch eine Steuerzahlung von 500.000 Euro. Die in den letzten Jahrzehnten gestiegenen Immobilienpreise verschärfen die Situation: Wer eine Immobilie in München im Wert von 2 Millionen Euro an seine Kinder vererbt, verursacht einen Steuerbescheid von 300.000 Euro.

Immobilienverbände haben daher auch die Neuregelungen im Jahr 2023 scharf verurteilt. Kai Warnecke, Präsident von Haus & Grund, warnte, dass viele Erben ihre Immobilien verkaufen müssen. Eine Anpassung der Freibeträge oder alternative Regelungen stehen zwar zur Diskussion, passiert ist jedoch nichts. Die derzeitige Regelung belastet vor allem kleinere und mittelgroße Vermögenswerte unverhältnismäßig stark. Die Planung der Vermögensnachfolge und die professionelle Beratung sind für Immobilienbesitzer und Erben daher wichtiger denn je.

BLICK INS AUSLAND: ERBSCHAFTSTEUER AUF IMMOBILIEN

Die Erbschaftsteuer auf Immobilien wird international unterschiedlich gehandhabt. Während einige Länder hohe Belastungen kennen, verzichten andere komplett auf diese Steuer. Hier ein Überblick über die Regelungen in einigen Ländern:

SCHWEIZ

- Es gibt keine einheitliche Erbschaftsteuer, da die Zuständigkeit bei den Kantonen liegt. Einige Kantone, wie Schwyz, erheben keine Erbschaftsteuer. Andere, wie Basel-Stadt, haben moderate Steuersätze.
- Freibeträge: Enge Familienangehörige (Ehegatten und Kinder) sind in den meisten Kantonen von der Erbschaftsteuer befreit.

- Steuersätze: Für entferntere Verwandte oder Dritte können Steuersätze bis zu 50 Prozent greifen, abhängig vom Wert der Immobilie und dem Kanton.
- Besonderheiten: Die Schweiz gilt als steuerlich attraktiv, da Immobilien oft familienintern übertragen werden können, ohne hohe Belastungen.

ÖSTERREICH

- Regelung: Seit 2008 gibt es keine Erbschaftsteuer. Immobilienerbschaften unterliegen jedoch der Grunderwerbsteuer.
- Freibeträge: Die Grunderwerbsteuer ist nach Grundstückswert gestaffelt:
  - 0,5 Prozent für Werte bis 250.000 Euro,
  - 2 Prozent für 250.001 bis 400.000 Euro,
  - 3,5 Prozent für Werte über 400.000 Euro.

- Besonderheiten: Die Steuerlast bei Immobilientransfers ist vergleichsweise gering. Österreich hat damit eine der niedrigsten Belastungen in Europa.

SPANIEN

- Regelung: Die Erbschaftsteuer wird auf nationaler Ebene geregelt, aber die autonomen Gemeinschaften können zusätzliche Regelungen erlassen.
- Freibeträge: Freibeträge und Steuersätze variieren stark je nach Region und Verwandtschaftsgrad.
- Enge Verwandte (Kinder, Ehepartner) haben je nach Region Freibeträge zwischen 15.000 und 1 Million Euro.
- Steuersätze: National 7,65 Prozent bis 34 Prozent, in einigen Regionen jedoch reduziert.
- Besonderheiten: Regionen wie Madrid oder Andalusien gewähren hohe Freibeträge und Steuererleichterungen, während andere wie Katalonien höhere Steuersätze anwenden.

VEREINIGTES KÖNIGREICH (UK)

- Regelung: Es gilt eine pauschale Erbschaftsteuer (Inheritance Tax) von 40 Prozent auf das gesamte Erbe, das den Freibetrag überschreitet.
- Freibeträge:
  - Standard: 325.000 Pfund.
  - Für Immobilien, die an Kinder oder Enkel vererbt werden, gibt es einen zusätzlichen Freibetrag von 175.000 Pfund (Residence Nil Rate Band), insgesamt also 500.000 Pfund.
  - Besonderheiten: Ehepartner können ihre Freibeträge aufeinander übertragen, was die Schwelle für das steuerfreie Erbe auf bis zu 1 Million Pfund erhöhen kann.

USA

- Regelung: Es gibt eine bundesweite »Estate Tax« (Nachlasssteuer) mit hohen Freibeträgen, die auf den Gesamtwert des Nachlasses angewendet wird. Einzelne Bundesstaaten erheben zusätzlich eigene Steuern.
- Freibeträge: Auf Bundesebene beträgt der Freibetrag 12,92 Millionen US-Dollar (2023). Für Ehepaare gilt ein gemeinsamer Freibetrag von über 25 Millionen US-Dollar.
- Steuersätze: 18 bis 40 Prozent auf den Betrag über dem Freibetrag.
- Besonderheiten: Nur etwa 0,1 Prozent der Nachlässe in den USA sind steuerpflichtig, da die Freibeträge sehr hoch sind. Die meisten Immobilienübertragungen bleiben steuerfrei.

Zwischenfazit Erbschaftsteuer

Im internationalen Vergleich ist die Erbschaftsteuer in Deutschland moderat, vor allem für enge Familienangehörige. Allerdings führen die niedrigen Freibeträge und die steigenden Immobilienwerte dazu, dass viele Erben höhere Belastungen tragen müssen als in Ländern wie Österreich oder der Schweiz. Deutschland liegt in der Praxis etwa auf dem Niveau Spaniens, wobei die regionalen Unterschiede dort gravierend sind, aber deutlich hinter dem Vereinigten Königreich und den USA in Bezug auf Steuererleichterungen, wobei die hohen Freibeträge in den USA dort die Erbschaftsteuer auf Immobilien für fast alle Bürger irrelevant machen.

Möglichkeiten, einer etwaigen Steuer zu entgehen, ergeben sich durch das mehrfache Nutzen der Freibeträge, indem man etwa mehrere Eigentumswohnungen im Abstand von zehn Jahren verschenkt beziehungsweise vorab vererbt. Es gibt dazu Möglichkeiten, die Freibeträge legal zu optimieren, indem der Schenkende ein Nießbrauchrecht für die entsprechende Immobilie erhält und so den Wert der Immobilie erheblich mindert.

Ich habe diesbezüglich schon alles erlebt, je nach Portfoliogröße werden ausgefeilte Konstrukte aufgebaut, so dass man zum einen gar keine Erbschaftsteuer zahlen muss, wenn man das Thema clever und richtig angeht, und außerdem noch mehr Steuervorteile generiert. Gleichzeitig geht es darum, dass alle Erben zufrieden sind. Das sind damit gleich drei Themen auf einmal, die man dabei beachten sollte.

Entscheidend ist wie immer das Ziel: Was ist das Wichtigste für die Eltern? Natürlich kann man sagen, ich vererbe alles (steuerschonend), es ist weg und ich habe Erbschaftsteuer gespart; auch etwa durch eine frühzeitige Schenkung. Doch wer gleichzeitig weiterhin von den Mieteinnahmen profitieren und die Investments voll kontrollieren will, für den ist die frühzeitige Vererbung gegebenenfalls die falsche Variante (das Nießbrauchrecht, auf das ich noch eingehe, ist zwar eine gute Lösung, aber das Objekt kann dann nicht mehr verkauft werden). Dann sollten wir über Unternehmensformen nachdenken und das ist nicht die vermögensverwaltende GmbH und tendenziell auch nicht die Stiftung. Eine Lösung wäre die Familien-KG, auf die ich bei den Rechtsformen eingehe.

Bonusmaterial zum Buch

Der zentrale Aspekt beim Vererben ist das Thema Steuern: Hierbei geht es um die Erbschaftsteuer selbst, aber auch und generell um die Steuern, die später aus dem laufenden Geschäft für den Begünstigten entstehen – beziehungsweise, die in der Gesamtschau günstiger ausfallen als zuvor; etwa weil die Abschreibungen von vorn beginnen.

Hier sollte man erst einmal analysieren, um was für ein Nettovermögen es geht oder welche Werte man bei den Immobilien ansetzen kann. Dabei sollte man gegebenenfalls mit Gutachten arbeiten oder auch Nießbrauchrechten, um die Werte möglichst klein darzustellen und/oder Freibeträge optimal zu nutzen. Gerade wenn die Immobilien schon lange im Familienbesitz sind, gibt es teils extreme Wertzuwächse – die eine hohe Steuerschuld verursachen können, die man oft nur mit dem Zugriff auf die Substanz tilgen kann.

Möglicherweise sind aufgrund der langen Haltedauer auch bereits die Abschreibungsmöglichkeiten ausgelaufen. Schließlich kann man im Regelfall maximal 50 Jahre lang 2 Prozent jährlich abschreiben, bei höheren Abschreibungsraten etwa bei älteren Immobilien ist die Frist mit 40 Jahren sogar kürzer.

Wenn ich solche Immobilien einfach vererbe, ist die Abschreibung womöglich bald weg – zumal die Abschreibung nicht das neue Potenzial des Wertzuwachses berücksichtigt. Daher bietet es sich häufig an, nicht zu vererben oder zu verschenken, sondern zu verkaufen. Insgesamt muss man also das ganze Portfolio analysieren, schauen, wo man steht und was man für Freibeträge hat und auf welche Weise man das Ganze überträgt.

Selbstverständlich sollte man dies – sofern mehrere potenzielle Erben existieren – auch deshalb tun, um Streitereien zu vermeiden. Das Schlimmste aber ist, gar nichts zu veranlassen. Das endet dann wegen der Erbschaftsteuer häufig in Notverkäufen, da die Steuer relativ zügig fällig wird. Gerade in solchen Situationen ist es schmerzlich, unnötig Geld zu verbrennen, da man mit Vorbereitung, Analyse und Vorausschau das Bestmögliche rausholen kann – legal und ohne jede Steuerverschleierung.

Ausnahmslos allen Kunden, die ich dazu in den vergangenen Jahren gesprochen habe, war die Vorstellung unerträglich, dass das aufgebaute Vermögen später einfach »verscherbelt« wird, weil die steuerliche Situation es nicht anders zulässt. Daher ist es umso wichtiger, sich vorher Gedanken über die richtige Struktur und den Aufbau des Portfolios zu machen. Bei vielen Steuerberatern erhält man häufig die Antworten: »Ja, das kann man später dann schauen. Erst mal muss das Vermögen da sein«, oder: »Das lohnt sich für ein, zwei Immobilien nicht«, oder gar: »Ist zu aufwendig und teuer.«

Viele vergessen dabei, das Große und Ganze zu sehen und den Kunden in den Mittelpunkt zu stellen und zu verstehen, welche Ziele der Kunde hat, welche Immobilie dabei in welchem Konstrukt hilft und wie man am effizientesten vorgeht.

Vereinbaren Sie einen kostenlosen Kennenlerntermin, in dem wir verschiedene Möglichkeiten erörtern und aufzeigen, wie wir helfen können.

Ich habe schon alles erlebt mit Immobilien: Todesfälle, Koma, Scheidung – wo es gut geregelt war oder aber gar nicht. Es existiert zwar immer eine gewisse Wahrscheinlichkeit, dass es ohne Plan gut geht.

Doch in den meisten Fällen – selbst wenn die Familie sich vorher bestens vertragen hat – entstehen Stress und Streit. Schließlich gibt es etwas zu verteilen. Viele denken immer, das passiere nur, wenn der Haussegen bereits schief hängt. Doch wenn nichts geregelt ist, passiert dies in fast jeder Familie, sobald Geld/Werte zu verteilen sind. Das ist meine Erfahrung.

Beschäftigen Sie sich also mit diesem Thema rechtzeitig und kommunizieren Sie Ihre Lösung gegenüber allen Beteiligten, damit später keiner überrascht ist. Aus meiner Erfahrung werden die wenigsten Immobilien einfach so vererbt oder verschenkt. Schließlich macht es Sinn, über die verschiedenen Konzepte und Konstrukte nachzudenken – mit enormen Steuereinsparungen. Das kleinste, mit dem wir es mal zu tun hatten, waren 50.000 Euro, das beeindruckendste fast 1 Million Euro. Nachfolgend gehe ich nun auf die verschiedenen Übertragungsmöglichkeiten ein.

Als sie weitergehen, bleibt das Thema präsent. Andreas blickt in die Ferne und beginnt: »Es gibt noch einen weiteren Aspekt, den viele übersehen – durch einen Verkauf innerhalb der Familie eröffnen sich völlig neue Abschreibungsmöglichkeiten.«

Sebastian schaut ihn neugierig an. »Wie genau meinst du das?«

Andreas erklärt: »Wenn eine Immobilie über etliche Jahre gehalten wird, sind die ursprünglichen Anschaffungskosten steuerlich irgendwann abgeschrieben. Das bedeutet, du kannst keine weiteren Abschreibungen mehr geltend machen. Aber wenn du sie innerhalb der Familie verkaufst, generiert das für den Käufer eine neue Bemessungsgrundlage für Abschreibungen. Das kann steuerlich extrem wertvoll sein, weil man plötzlich wieder einen großen Teil der Investition steuerlich absetzen kann.«

Andrea runzelt die Stirn. »Also an meine Kinder verkaufen statt zu vererben? Aber dann brauchen sie ja Kapital.«

Andreas nickt. »Schon, aber auch da gibt es ebenfalls Lösungen. Man kann den Kaufpreis gestalten, mit Stundungen arbeiten oder über Nießbrauchregelungen sicherstellen, dass du weiterhin Einnahmen generierst, während deine Kinder bereits die Abschreibungen nutzen können. Das sorgt für eine steuerliche Optimierung und hält das Vermögen in der Familie.«

Yvonne schüttelt beeindruckt den Kopf, während sie über einen großen Stein balanciert. »Das ist ja unglaublich. Es geht also nicht nur darum, die richtige Immobilie zu kaufen, sondern auch darum, über Jahrzehnte hinweg steuerlich clever zu agieren.«

Sebastian lacht. »Jetzt wird mir immer klarer, warum die wirklich erfolgreichen Investoren nicht nur über Cashflow oder Kaufpreise reden. Sie denken in Strukturen und Generationen.«

Andrea pflichtet bei: »Also kann ich meine Kinder schützen, wenn ich mich frühzeitig mit diesen Themen beschäftige?«

Andreas nickt. »Genau. Wer klug plant, kann die steuerlichen Vorteile nutzen und obendrein sicherstellen, dass die Immobilien über Generationen hinweg in der Familie bleiben – ohne dass das Finanzamt unnötig mitkassiert.«

Sebastian grinst. »Wow! Andreas, du bist das beste Beispiel für den Unterschied zwischen einem Immobilienbesitzer und einem echten Investor. Und toll ist auch, dass wir das alles in Deutschland machen können, wo ansonsten der Wirtschaftsstandort richtig unattraktiv geworden ist. Es gibt sie noch, die guten Dinge.«

Verkauf innerhalb der Familie

Aus Abschreibungsgründen könnte also ein Verkauf – statt vorherigem Vererben/Verschenken – sinnvoll sein: Die Eltern haben das Objekt beispielsweise schon 35 Jahre oder 40 Jahre, vielleicht sogar schon in zweiter Generation. Das Objekt ist somit vollständig abgeschrieben. Würde man es einfach nur vererben, hätten die Kinder oder Enkel keine Abschreibungsmöglichkeiten. Ein Verkauf würde hier eine neue Abschreibungstür öffnen. Denn die Veräußerung zu einem realistischen Marktpreis schafft in der Regel eine viel höhere Abschreibung als die damalige, da die Immobilienwerte über 40 Jahre meist nur eines gemacht haben – sie sind gestiegen. So sind in vielen Fällen hohe vier-, teils fünfstellige neue Abschreibungen dazugekommen – je nach Portfolio und Immobilien.

Das Verkäuferdarlehen

Da die Kinder womöglich das Geld nicht (in vollem Umfang) haben oder es schließlich eine Schenkung sein soll (ohne im juristischen Sinne eine Schenkung zu sein) könnte man hier mit einem Verkäuferdarlehen arbeiten. Das heißt, die Eltern gewähren dem Kind oder Enkel ein Darlehen.

Ein Verkäuferdarlehen ist ein privates Darlehen, das die Eltern ihren Kindern gewähren, um den Kaufpreis der Immobilie zu finanzieren. Es ermöglicht eine flexible Gestaltung des Verkaufs, ohne dass die Kinder den Kaufpreis direkt in voller Höhe aufbringen müssen.

1. Vertragsgestaltung:
   - Die Eltern und Kinder schließen einen Darlehensvertrag ab, in dem der Kaufpreis oder ein Teil davon als Darlehen vereinbart wird.
   - Der Vertrag enthält die Konditionen, wie beispielsweise die Laufzeit, den Zinssatz und die Rückzahlungsmodalitäten.

2. Vorteile des Verkäuferdarlehens:
   - **Steuerliche Anerkennung:** Das Darlehen wird wie ein reguläres Bankdarlehen behandelt, wenn es nachweisbar ernsthaft vereinbart und durchgeführt wird – und kann somit als Ausgabe angesetzt werden, wenn es sich um ein Vermietungsobjekt handelt.
   - **Flexibilität:** Die Eltern können Zins- und Tilgungszahlungen flexibel gestalten, etwa mit niedrigen Zinsen oder einer tilgungsfreien Zeit.
   - **Schrittweise Übertragung:** Das Verkäuferdarlehen kann mit der Zeit reduziert oder später erlassen werden, wodurch ein Teil des Kaufpreises schenkungssteuerfrei übertragen werden kann (innerhalb der Freibeträge, etwa 400.000 Euro pro Kind).

3. Finanzielle Absicherung der Eltern:
   - Die Eltern behalten durch das Darlehen eine gewisse finanzielle Sicherheit, da sie formal Forderungen gegenüber den Kindern haben.
   - Dies ist besonders wichtig, wenn die Eltern auf regelmäßige Zahlungen angewiesen sind oder die Immobilie einen erheblichen Teil ihres Vermögens ausmacht. Die Eltern haben steueroptimierte Einnahmen, da die Zinseinnahmen aus dem Verkäuferdarlehen nur mit 25 Prozent Abgeltungssteuer und Solidaritätszuschlag versteuert werden, und die Kinder können die zu zahlenden Zinsen an die Eltern gegen ihre Mieteinnahmen gegenrechnen und von der Steuer absetzen. Win-win für alle Beteiligten und obendrein noch Erbschaftsteuer gespart. Bei größeren Portfolien kann schon früher mit diesen Themen begonnen werden oder häufig auch Familien-KGs mit Beteiligungen an vermögensverwaltenden Immobilien-GmbHs eingerichtet werden. Sie sehen: Es lohnt sich, in diesem Thema fit zu sein, das Einsparpotenzial ist enorm und vor allem eins – legal!

Beispielhafte Ausführung

Ausgangslage:

- Die Eltern besitzen eine Immobilie im Wert von 500.000 Euro, die sie seit 40 Jahren halten und vollständig abgeschrieben haben.
- Sie verkaufen die Immobilie an ihre Tochter für 500.000 Euro – die damit für den Gebäudeanteil die entsprechende Abschreibung steuerlich geltend machen kann.
- Die Tochter zahlt 100.000 Euro aus eigenen Mitteln (Eigenkapital) und erhält für die restlichen 400.000 Euro ein Verkäuferdarlehen von den Eltern.

Verkäuferdarlehen:

- **Darlehenshöhe:** 400.000 Euro,
- **Zinssatz:** 3,00 Prozent (der Zins muss marktüblich sein, um steuerlich anerkannt zu werden),
- **Laufzeit:** 20 Jahre, Annuitätendarlehen mit monatlichen Zahlungen.

Erste Jahresrate:

- **Zinsen im ersten Jahr:** 400.000 × 3,00 % = 12.000 Euro,
- **Tilgung (1 Prozent im ersten Jahr):** 4.000 Euro,
- **Gesamtrate:** circa 16.000 Euro im ersten Jahr.
  Steuerliche Vorteile für die Tochter:
- Die Tochter kann den Kaufpreis von 500.000 Euro mit **2 Prozent jährlich abschreiben**, also **10.000 Euro pro Jahr** über 50 Jahre (vereinfachte Rechnung, da die Abschreibung nur für den Gebäudeanteil fällig wird, meist sind dies rund 95 Prozent).
- Die Zinsen werden im Falle einer Kapitalanlage als Kosten abgesetzt.

Langfristige Planung:

- Die Eltern könnten das Darlehen später teilweise oder vollständig erlassen. Innerhalb des Freibetrags von 400.000 Euro pro Kind wäre dies schenkungsteuerfrei.

Der Verkauf einer Immobilie innerhalb der Familie mit einem Verkäuferdarlehen bietet eine clevere Möglichkeit, steuerliche Vorteile zu nutzen, ohne die finanzielle Belastung für die Kinder zu hoch anzusetzen. Die Kombination aus **Verkauf, Darlehensvereinbarung und möglichem Erlass** ermöglicht eine flexible Gestaltung der Vermögensübertragung und sichert gleichzeitig die Interessen beider Seiten – steuerlich wie finanziell. Bestehen mehrere Immobilien, kann dies alle zehn Jahre aufgrund der Freibeträge gemacht werden. Möchten die Eltern mehr Kontrolle behalten, ist häufig eine andere Form der Gestaltung interessanter.

Verkaufen – und Geld zurück verschenken

Statt den Kaufpreis formal über ein Verkäuferdarlehen zu finanzieren, könnten die Eltern den real geflossenen Kaufpreis nach dem Verkauf an die Kinder zurückzahlen. In der Praxis würde dies so aussehen:

1. Verkauf der Immobilie:
   - Die Eltern verkaufen die Immobilie an ihre Kinder zum aktuellen Marktwert, etwa für 500.000 Euro. Dieser Kaufpreis wird zunächst vollständig oder teilweise gezahlt – entweder durch Eigenkapital der Kinder, Fremdkapital (ein Bankdarlehen) oder eine Kombination aus beidem.

2. Rückzahlung des Kaufpreises durch die Eltern:
   - Nach dem Verkauf geben die Eltern den Kaufpreis oder einen Teil davon als Schenkung an die Kinder zurück.

Die Schenkung wird steuerlich als solche behandelt, wobei die steuerlichen Freibeträge genutzt werden können.

Vorteile dieser Variante:

1. Neue Abschreibungsmöglichkeiten:
   - Die Kinder erwerben die Immobilie zu einem neuen Kaufpreis und können diesen steuerlich abschreiben.
   - Dies ist ein klarer Vorteil gegenüber einer formellen Schenkung oder Erbschaft, bei der die Kinder den womöglich bald auslaufenden Abschreibungsstatus der Eltern übernehmen.

2. Schenkungsteuerfreibeträge:
   - Durch die Rückzahlung des Kaufpreises als Schenkung können die Freibeträge genutzt werden, um die Vermögensübertragung steuerfrei zu gestalten.

3. Flexibilität:
   - Die Eltern können selbst entscheiden, ob sie den Kaufpreis vollständig oder nur teilweise zurückgeben.
   - Der Rückfluss kann auch gestaffelt über mehrere Jahre erfolgen, um Schenkungsteuerfreibeträge optimal zu nutzen.

4. Einfache Abwicklung:
   - Im Gegensatz zum Verkäuferdarlehen sind keine Darlehensverträge oder Zinszahlungen notwendig. Die Transaktion bleibt formell sauber und nachvollziehbar.

Beispiel:

Ausgangslage:
- Marktwert der Immobilie: 500.000 Euro.
- Eltern verkaufen die Immobilie an ihren Sohn für 500.000 Euro.
- Der Sohn zahlt den Kaufpreis mit einem Mix aus Eigenkapital (100.000 Euro) und einem Bankdarlehen (400.000 Euro).

Nach dem Verkauf:
- Die Eltern schenken dem Sohn 400.000 Euro zurück, sodass er das Darlehen tilgen kann.
- Diese Schenkung ist steuerfrei, da sie unter den Schenkungsfreibetrag von 400.000 Euro fällt.

Steuerliche Vorteile:
- Der Sohn kann die 500.000 Euro Kaufpreis abschreiben (2 Prozent pro Jahr = 10.000 Euro jährlich über 50 Jahre).
- Die Eltern haben steuerfrei Vermögen an ihren Sohn übertragen, ohne dass die Immobilie in der Erbschaft steuerlich benachteiligt ist.

Wichtig ist eine klare Dokumentation. Die Rückzahlung des Kaufpreises sollte klar als Schenkung dokumentiert werden, um steuerliche Fragen zu vermeiden, und sie sollte auch zeitlich getrennt vom

Kauf erfolgen, um den Anschein eines »Scheingeschäfts« zu vermeiden. Zudem sollte man stets die **Freibeträge im Blick behalten:**

Der Ansatz, den Kaufpreis nach dem Verkauf als Schenkung zurückzugeben, kombiniert also die steuerlichen Vorteile eines Verkaufs (neue Abschreibungsmöglichkeiten) mit der steuerfreien Vermögensübertragung innerhalb der Familie. Es ist eine clevere Alternative, die jedoch gut geplant und dokumentiert sein muss, um rechtlich und steuerlich sauber zu bleiben.

Das Beste: Keine Grunderwerbsteuer

Und das Beste: Bei einer formalen Schenkung, dem Vererben oder wenn Kinder von ihren Eltern kaufen, wird keine Grunderwerbsteuer fällig. Diese Befreiung gilt für Verwandte in gerader Linie, also für Eltern, Kinder und Enkelkinder. Auch Stiefkinder und adoptierte Kinder sind eingeschlossen. Diese Steuerbefreiung gilt jedoch **nicht** für Verwandte in der Seitenlinie, also beim Immobilienkauf zwischen Geschwistern oder zwischen Onkeln, Tanten, Nichten und Neffen. Grunderwerbsteuer fällt ebenfalls an, wenn eine GmbH, die der Familie gehört, die Immobilie den Eltern abkauft.

Bei einer direkten Schenkung oder Vererbung der Immobilie innerhalb Verwandten ersten Grades (Eltern, Kinder, Ehepartner) fällt, wie erwähnt, ebenfalls keine Grunderwerbsteuer an. Allerdings hat dies den Nachteil, dass keine neuen Abschreibungsmöglichkeiten entstehen.

Notarkosten fallen allerdings immer an, auch bei einer Schenkung. Es muss schließlich immer ein Vertrag aufgesetzt und begleitet werden, inklusive der Kommunikation mit den Grundbuch- und gegebenenfalls anderen Ämtern.

Ausgefeilte Konstrukte und Aha-Erlebnisse

Manchmal sind Immobilien seit Generationen im Familienbesitz, über 50 Jahre alt und längst abgeschrieben. Anstatt sich rechtzeitig Gedanken über die Steueroptimierung zu machen, werden sie einfach weitergegeben. Dabei gäbe es clevere Ansätze, wie etwa über ein Familien-KG-Konstrukt oder andere Lösungen.

Ein Fall aus der Praxis: Ein Freund auf Sylt wollte seine Tochter bei der Übertragung von Immobilien einbinden, hatte aber von seinem Steuerberater erfahren, dass das angesichts des hohen Immobilienwerts sofort die Schenkungsteuer auslösen würde. Der Fehler: Es wurde nur die Übergabe als Ganzes betrachtet, ohne den Spielraum der Freibeträge über mehrere Jahre auszunutzen.

Der Kniff: Ein Teil der Immobilie wird zunächst mit Wohnrecht oder Nießbrauch belegt und die Übertragung über zwei Zehn-Jahres-Zeiträume gestreckt. Die Freibeträge werden so optimal ausgenutzt. Der Wert des Nießbrauchs – sei es durch lebenslanges Wohnrecht oder Mieteinnahmen – mindert die steuerliche Bemessungsgrundlage. Je jünger die Person, die das Nießbrauchrecht erhält, desto höher fällt diese Minderung aus. Beispiel: Eine Immobilie im Wert von 1,5 Millionen Euro könnte durch Nießbrauch um bis zu 500.000 Euro im steuerlichen Wert reduziert werden.

Am Parkplatz angekommen, schnüren die vier ihre Wanderschuhe auf, strecken sich und gönnen sich einen Moment zum Frischmachen. Yvonne wechselt in leichtere Schuhe, während Andreas mit einem Schmunzeln meint: »Schon verrückt, oder? So viele Steuerberater sind fit in den Gesetzen, aber wenn es um solche Gestaltungsmöglichkeiten geht, herrscht oft Funkstille.«

Sebastian lacht. »Stimmt. Die meisten sind perfekt darin, Paragrafen zu zitieren – aber wirklich kreativ mit den Möglichkeiten umgehen? Fehlanzeige.«

Andrea nickt. »Deshalb ist es so wichtig zu wissen, mit wem man wann zusammenarbeitet. Ein guter Steuerberater für die Zahlen und ein anderer Berater für die strategische Gestaltung – das macht den Unterschied.«

Andreas zwinkert. »Jetzt verstehe ich auch, warum mir Florian angepriesen wurde – und er mir wiederum einen guten Steuerberater empfohlen hat!« Die anderen lachen, während sie sich erfrischen und ihre Sachen verstauen.

DER UNTERSCHIED ZWISCHEN WOHNRECHT UND NIESSBRAUCH

Während das Wohnrecht – wie der Name sagt – nur das Recht zum Wohnen beinhaltet, bedeutet der Nießbrauch ein umfassenderes Nutzungsrecht. Der Nießbrauch (Paragraf 1030 BGB) ist das Recht, eine Immobilie wirtschaftlich zu nutzen, ohne sie zu besitzen. Merkmale:

- **Nutzung:** Der Nießbraucher darf die Immobilie nicht nur selbst nutzen, sondern sie auch **vermieten** und die daraus erzielten Erträge behalten.
- **Rechte:** Der Nießbrauch umfasst alle Vorteile, die aus der Immobilie gezogen werden können, vor allem auch Mieteinnahmen.
- **Pflichten:** Der Nießbraucher ist verpflichtet, die Immobilie in einem ordnungsgemäßen Zustand zu halten. Das schließt Instandhaltungs- und Reparaturkosten ein.
- **Nicht übertragbar:** Der Nießbrauch ist ein persönliches Recht und erlischt mit dem Tod des Berechtigten. Vorteil: Keine Erhöhung der Freibeträge. Wenn also der Wert der Immobilie beim Übertragen durch den Nießbrauch um 500.000 Euro gemindert wurde und der Erblasser, der das Nießbrauchrecht hatte, dann verstirbt, entsteht kein neues Erbe oder es muss ein neuer Freibetrag genutzt werden.
- **Der Vorteil:** Eltern können eine Immobilie an ihre Kinder überschreiben und sich das Nießbrauchsrecht sichern, um weiterhin Mieteinnahmen oder Nutzungsrechte zu behalten.
- Der **Nießbrauch** ist umfassend und erlaubt auch wirtschaftliche Nutzung, etwa durch Vermietung. Er eignet sich besonders für komplexere Vermögensübertragungen, bei denen der bisherige Eigentümer weiter von der Immobilie profitieren möchte.

NIESSBRAUCH UND NEUE ABSCHREIBUNGEN

Der Nießbrauch oder ein Wohnrecht kann also nicht nur dazu genutzt werden, die Immobilien zu übertragen, sondern auch dazu, den Wert einer Immobilie für Steuerzwecke zu mindern. Gleichzeitig lässt sich durch einen »Verkauf« innerhalb der Familie eine neue Abschreibungsbasis schaffen. Wer strategisch vorgeht, kann den steuerlichen Wert reduzieren und zugleich frische Abschreibungen auf den aktuellen Kaufpreis ansetzen.

Sonderfälle und Verkettungen

Auch in komplizierten Konstellationen – etwa bei unverheirateten Paaren oder Patchwork-Familien – lassen sich Schenkungen und Erbschaften durch eine kluge Planung optimieren. Eine besonders effektive Methode ist die sogenannte Verkettung, bei der Vermögen über mehrere Personen weitergeleitet wird, um Freibeträge maximal auszuschöpfen.

Statt eine Immobilie also direkt an die unverheiratete Partnerin zu vererben, wird sie zunächst an die gemeinsamen Kinder überschrieben. Diese können als direkte Nachkommen je Elternteil einen Freibetrag von 400.000 Euro nutzen. Anschließend können die Kinder Teile ihres Erbes an die Partnerin weiterschenken – steuerfrei allerdings nur bis zu 100.000 Euro innerhalb der nächsten zehn Jahre je Kind. Diese Umleitung reduziert die steuerliche Belastung je nach vermachtem Wert erheblich.

Würde man hingegen die Immobilie im angenommenen Wert von 400.000 Euro direkt der Partnerin vermachen, müsste sie 152.000 Euro Erbschaftsteuer zahlen: Denn es besteht nur ein Freibetrag von 20.000 Euro. Für die verbliebenen 380.000 Euro wird aufgrund Steuerklasse III ein Steuersatz von 40 Prozent fällig.

Später sitzen sie wieder auf der Terrasse der Finca, genießen den Abend bei Wasser und Wein. Der Blick auf das Meer ist ruhig, das Zirpen der Grillen begleitet ihr Gespräch. Die Anstrengung der Wanderung ist verflogen.

Andreas dreht sein Glas in der Hand. »Wir haben viel über die Erbschaftsteuer gesprochen, aber es gibt noch eine andere, mindestens ebenso wichtige Stellschraube zur Steueroptimierung – die Rechtsform.«

Sebastian richtet sich auf. »Wie meinst du das?«

Andreas nimmt einen Schluck aus seinem Glas und lehnt sich wieder zurück. »Na ja, soviel ich weiß, halten wir alle unsere Immobilien rein privat. Doch das ist nicht immer sinnvoll. Ob du selbst oder über eine vermögensverwaltende GmbH oder andere Rechtsformen investierst, macht einen riesigen Unterschied, je nachdem, ob du verkaufst, vererbst oder deine jährlichen Mieteinnahmen versteuerst.«

Alle schauen ihn fragend an. Andreas fährt fort und schaut Sebastian an. »Nehmen wir an, du besitzt deine Immobilien privat. Dann wirst du mit deinem persönlichen Einkommensteuersatz auf die Mieteinnahmen besteuert, aber wenn du nach zehn Jahren verkaufst, verdient der Fiskus keinen Cent. Doch wenn du sie in einer vermögensverwaltenden GmbH hältst, zahlst du auf laufende Erträge nur Körperschaftsteuer, was oft günstiger ist, und hast gleichzeitig mehr steuerliche Gestaltungsmöglichkeiten beim Verkauf.«

Sebastian lehnt sich nach vorne. »Und eine Stiftung? Hast du daran schon mal gedacht?«

Andreas lacht. »Ha! Gute Frage. Das hört man oft, ist aber ein anderes Level – und auch noch nicht unsere Gehaltsklasse. Stattdessen gibt es aber GmbHs, KGs, Kombinationen aus allem, ja sogar Genossenschaften oder auch eine Gesellschaft bürgerlichen Rechts (GbR).«

Andrea nimmt einen Schluck aus ihrem Glas und denkt nach. »Also könnte ich durch die richtige Konstruktion nicht nur Steuern sparen, sondern auch meine Immobilien über Jahrzehnte hinweg strategisch verwalten?«

Andreas nickt. »Genau. Und das ist der nächste Schritt, wenn man wirklich langfristig denkt. Denn es geht nicht nur darum, ein paar Prozent Steuern zu sparen, sondern dein gesamtes Vermögen so zu strukturieren, dass du es steuerlich optimal verwaltest und flexibel bleibst.«

Sebastian schüttelt beeindruckt den Kopf. »Schon faszinierend. Ich dachte lange, Immobilieninvestments seien vor allem eine Frage des richtigen Objekts, von Cashflow und Wertsteigerung. Aber je mehr wir darüber reden, desto mehr wird mir klar: Das wahre Spiel läuft auf einer anderen Ebene.«

Rechtsformen: Über welches Investmentvehikel kaufe und halte ich am besten Immobilien?

Kommen wir nach der Darstellung der Steuerarten nun zur zweiten Säule der Steuerminderung: nämlich der Frage, mit welcher Rechtsform ich die Immobilien kaufe und halte – und von dort aus womöglich wieder verkaufe. Denn auf Kauf, Verkauf, Vererben und vor allem die Besteuerung der jährlichen Mieteinnahmen haben die einzelnen Konstrukte völlig unterschiedliche steuerliche Auswirkungen.

Viele (vermeintliche) Experten propagieren bei einem größeren Immobilienportfolio die Holdingstruktur. Investoren denken dann schnell: »Super, das ist etwas für mich!« Doch bevor man hier in Euphorie ausbricht oder das als bare Münze nimmt, muss man immer schauen, ob das auf die jeweilige persönliche und auch künftige Situation passt. Es kann absolut geeignet sein, aber man muss es sich genau anschauen und auf die jeweiligen Ziele, Pläne und Absichten abklopfen. Denn wenn es dem nicht entspricht, sparen Sie kein Geld und geben womöglich noch hohe Summen für Zusatz- und Transaktionskosten aus.

Rechtsformen – Überblick

Bevor wir uns mit der Wahl der passenden Rechtsform beschäftigen und im Detail die relevantesten durchgehen, hier erst einmal ein Überblick und eine Einführung. Zunächst ist es wichtig, zwischen zwei Hauptkategorien zu unterscheiden: **Personengesellschaften** und **Kapitalgesellschaften**. Diese Unterscheidung ist nicht nur rechtlich, sondern vor allem steuerlich entscheidend. Je nachdem, welche Steuern anfallen und wie die Erträge versteuert werden, kann eine andere Rechtsform vorteilhaft sein. Zudem gibt es Stiftungen und Genossenschaften. Aber je nach Vermögen und Struktur sind die ersten beiden am häufigsten anzutreffen.

Personengesellschaften

Zu den Personengesellschaften in Bezug auf Immobilienangelegenheiten zählen:

- privater Immobilienkauf,
- GbR (Gesellschaft bürgerlichen Rechts),
- KG (Kommanditgesellschaft),
- GmbH & Co. KG,
- OHG (Offene Handelsgesellschaft).

GbR

Die GbR ist schnell gegründet und relativ unkompliziert, da keine Eintragung ins Handelsregister erforderlich ist. Sie eignet sich nicht nur für kleinere Investments, zum Beispiel von Ehepaaren oder Partnern, die zu gleichen Teilen beteiligt sind. Wichtig ist jedoch, dass alle Gesellschafter persönlich und unbeschränkt haften – das kann bei größeren Investments problematisch sein. Zudem ist die Gründung einer GbR mit minderjährigen Kindern ausgeschlossen, da alle Gesellschafter voll haften müssen. Interessant kann die GbR auch sein, wenn man diese mit anderen Rechtsformen kombiniert und etwa »disquotale Gewinnausschüttungen« für eine steueroptimierte Geldanlage in Immobilien nutzt – dazu später mehr.

KG

Eine KG bietet teilweise mehr Flexibilität, vor allem bei der Haftung. Es gibt zwei Arten von Gesellschaftern:

- Komplementäre, die unbeschränkt haften und die Geschäftsführung übernehmen.
- Kommanditisten, die nur mit ihrer Einlage haften.

Gerade für Familien ist die KG interessant, weil Kinder und Enkel als Kommanditisten frühzeitig eingebunden werden können, ohne Einfluss auf die Geschäftsführung zu nehmen. Außerdem lassen sich steuerliche Freibeträge bei der Übertragung der Anteile geschickt nutzen.

GmbH & Co. KG

Hier übernimmt eine GmbH die Rolle des Komplementärs, wodurch die unbeschränkte Haftung entfällt. Dieses Modell wird häufig genutzt, wenn man Projekte mit höherem Risiko umsetzen möchte, da die GmbH nur mit ihrem Stammkapital (mindestens 25.000 Euro) haftet.

Kapitalgesellschaften

Zu den Kapitalgesellschaften zählen:

- GmbH (Gesellschaft mit beschränkter Haftung),
- AG (Aktiengesellschaft),
- Holding-Strukturen (Mutter-Tochter-Gesellschaften),
- Kommanditgesellschaft auf Aktien (KGaA).

GmbH

Die GmbH ist die bekannteste Kapitalgesellschaft und wird häufig für Immobilieninvestments genutzt, insbesondere in Form einer vermögensverwaltenden GmbH. Hier fällt auf Gewinne lediglich Körperschaftsteuer in Höhe von 15 Prozent zuzüglich Solidaritätszuschlag an. Solange die Gewinne in der GmbH verbleiben, wird keine zusätzliche Steuer fällig. Werden die Gewinne jedoch entnommen, greift die Abgeltungsteuer von 25 Prozent. Deshalb eignet sich die GmbH vor allem für langfristige Investments, bei denen Gewinne reinvestiert werden sollen.

Holding-Strukturen

Eine Holding ist besonders attraktiv, wenn man mehrere Gesellschaften besitzt oder plant, ein Immobilienportfolio aufzubauen. Gewinne, die von einer Tochtergesellschaft an die Muttergesellschaft ausgeschüttet werden, sind nahezu steuerfrei – lediglich rund 1,5 Prozent der Ausschüttung müssen versteuert werden. Das bietet enorme Vorteile, besonders bei der Vermögensbildung. Eine Holding-Struktur macht jedoch erst ab einem gewissen Investitionsvolumen und regelmäßigen Überschüssen Sinn, da sie sowohl Gründungs- als auch laufende Verwaltungskosten verursacht. Für Unternehmer oder Selbstständige kann dieses Konstrukt schon frühzeitig Sinn ergeben. Hierbei muss es nicht darum gehen, Immobilien direkt über die Holding oder Tochtergesellschaften der Holding zu kaufen. Doch die richtige Vorbereitung und das Wissen darüber, wie sich die Rechtsformen kombinieren lassen und vor allem wie diese funktionieren, sparen langfristig enorm Kapital und Restrukturierungskosten.

Sonderformen

Neben den klassischen Personengesellschaften und Kapitalgesellschaften gibt es noch einige Sonderformen:

- Familiengenossenschaft: Ideal für die langfristige Vermögenssicherung und zur günstigen Übertragung von Immobilien in der Familie.
- Stiftung: Vor allem für große Vermögen interessant, da sie rechtlich unabhängig ist und besonderen Schutz vor Haftung bietet. Allerdings ist die Verwaltung einer Stiftung deutlich aufwendiger. Hierbei gibt es ebenfalls unterschiedliche Formen. Häufig anzutreffen ist die deutsche und die Liechtensteiner Familienstiftung.
- KGaA (Kommanditgesellschaft auf Aktien): Diese Form wird selten genutzt, ist aber interessant für größere Investments mit vielen Anteilseignern. Ein bekanntes Beispiel ist der Fußballverein Borussia Dortmund.

Ab wann lohnt sich welche Rechtsform?

Die Wahl der Rechtsform hängt stark von der individuellen Situation ab – vor allem vom Einkommen und den geplanten Investitionen:

1. Privater Immobilienkauf oder GbR
   - Sinnvoll bei kleineren Investments und wenn noch hohe Kosten (etwa Zinsen) anfallen, die den Überschuss minimieren.
   - Steuerliche Vorteile können in der persönlichen Einkommensteuer genutzt werden.
   - Flexibilität bei der Entnahme von Gewinnen, einfache Handhabung.
   - Kein Mindestkapital erforderlich, schnelle und günstige Gründung (bei GbR).

- Nachteile: Unbeschränkte Haftung, weniger Schutz vor privaten Risiken.
- Eingeschränkte Skalierbarkeit, da steuerliche Vorteile ab einem gewissen Vermögensaufbau abnehmen und die Haftungsrisiken steigen.
- Bei mehreren Partnern kann es zu Streitigkeiten kommen, da in der GbR jeder Gesellschafter gesamtschuldnerisch haftet.

2. Kommanditgesellschaft (KG)
   - Gewinne werden nicht auf Ebene der Gesellschaft besteuert, sondern direkt bei den Gesellschaftern nach ihrem individuellen Einkommensteuersatz.
   - Abschreibungen auf Immobilien können individuell genutzt werden.
   - Vorteile: Begrenzte Haftung für Kommanditisten, gute Möglichkeit, Kinder oder Enkel steuerlich begünstigt einzubinden.
   - Disquotale Gewinnausschüttungen sind möglich.
   - Geringere Bürokratie: Keine doppelte Buchführung für kleine KGs nötig (Einnahmen-Überschuss-Rechnung möglich).
   - Die Kosten der KG sind ähnlich wie bei der GbR und auch überschaubar.
   - Nachteil: Weniger geeignet für Fremdfinanzierung, da Banken Kapitalgesellschaften bevorzugen.

3. GmbH & Co. KG
   - Der persönlich haftende Gesellschafter (Komplementär) ist eine GmbH, nicht eine natürliche Person. So bleibt das Privatvermögen geschützt.
   - Die Erbfolge kann steuerlich optimiert gestaltet werden, etwa durch Schenkungen von Kommanditanteilen an Kinder.
   - Nachteile: Höherer Verwaltungsaufwand. Es müssen sowohl die KG als auch die GmbH verwaltet werden. Jahresabschlüsse für die GmbH erforderlich.

- Doppelte Buchführung für beide Gesellschaften notwendig.
- Höhere Gründungskosten: Eine GmbH muss gegründet werden.

4. Vermögensverwaltende GmbH
   - Empfehlenswert für Investoren mit regelmäßigem Überschuss, die diesen reinvestieren wollen.
   - Geringere Steuerlast auf Gewinne (15 Prozent Körperschaftsteuer).
   - Haftungsschutz, da nur das GmbH-Vermögen betroffen ist.
   - Nachteile: Hohe Steuerbelastung bei Entnahme der Gewinne, da zusätzlich Kapitalertragsteuer (25 Prozent) anfällt.
   - Kein Verlustvortrag auf persönliche Einkommensteuer möglich, steuerliche Vorteile sind also begrenzt.
   - Geringere Flexibilität bei der privaten Nutzung der Gewinne, da diese erst nach Versteuerung ausgezahlt werden können.

5. Holding-Strukturen
   - Lohnenswert bei größeren Portfolios oder wenn mehrere Gesellschaften bestehen.
   - Vorteil: Fast steuerfreie Ausschüttung zwischen Mutter- und Tochtergesellschaft, was das Kapital effizient für neue Investitionen nutzbar macht. (1,5 Prozent Versteuerung auf die Ausschüttung der Tochter-GmbH in die Mutter-GmbH.)
   - Hoher Vermögensschutz, da Vermögen in unterschiedlichen Gesellschaften isoliert wird.
   - Nachteile: Hohe Komplexität und laufende Kosten, die nur bei größeren Vermögen oder Gesellschaften lohnen.
   - Rechtliche und steuerliche Beratung erforderlich, um das Konstrukt optimal zu gestalten.

Zwischenfazit

Für kleinere Investoren oder Einsteiger ist eine GbR oder eine einfache KG sinnvoll, wenn sie steuerliche Vorteile nutzen möchten.

Für professionelle Investoren mit größerem Kapital bietet sich die GmbH & Co. KG an, da sie Haftungsschutz mit Steueroptimierung verbindet. Für langfristige Investitionen mit hoher Skalierung ist die vermögensverwaltende GmbH oder eine Holding-Struktur attraktiv, da sie Steueroptimierung und Vermögensschutz bietet, allerdings mit hohem Verwaltungsaufwand.

Hier finden Sie Videos zur weiteren Erläuterung der verschiedenen Rechtsformen.

»Wo bleibt denn Andreas?«, fragt Yvonne in die Runde.

»Keine Ahnung, vielleicht hat er sich kurz hingelegt. War ja ein anstrengender Tag«, antwortet Andrea.

Sie will gerade aufstehen und gucken, da betritt Andreas die Terrasse, mit einem Notizbuch und einem Stift in der Hand.

»Na, was wird das denn?«, fragt Sebastian und richtet sich neugierig auf.

»Tja, Leute. Ich dachte mir, ich gebe Euch mal einen kurzen Crash-Kurs, falls Ihr noch nicht zu müde seid. Wir sind zwar alle sehr erfahren und mit einigen Immobilien schon am Start, aber um wirklich etwas draus zu machen und auch auf andere Level zu kommen, macht es sich ganz gut, mehr über Rechtsformen und Co., in diesem Fall: & Co. KG zu erfahren. Ich habe mir mal ein paar Notizen gemacht …«

Alle blicken gespannt und haben sich aufrecht hingesetzt, wie Musterschüler.

Andreas beginnt: »Also, Yvonne und Sebastian, ihr habt einen hohen Einkommensteuersatz, der in Richtung Spitzensteuersatz von 42 oder sogar 45 Prozent geht; du, Andrea, natürlich weniger. In diesem Fall zahlt ihr jedes Jahr eine beachtliche fünfstellige Summe an Einkommensteuer. Da kann es sinnvoll sein, eine Immobilie zu erwerben, die in den nächsten vier, fünf oder acht Jahren saniert werden muss – sei es bei Böden, Bädern, der Fassade oder der Heizung.

In solchen Fällen bietet es sich an, die Immobilie – ob Wohnung oder Mehrfamilienhaus – im ersten Schritt ins Privatvermögen zu nehmen. Der Grund: Die steuerlichen Vorteile, die durch die Sanierung entstehen, wirken sich direkt auf eure Einkommensteuer aus. Würdet ihr diese Immobilie hingegen in eine eigens gegründete Immobilien-GmbH einbringen, könntet ihr diese Vorteile kaum nutzen, da in der GmbH nur geringe Steuern anfallen und die Steuerlast bereits stark reduziert ist. Deshalb macht es Sinn, die Immobilie zunächst privat zu kaufen, sie innerhalb der ersten zehn Jahre zu entwickeln, etwa durch Sanierungen, und dadurch gleichzeitig noch privat Einkommensteuer einzusparen – und nach dieser Zeitspanne steuerfrei aus dem Privatvermögen zu verkaufen.

Und jetzt kommt der spannende Teil: Nach dem steuerfreien Verkauf könnt ihr die Immobilie entweder an eure Immobilien-GmbH oder an euren Ehepartner beziehungsweise eure Ehepartnerin übertragen oder verkaufen – ein Modell, das oft als ›Ehegattenschaukel‹ bezeichnet wird. Was bringt das? Zum einen eröffnet sich die Möglichkeit, eine neue, erhöhte Abschreibung zu nutzen. Zum anderen können die Mieteinnahmen in der GmbH oder bei eurem Partner steuerlich günstiger behandelt werden. Hinzu kommt, dass der Wert der Immobilie in diesen Jahren in der Regel gestiegen ist, nicht zuletzt durch die Sanierungsmaßnahmen, die zusätzlich zum Wertzuwachs beitragen.

Die dritte Option ist dann eine Familien-KG mit den Kindern: Verkauf der Immobilie aus dem Privatvermögen an die Familien-KG. Dort nutzt ihr ebenfalls neue Abschreibungen und habt die Immobilie nach zehn Jahren steuerfrei aus eurem Privatvermögen verkauft. Und da ein Einkauf stattgefunden hat, müsst ihr keine Schenkungsfreibeträge beachten beziehungsweise nutzen – sodass dafür dann noch später Potenzial wäre, wenn nötig.

Wichtig ist jedoch, genau hinzuschauen: Wenn eine GmbH kauft, kann gegebenenfalls oder in allen Fällen noch mal Grunderwerbsteuer fällig werden. Da müsst ihr also prüfen, inwiefern das Sinn ergibt. Entscheidend ist auch, das Steuersystem dahingehend zu verstehen, dass zwischen Personengesellschaften und Kapitalgesellschaften unter-

schieden wird, wofür wiederum verschiedene Steuersätze fällig werden und Abschreibungsmöglichkeiten bestehen. Ich danke für eure Aufmerksamkeit«, schließt Andreas seinen Vortrag.

»Großartig«, ruft Yvonne.

»Tausend Dank«, sagt Sebastian. Er ist aufgestanden und drückt Andreas. »Toller Input. Wie viel kostest du die Stunde?«, lacht er.

Auch Andrea ist zu Andreas getreten und gibt ihm einen Kuss: »Super, ein echter Crash-Kurs, fast wie die Mastermind-Klasse von Florian.«

Andreas erwidert: »Wow, danke, ich bin gerührt. Ich hoffe, es war nicht zu trocken und technisch, na ja, Jurist eben. Aber genug für heute. Genießen wir die fantastische Nacht.«

Vermögensverwaltende Gesellschaften: Ein strategisches Instrument für Immobilieninvestoren

Eine vermögensverwaltende Gesellschaft (kurz: »VV-Gesellschaft«) kann für Immobilieninvestoren eine attraktive Option sein, um steuerliche Vorteile und organisatorische Effizienz zu erzielen. Sie ist vor allem dann interessant, wenn mehrere Immobilien gehalten oder größere Investitionsvorhaben geplant werden. Doch wann lohnt sich dieser Schritt wirklich? Und was ist eine vermögensverwaltende Gesellschaft?

Eine VV-Gesellschaft ist in der Regel eine GmbH, GmbH & Co. KG oder eine ähnliche Rechtsform, die auf die Verwaltung von Vermögenswerten – besonders Immobilien – ausgerichtet ist. Ziel ist es, die Einkünfte aus Vermietung und Verpachtung sowie mögliche Veräußerungsgewinne steuerlich effizient zu strukturieren. Im Gegensatz zu gewerblichen Gesellschaften fällt bei einer rein vermögensverwaltenden Tätigkeit keine Gewerbesteuer an. Die Gesellschaft erzielt ausschließlich Einkünfte aus Kapitalvermögen, Vermietung und Verpachtung sowie unter bestimmten Bedingungen aus privaten Veräußerungsgeschäften (Paragraf 23 EStG).

Die Vorteile gegenüber einer privaten Vermögensverwaltung sind riesig:

1. **Steuerliche Vorteile:**
   Gewinne der VV-Gesellschaft unterliegen der Körperschaftsteuer (15 Prozent) und dem Solidaritätszuschlag, was insgesamt zu einer Steuerlast von 15,825 Prozent führt. Das ist deutlich niedriger als der persönliche Einkommensteuersatz, der bei Privatpersonen bis zu 45 Prozent betragen kann oder 42 Prozent bei Einnahmen von derzeit 66.761 bis 277.826 Euro (bei Verheirateten jeweils das Doppelte). Zudem können Verluste aus der Immobilienbewirtschaftung in der Gesellschaft vorgetragen und mit zukünftigen Gewinnen verrechnet werden.

2. **Trennung von Privat- und Unternehmensvermögen:**
   Das Vermögen der Gesellschaft ist rechtlich vom Privatvermögen der Gesellschafter getrennt. Dies reduziert das persönliche Risiko und erleichtert die Nachfolgeplanung.

3. **Flexibilität bei der Veräußerung:**
   Beim Verkauf von Anteilen der Gesellschaft fallen unter bestimmten Bedingungen keine Grunderwerbsteuer und reduzierte persönliche Steuern an.

Jetzt aber kommt – Sie kennen das schon – das Aber. Es gibt auch einige Nachteile und Herausforderungen:

- Erhöhter Verwaltungsaufwand: Die Gründung und der Betrieb einer VV-Gesellschaft erfordern Buchhaltungs- und Verwaltungskosten. Ein Jahresabschluss muss erstellt und handelsrechtliche Vorschriften erfüllt werden.
- Steuerliche Komplexität: Steuerliche Optimierung erfordert immer fundiertes Fachwissen und/oder die Unterstützung eines Steuerberaters.

- Kein Steuerprivileg für private Veräußerungsgewinne: Im Privatvermögen sind Gewinne aus dem Verkauf von Immobilien nach zehn Jahren steuerfrei. In der VV-Gesellschaft bleibt diese Steuerfreiheit aus, zwar zahlen Sie »nur« die Körperschaftsteuer in Höhe von 15 Prozent auf die erzielten Gewinne. Dies ist aber ein klarer Nachteil zur privaten steuerfreien Veräußerung. Hieran erkennt man sehr schön, welche Immobilien Sie somit wann besser erst privat kaufen sollten: Immobilien mit Sanierungsaufwand, um private Einkommensteuer zu sparen, oder Immobilien mit hohem Wertsteigerungspotenzial. Hier lässt sich je nach Immobilie relativ schnell abschätzen, wie hoch die steuerlichen Vorteile in der VV-GmbH oder die Vor- oder Nachteile im privaten Bereich sind. Es sollte somit immer von der jeweiligen persönlichen Situation ausgegangen werden und die persönlichen Ziele und die Strategie bei der Auswahl oder Kombination der richtigen Rechtsform berücksichtigt werden.
- Sie müssen die aus der Gesellschaft ausgeschütteten Gewinne mit 25 Prozent Abgeltungsteuer versteuern. Wie Sie damit umgehen, erkläre ich gleich.

Ab wann lohnt sich also eine VV-Gesellschaft? Eine VV-Gesellschaft macht vor allem in folgenden Fällen Sinn:

1. Wenn ein Immobilienportfolio aufgebaut wird: Sobald mehrere Objekte im Bestand sind, können sich die steuerlichen Vorteile und der Schutz des Vermögens stärker bemerkbar machen.
2. Bei einer langfristigen Strategie: Für Investoren, die planen, ihre Immobilien zu halten und laufende Einkünfte zu optimieren, ist die VV-Gesellschaft ideal.
3. Bei Familien- oder Nachlassplanung: Die Übertragung von Gesellschaftsanteilen ist steuerlich oft günstiger als die Übertragung von Immobilien im Privatbesitz.
4. Wenn keine nennenswerten Sanierungen anstehen, die die Steuerlast im Privatvermögen deutlich senken könnten.

Man kann als Pauschalformel sagen, dass sich eine vermögensverwaltende GmbH ab rund 100.000 Euro Mieteinnahmen im Jahr rechnet. Es gibt Fälle, gerade bei Unternehmern, wo sie bereits unter dieser Summe geeignet ist, durchaus schon ab 50.000 Euro. Ebenso kann man bereits vor Erreichen dieses Betrags damit agieren, wenn ich ein großes Portfolio aufbauen will und diese Mieteinnahmen anstrebe. Zudem kann eine vermögensverwaltende GmbH ins Spiel kommen, wenn ich ein Cashflow-Objekt erwerbe – ein größeres Haus, wo ich aufgrund der Zusatzeinnahmen bald mehr Steuern zahlen würde. Jedoch ist es immer wichtig, die mit der GmbH verbundenen Kosten den Steuereinsparungen gegenüberzustellen.

Der nächste Punkt: Wann kaufe ich welche Immobilie privat oder über die vermögensverwaltende GmbH? Die Antwort darauf ist vor allem davon abhängig, welches Objekt ich kaufe, also ob Objekte den großen Cashflow bringen, die aber nicht mehr viel saniert werden müssen. Wenn es aber ein Sanierungsobjekt ist, könnte sich der private Weg eher lohnen. Habe ich eine hohe Einkommensteuerbelastung, kann ich durch die Sanierung – die ja Kosten bedeutet – eben diese Belastung drücken. Da kann man renovieren – und später immer noch an die vermögensverwaltende GmbH verkaufen.

Es hängt also von der persönlichen finanziellen Situation ab: wenn eine hohe Steuerlast vorliegt, die ich mittels Sanierungen und anderen Kosten drücken kann. Oder eine hohe Steuerlast ohne Möglichkeiten der Absetzung, so dass ich meine Immobilien in die vermögensverwaltende GmbH lege und nur knapp 16 statt 42 oder gar 45 Prozent Steuern zahle.

Wenn ich aber Objekte zu einem sehr guten Preis einkaufe und ich damit rechne, einen hervorragenden Wertzuwachs zu erzielen, sollte man sich folgendes ausrechnen – und zwar je nach Motiv und Exit-Strategie: Was ist jetzt größer? Der private steuerfreie Veräußerungsgewinn, wenn ich nach zehn Jahren oder später steuerfrei verkaufe – oder die laufenden Steuervorteile bei den Mieteinnahmen innerhalb einer GmbH? Das muss man gegenüberstellen.

Man zahlt übrigens keine Gewerbesteuer: Denn wenn man mit einer GmbH nicht gewerblich tätig ist, kann man einen Antrag auf

Gewerbesteuerkürzung stellen. Dann zahlt man nur die Körperschaftsteuer plus Soli, also 15,825 Prozent. Umsatzsteuer fällt bei Wohnraumvermietung auch nicht an. Das wäre nur bei gewerblichem Wohnraum (Hotel, Ferienwohnungen im größeren Stil) oder Gewerberäumen der Fall, wobei die Umsatzsteuer ohnehin eine durchlaufende Steuer ist.

Das Geschäftsführergehalt: Eine clevere Auszahlungsstrategie

Ein häufiger Einwand gegen die VV-GmbH lautet: »Aber irgendwann muss ich mir das Geld doch auszahlen und dann wird es wieder besteuert!« Das stimmt, aber genau hier kommt das Geschäftsführergehalt ins Spiel. Als Geschäftsführer Ihrer eigenen GmbH können Sie sich ein Gehalt zahlen, auf das Sie nur Lohnsteuer entrichten. Sozialversicherungsbeiträge entfallen, sofern Sie der alleinige Gesellschafter sind. So können Sie sich regelmäßig Geld auszahlen, ohne dass es zu einer Gewinnausschüttung und damit zu einer zusätzlichen Abgeltungsteuer kommt.

Ein Beispiel: Sie erzielen 10.000 Euro Mieteinnahmen monatlich und zahlen sich daraus ein Geschäftsführergehalt von 5.000 Euro. Dieses Gehalt wird als Betriebsausgabe verbucht und senkt den steuerpflichtigen Gewinn der GmbH. Sie zahlen darauf lediglich Lohnsteuer, wie bei einem normalen Angestelltengehalt. Die verbleibenden Gewinne können Sie in der GmbH belassen und weiter investieren. Hierbei sollte auch gegenübergestellt werden, ob das Geschäftsführergehalt oder die Gewinnausschüttung der bessere Weg ist. Wie oben beschrieben, unterliegt das Geschäftsführergehalt der Einkommensteuer und je nachdem, in welchem Bereich Sie hier liegen, kann die Gewinnausschüttung unter bestimmten Umständen gewinnbringender sein. Wenn keine Gewinne aus der GmbH ausgeschüttet werden, haben Sie hier ebenfalls den Vorteil der Thesaurierung der Gewinne und somit zahlen Sie in der VV-GmbH nur die 15,825 Prozent Steuern (Körperschaftsteuer und Solidaritätszuschlag) auf die tatsächlichen Gewinne der VV-GmbH. Sie müssen sich die Frage stellen: Möchten Sie das Kapital selbst besitzen (Gewinnausschüttung und/oder Geschäftsführergehalt) oder möchten Sie das Kapital in der VV-GmbH kontrollieren (keine Gewinnausschüttung und Vorteil der Gewinnthesaurierung). Die VV-GmbH kann ebenfalls ein Depot eröffnen und Fonds, Aktien oder andere Investments neben den Immobilieninvestments tätigen.

Die vier sitzen, wie jeden Morgen, bei ihrem üppigen Frühstück auf der Terrasse der Finca. Der Tisch ist gedeckt mit frischen Croissants, Serrano-Schinken, Marmelade und dampfendem Kaffee. Die Morgensonne taucht die Landschaft in ein warmes Licht, und eine Brise weht vom Tal herauf.

Sebastian lehnt sich zurück, genießt Frühstück und Ausblick. »Also, ich muss sagen, nach all den Gesprächen und dem Austausch mit euch – das Thema Rechtsformen hat sich mir zwar noch nicht ganz erschlossen. Aber du hast da gestern ein großes Tor geöffnet, Andreas. Ich dachte immer, das sei viel zu kompliziert, aber eigentlich ist es verdammt logisch.«

Andrea nimmt einen Schluck von ihrem Kaffee und nickt. »Genau! Ich hatte immer das Gefühl, dass sich nur Leute mit einer Jura- oder BWL-Ausbildung damit auskennen. Aber jetzt, wo wir das mal durchgesprochen haben, ist es nachvollziehbar. Man muss nur verstehen, wann welche Rechtsform Sinn ergibt.«

Andreas legt sein Messer beiseite und schaut in die Runde. »Na, dann habe ich meinen Job gut gemacht. Es geht ja nicht darum, jede einzelne Steuerregel auswendig zu können. Aber das Grundprinzip ist simpel: Wenn man langfristig ein Portfolio aufbauen will, sollte man nicht nur auf Privatbesitz setzen – je nach Konstellation und Motiv natürlich.«

»Ja, und genau da lag mein Denkfehler!«, fällt Yvonne ein. »Wir haben immer nur über Einzelimmobilien nachgedacht, nie über eine Struktur dahinter. Die vermögensverwaltende GmbH oder eine Familien-KG – da tun sich ganz neue Möglichkeiten auf.«

Sebastian ergänzt: »Und ich habe mich immer gefragt, warum wohlhabende Investoren so komplizierte Konstrukte aufbauen. Jetzt weiß ich es: Steuern optimieren, Risiko minimieren und Flexibilität behalten!«

Andreas nimmt einen Schluck Kaffee. »Genau. Und nicht zu vergessen: Mit der richtigen Struktur kann man Gewinne aus Verkäufen oder Mieten gezielt reinvestieren, statt alles sofort zu versteuern. Und dann noch die Paragraf-6b-Rücklage, die es ermöglicht, Gewinne aus einem Verkauf steuerfrei in eine neue Immobilie zu stecken, wenn die Vorteile einer vermögensverwaltenden GmbH genutzt wurden.«

»Bitte, verschone uns mit Paragrafen«, protestiert Andrea gespielt. »Aber ansonsten ist das wirklich eine große Horizonterweiterung«, sagt Andrea nachdenklich. »Vor zwei Jahren hätte ich nicht gedacht, dass ich mich mal so intensiv mit Steuerthemen beschäftige – geschweige denn, dass sie mich interessieren!«

»Und ich wette, Florian wird uns bestätigen, dass genau diese Details langfristig über Erfolg oder Mittelmaß entscheiden«, erwidert Andreas.

Yvonne stellt ihre Tasse ab. »Eins steht fest: Beim nächsten Kauf gehen wir das Thema Rechtsform von Anfang an mit durch. Ich will die ganzen Steuervorteile nicht mehr einfach liegen lassen.«

Flexibilität bei der Gewinnverwendung

Der große Vorteil der VV-GmbH liegt in ihrer Flexibilität. Sie können selbst entscheiden, wann und wie viel Sie ausschütten möchten. Möglicherweise brauchen Sie ein Jahr lang keine größeren Beträge und können die Gewinne komplett im Unternehmen belassen. Im nächsten Jahr entscheiden Sie, eine größere Summe auszuschütten, weil Sie privat investieren oder eine größere Anschaffung tätigen wollen.

Ein weiterer Vorteil: Die **Paragraf-6b-Rücklage.** Wenn Sie eine Immobilie innerhalb der Zehn-Jahres-Frist verkaufen, können Sie den Gewinn in der GmbH steuerfrei auf eine neue Immobilie übertragen, sofern Sie innerhalb von drei Jahren reinvestieren. Im Privatbesitz wäre ein solcher Verkauf steuerpflichtig, wenn die Spekulationsfrist noch nicht abgelaufen ist.

Ebenso können Sie über die GmbH einen Firmenwagen anschaffen und betreiben, wodurch die Kosten steuerlich geltend gemacht werden. Die private Nutzung des Firmenwagens muss dann als geldwerter Vorteil versteuert werden, entweder nach der **1-Prozent-Regelung** (1 Prozent des Bruttolistenpreises pro Monat) oder per **Fahrtenbuchmethode.**

Auch Essensrechnungen lassen sich grundsätzlich über die GmbH abrechnen, wenn sie betrieblich veranlasst sind, zum Beispiel bei Geschäftsessen. Diese Möglichkeiten bieten zusätzlichen Spielraum zur Optimierung der steuerlichen Belastung und können dazu beitragen, persönliche Ausgaben teilweise über das Unternehmen zu decken. Beides geht übrigens in Spanien nicht oder nur minimal: Einen Firmenwagen akzeptiert das Finanzamt nicht und Bewirtungsbelege nur bis zu 1 Prozent vom Jahresnettoumsatz.

Keine Lösung für alle, sondern ein Werkzeugkasten

Eine vermögensverwaltende GmbH kostet in der Regel 1.500 bis 2.000 Euro Abschluss- und Steuerberatungskosten (Abschlusskosten richten sich häufig nach Umsatz/Gewinn oder Vermögen und können somit auch höher liegen). Hinzu kommen einmalige Gründungskosten von 800 bis 1.400 Euro. Die Steuerersparnis sollte also deutlich darüber liegen, damit sich das rentiert. Gleichzeitig kann auch eine erschwerte Finanzierbarkeit hinzukommen – da die GmbH meist keinerlei Historie aufweist, allerdings Sicherheiten in Form von Immobilien.

Eine VV-GmbH ist also kein Allheilmittel. Wenn Sie laufend auf die gesamten Erträge Ihrer Immobilien angewiesen sind, macht sie wenig Sinn. Warum? Weil bei einer kompletten Gewinnausschüttung die Steuerlast kaum geringer ist als bei privatem Besitz. Rechnen wir das einmal durch:

- In der GmbH zahlen Sie auf den Gewinn zunächst etwa 15 Prozent (Körperschaftsteuer) plus Solidaritätszuschlag.
- Bei einer Gewinnausschüttung an Sie als Gesellschafter fällt zusätzlich Abgeltungsteuer in Höhe von 25 Prozent an, plus Solidaritätszuschlag und gegebenenfalls Kirchensteuer. Insgesamt sind Sie dann ebenfalls bei etwa 40 Prozent Steuerbelastung.

Das heißt, wenn Sie sich regelmäßig die gesamten Gewinne ausschütten lassen wollen, bietet die GmbH kaum einen Vorteil – im Gegenteil: Sie haben zusätzliche laufende Kosten für Buchhaltung, Jahresabschluss und Steuerberater.

Eine VV-GmbH ist somit ein wertvolles Werkzeug für Immobilieninvestoren, die langfristig denken und ihre Gewinne reinvestieren wollen. Sie lohnt sich vor allem dann, wenn hohe Mieteinnahmen generiert werden und man nicht sofort auf das gesamte Geld zugreifen muss. Für Investoren, die ihr Vermögen strategisch aufbauen und steuerlich optimieren wollen, bietet sie enorme Vorteile. Der entscheidende Punkt: Es gibt nicht »die perfekte Lösung«. Vielmehr müssen Sie wissen, was Sie langfristig erreichen wollen.

Praxisbeispiel Holdingstrukturen: Gestalten statt verwalten

Bei zwei Wohnungspaketen von mir persönlich in Dresden habe ich folgendes Konstrukt gewählt: Ich habe eine Holding, eine GmbH, die hält Vermögensanteile und verwaltet Vermögen, unter anderem auch die Gesellschaftsanteile meiner Unternehmen. Zudem habe ich eine GbR gegründet für die beiden Wohnungspakete. Die GbR besteht aus zwei Gesellschaftern, nämlich aus mir, also Florian Bauer, und einer Holding, die ich wiederum allein besitze und kontrolliere. Von Anfang an gehörten 90 Prozent der Anteile mir privat und 10 Prozent der Holding.

Und jetzt kann ich Folgendes damit machen: Wenn nach sieben Jahren das Darlehen ausläuft und ich nicht refinanzieren, sondern verkaufen möchte, kann ich die Anteile in die Holding schieben. Dadurch fällt keine Grunderwerbsteuer an, weil es ein reiner Formwechsel ist. Nun kann ich den Verkauf an Externe vollziehen (wohlgemerkt vor dem Ende der zehnjährigen Spekulationssteuer, sonst hätte ich ja die Immobilien auch privat verkaufen können). Der Gewinn wird dann voll der Holding zugerechnet und zwar mit einem deutlich geringeren Steuersatz, als wenn ich privat verkaufen würde, nämlich 15 Prozent plus Soli.

Wenn ich die Objekte länger halten und nach dem Ablauf der zehn Jahre verkaufen wollte, würde ich das Thema umkehren und sagen:

Ich schiebe alle Anteile zu mir privat, da ich ja nach zehn Jahren privat verkaufen kann. In dem Fall würde die GbR verkaufen und mir würde der Gewinn steuerfrei zufließen. Ebenfalls ist hier die Verteilung der Gewinne mit einer disquotalen, also ungleichen Gewinnverteilung möglich. Somit kann ein Gesellschafter zwar mehr Anteile halten, aber die Gewinne oder auch Verluste können je nach Arbeitsaufwand oder Vereinbarung dem anderen Gesellschafter zugerechnet werden.

Verkaufe ich aber nicht und nach 10, 15 oder 20 Jahren ist alles abbezahlt, würden die Mieteinnahmen/Erträge bei mir privat aufgrund meiner hohen Einkommensteuer einen Nachteil bedeuten. In diesem Fall würde ich die GbR-Anteile in die Holding verschieben, in der die Erträge nur mit 15 Prozent Körperschaftsteuer im Vergleich zum Spitzensteuersatz versteuert werden, beides jeweils plus Soli. Sie sehen: Mit solch einem Konstrukt kann man schön »spielen«. Es muss nicht immer alles über eine GmbH gekauft werden. Man kann das Thema auch erweitern.

Solch eine GbR kann man übrigens selbst gründen, Sie müssen dafür nicht zu einem Notar. Man hat dadurch 100 bis 150 Euro mehr steuerliche Kosten, da ein spezieller Erfassungsbogen erstellt werden muss. Wenn man über solche Gestaltungsmöglichkeiten nachdenkt – Kriterium sollten die beschriebenen Größenordnungen in puncto Einnahmen und Steuervorteile sein –, macht es Sinn, dies in alle Richtungen zu tun, aber nicht nur auf die Steuer und/oder den steuerfreien Verkauf zu gucken. Ja, gerade die dargestellte Kombination lässt Ihnen viele Freiheiten und die Flexibilität für bestimmte Situationen und Konstellationen. Allerdings muss man sich mit dem Gedanken anfreunden, dass bei einer Holdingkonstruktion/einer GmbH einem die Immobilien nicht direkt gehören – sondern man diese nur kontrolliert. Denn das Vermögen liegt ja in der GmbH, deren Besitzer man freilich ist. So lassen sich Steuern wirklich steuern und man kann die Steuern, die man einspart beziehungsweise zurückerhält, in weitere Vermögenswerte umwandeln, das Portfolio vergrößern, neue Investitionen tätigen oder schneller tilgen.

Je nach Objekt kann man auch zweigleisig fahren: Eine durchdachte Strategie könnte beispielsweise so aussehen, dass die ersten

Immobilien privat erworben werden, um sie später steuerfrei zu verkaufen, während langfristig gehaltene Objekte direkt über eine GmbH oder Holdingstruktur gekauft werden.

Steueroptimierung durch Familien-KGs

Eine besonders clevere Lösung für die steuerfreie Vermögensübertragung bietet die Familien-KG. Wird eine Immobilie innerhalb der Familie verkauft, fällt keine Grunderwerbsteuer an, solange die Transaktion zwischen Eltern und Kindern oder anderen direkten Verwandten der ersten Linie erfolgt. Kinder oder Enkel können frühzeitig in die Gesellschaft eingebunden werden, was nicht nur steuerliche Vorteile, sondern auch eine strategische Vermögensplanung ermöglicht.

Eine Familien-KG (Kommanditgesellschaft) ist eine spezielle Form der Gesellschaft, die häufig von Familien genutzt wird, um Vermögen – besonders Immobilien – gemeinschaftlich zu verwalten und steuerlich effizient zu übertragen. Dabei treten Familienmitglieder als Gesellschafter auf: Mindestens eine Person (Komplementär) übernimmt die unbeschränkte Haftung und Geschäftsführung, während die übrigen (Kommanditisten) nur mit ihrer Einlage haften und keine aktive Rolle in der Geschäftsführung spielen müssen. Um Missverständnisse zu vermeiden: Die Familien-KG ist keine eigenständige Rechtsform, sondern eine klassische Kommanditgesellschaft (KG). Der Begriff beschreibt lediglich eine KG, deren Gesellschafter ausschließlich oder überwiegend Mitglieder einer Familie sind.

Eine Familien-KG bietet attraktive Möglichkeiten zur Steueroptimierung, vor allem bei Immobilieninvestments:

1. **Grunderwerbsteuer vermeiden:** Wird eine Immobilie innerhalb der Familie verkauft oder übertragen, fällt normalerweise Grunderwerbsteuer an. Eine Ausnahme gilt jedoch für Transaktionen zwischen direkten Verwandten der ersten Linie, also zwischen Eltern und Kindern oder Großeltern und Enkeln. Dies ermöglicht es, Immobilien in die Familien-KG einzubringen, ohne dass die Grunderwerbsteuer anfällt.

2. **Steuerfreie Vermögensübertragung:** Durch die schrittweise Übertragung von Gesellschaftsanteilen an Kinder oder Enkel kann das Immobilienvermögen ohne direkte Schenkung steuerlich optimiert weitergegeben werden. Solange Freibeträge genutzt werden (zum Beispiel 400.000 Euro pro Kind alle zehn Jahre), lässt sich Vermögen über die Zeit nahezu steuerfrei auf die nächste Generation übertragen.
3. **Einbindung der nächsten Generation:** Kinder oder Enkel können frühzeitig als Kommanditisten in die Gesellschaft eingebunden werden. Das schafft nicht nur steuerliche Vorteile, sondern gibt der nächsten Generation auch eine aktive Rolle in der Vermögensverwaltung. Gleichzeitig bleibt der Komplementär, in der Regel ein Elternteil, geschäftsführend und hat die Kontrolle über die Entscheidungen.
4. **Flexibilität in der Vermögensplanung:** Die Familien-KG ermöglicht eine strategische Vermögensplanung. Sie eignet sich besonders gut für Immobilienportfolios, da Erträge zentral verwaltet und nach einer klaren Struktur verteilt werden können. Zusätzlich können Familienmitglieder individuell mit variablen Gewinnanteilen am Erfolg der Gesellschaft beteiligt werden, was die finanzielle Planung erleichtert.
5. **Haftungs- und Vermögensschutz:** Die Trennung zwischen Komplementär und Kommanditisten sorgt für einen gewissen Schutz des Vermögens, da die Haftung der Kommanditisten auf ihre Einlage beschränkt bleibt. Dies kann besonders bei großen Vermögen oder komplexen Familienstrukturen hilfreich sein.

Praxisbeispiel: Strategische Vermögensplanung mit der Familien-KG
Ein Immobilieninvestor gründet eine Familien-KG und bringt ein Mehrfamilienhaus ein, das bereits mehrere Jahre im Privatbesitz war. Die Kinder werden als Kommanditisten beteiligt, sodass sie sukzessive Anteile erhalten. Durch die jährliche Nutzung von Schenkungsfreibeträgen werden die Anteile auf die nächste Generation übertragen, ohne dass Schenkungsteuer anfällt. Gleichzeitig bleiben die laufenden Einnahmen aus der Immobilie in der KG steuerlich optimiert, und der Investor behält als Komplementär die Kontrolle über das Objekt.

Die Familien-KG ist damit nicht nur ein Werkzeug zur Steueroptimierung, sondern auch ein Instrument, um langfristig Vermögen in der Familie zu sichern und strategisch zu entwickeln. Der Vorteil gegenüber einer Schenkung des Mehrfamilienhauses an die Kinder ist bei der Übertragung oder dem Verkauf in die Familien-KG, dass die Eltern die Kontrolle behalten und eine aktivere Rolle bei der Vermögenssicherung und Erweiterung übernehmen können. Diese Form der legalen Vermeidung von Erbschaftsteuer und der Optimierung der steuerlichen Situation lässt sich nicht nur mit der Familien-KG erreichen, sondern auch mit anderen Rechtsformen. Entscheidend ist Ihre Ausgangslage und was Sie wie in Zukunft erreichen wollen. Daher ist es so entscheidend, die Rechtsformen zu verstehen, um zu erkennen, welche Variante für die eigene Vermögens- und Steueroptimierung die beste ist.

Kosten

Natürlich sollten Sie auch hier die Kosten beachten, die jedoch nicht nennenswert von einer VV-GmbH abweichen:

Familien-KG

1. **Gründungskosten:**
   - Notarkosten für den Gesellschaftsvertrag: circa 1.000 bis 2.000 Euro (je nach Komplexität des Vertrags).
   - Eintragung ins Handelsregister: circa 150 bis 400 Euro.
   - Steuerliche Beratung zur Gestaltung der Gesellschaft: circa 1.000 bis 3.000 Euro.

2. **Einbringung von Immobilien:**
   - Notarkosten für die Übertragung der Immobilie auf die KG: circa 1,5 Prozent des Immobilienwerts.
   - **Vorteil:** Keine Grunderwerbsteuer, wenn die Immobilie von direkten Verwandten der ersten Linie (Eltern, Kinder, Enkel) übertragen wird.

VV GmbH

1. **Gründungskosten:**
   - Notarkosten für den Gesellschaftsvertrag und die Eintragung ins Handelsregister: circa 1.000 bis 2.500 Euro.
   - Mindest-Stammkapital: 25.000 Euro (mindestens 12.500 Euro müssen bei Gründung eingezahlt werden).
   - Steuerliche Beratung und Planung: circa 2.000 bis 4.000 Euro.

2. **Einbringung von Immobilien:**
   - Notarkosten für die Übertragung: circa 1,5 Prozent des Immobilienwerts.
   - Grunderwerbsteuer: Bei der Übertragung in die GmbH fällt Grunderwerbsteuer an, selbst wenn die Immobilie zuvor privat gehalten wurde (je nach Bundesland 3,5 bis 6,5 Prozent des Immobilienwerts).

Stiftung

Eine ganz andere Hausnummer – vor allem auch kostenmäßig – sind da Stiftungen. Oft werde ich von Kunden auf dieses Thema angesprochen – einmal mehr, um Steuern zu sparen, gerade auch Erbschaftsteuer. Natürlich muss man sich darüber Gedanken machen, wie das Immobilienportfolio möglichst steuerschonend bei den Kindern und/oder Enkeln landet. Schließlich geht es darum, das Vermögen zu sichern und nicht etwas, das jahrzehntelang aufgebaut und mehrfach versteuert wurde, teilweise dem Staat zu schenken und damit sein finanzielles Vermächtnis zu gefährden. Doch wie in den vorherigen Unterkapiteln dargestellt, gibt es dafür eine Reihe von Möglichkeiten, ohne gleich zu einer Stiftung zu greifen.

Denn wenn man sich die finanziellen Bedingungen für deutsche Stiftungen anschaut, ergibt dies nur in den seltensten Fällen Sinn. Die Kosten sind zu hoch und das Geld ist wie einbetoniert. Man kommt dort so gut wie nicht mehr ran. Zudem sind die Anforderungen an eine deutsche Stiftung hoch, die ohnehin nur für Vermögen ab dem mittleren oder hohen zweistelligen Millionenbereich relevant ist. Und: Eine deutsche Stiftung kann kaum mehr liquidiert werden. Daher gibt es meiner Meinung nach andere und bessere Alternativen, um sein Vermögen zu schützen – wie beschrieben.

Wer unbedingt eine Stiftung möchte: Eine Liechtensteiner Familienstiftung beispielsweise wäre flexibler und bereits bei »kleineren« Vermögen, also im höheren siebenstelligen Bereich, möglich. So oder so – hier muss man dringend auf hochgradig spezialisierte Steuerberater zurückgreifen, die sich in einer solch besonderen steuerlichen Konstruktion bestens auskennen.

Genossenschaften

Viel relevanter ist da schon eine Genossenschaft. Diese Rechtsform dürfte allen von uns bekannt sein – aber wahrscheinlich nicht für die in diesem Buch beschriebenen privaten Immobilienzwecke.

Wodurch unterscheidet sich die Genossenschaft von anderen Rechtsformen? Zunächst: Die Genossenschaft ist grundsätzlich erst mal eine ganz normale Kapitalgesellschaft, wird also steuerlich behandelt wie eine GmbH. Die Genossenschaft unterscheidet sich dann nur dadurch, dass sie keine Gesellschafter, sondern Genossen hat, was am Ende das Gleiche ist – es hat hier also nichts mit einer halbsozialistischen Kommune zu tun. Warum ist nun eine Genossenschaft oder in unserem Fall eine »Familiengenossenschaft« (das ist kein offizieller oder juristischer Begriff) eine sinnvolle Geschichte? Aus zweierlei Gründen:

Erstens, Sie ahnen es, wegen der Erbschaftsteuer – und zwar gerade auch im Unterschied zur vermögensverwaltenden GmbH. Vererbt man nämlich solch eine GmbH oder einen GmbH-Anteil, so wird dessen Wert bestimmt. Werden beispielsweise drei Immobilien jeweils im Verkehrswert von 500.000 Euro vererbt, dann ist die GmbH 1,5 Millionen Euro wert, auf die normalerweise Erbschaftsteuer fällig wird. Bei einer Genossenschaft sieht es anders aus: Dort gibt es das sogenannte Trennungsprinzip, das bedeutet, es gibt eine strikte Trennung zwischen dem Vermögen der Genossenschaft und dem Privatvermögen des Genossen. Diese Trennung hat zwei Vorteile: Erstens, wenn ich Genossenschaftsanteile erbe, ist der erbschaftsteuerliche Wert dieser Anteile – wir nehmen das gleiche Beispiel – eben nicht 1,5 Millionen Euro. Vielmehr haben diese Anteile einen Nennwert, beispielsweise 1.500 Euro. Daher bezeichnet man den daraus resultierenden Effekt auch als »Nennwertbarriere«.

Der zweite Vorteil ist mindestens ebenso wichtig: Er betrifft die Haftung. Nehmen wir das Beispiel eines Einzelunternehmers oder Freiberuflers, etwa eines Apothekers. Gerät dieser ohne Kapitalgesellschaft in die Insolvenz, haftet er mit seinem gesamten Vermögen. Ein Insolvenzverwalter würde dann auf seine Anteile an einer vermögensverwaltenden GmbH zugreifen und diese verwerten. Befinden sich die Immobilien jedoch in einer Genossenschaft, kann der Insolvenzverwalter lediglich auf die Genossenschaftsanteile zugreifen – sagen wir, diese haben einen Nennwert von 1.500 Euro. Die Immobilien im Wert von 1,5 Millionen Euro bleiben unangetastet, da sie rechtlich Eigentum der Genossenschaft sind. Das bedeutet: Weder ein Insolvenzverwalter noch das Finanzamt kann auf das Immobilienvermögen zugreifen.

Nun stellt sich die Frage, wer überhaupt Zugriff auf das Vermögen der Genossenschaft hat. Die Antwort: **Niemand hat direkten Zugriff auf das Immobilienvermögen, außer die Genossenschaft selbst, denn sie ist eine eigenständige juristische Person.** Die Genossen besitzen lediglich Anteile an der Genossenschaft, die ihnen Rechte wie Gewinnbeteiligung und Stimmrechte einräumen, jedoch keinen direkten Eigentumsanspruch am Vermögen. Auch bei einer Insolvenz eines einzelnen Genossen können Gläubiger nur dessen Anteile, nicht aber das Vermögen der Genossenschaft verwerten. Die Verwaltung des Immobilienvermögens liegt ausschließlich beim Vorstand der Genossenschaft, der im Interesse aller Genossen handelt.

Dieser Haftungsschutz und die rechtliche Trennung zwischen den Genossen und dem Vermögen machen die Familiengenossenschaft zu einem äußerst attraktiven Instrument der Vermögenssicherung.

Das sind die wesentlichen Vorteile. Es gibt darüber hinaus noch ein paar, nennen wir es mal: Bonbons. Die hängen damit zusammen, dass von der Idee her Gegenstand einer Genossenschaft eben die Förderung der Genossen ist, so wie wir es etwa von Volks- und Raiffeisenbanken her kennen. Diese Förderung des Gemeinschaftsgedankens muss ja irgendwo zum Ausdruck kommen, häufig sind dies Mitgliederreisen – die dann auf Kosten der Genossenschaft ablaufen können. Nun wird keiner deshalb eine Immobiliengenossenschaft gründen, aber wem es gefällt, für den ist es ein Sahnehäubchen obendrauf.

Kern sind jedoch die Haftungsvorteile, die man mit keiner anderen Gesellschaftsform erreicht, außer einer Stiftung. Bei einer Stiftung ist es tendenziell sogar noch ein bisschen sicherer. Doch die Nachteile dort habe ich skizziert: Erstens ist sie deutlich komplexer im Handling. Zweitens sind die Kosten für die Errichtung einer Stiftung wesentlich höher als bei einer Genossenschaft.

Andrea richtet sich auf. Es scheint, sie hebe zu einer offiziellen Rede an. »Es ist wirklich bedenklich, dass wir solche grundlegenden Dinge über Finanzen, Investitionen und Steuern nicht schon in der Schule gelernt haben – und das sage ich als Lehrerin.«

Sebastian nickt. »Genau das frage ich mich auch. Wir haben Gedichte analysiert, Kurvendiskussionen gemacht und wissen, wann welche Kriege stattfanden – aber wie man Vermögen aufbaut, hat uns niemand beigebracht.«

Andreas legt sein Besteck beiseite. »Vielleicht liegt das daran, dass es nicht im Interesse des Systems ist, dass jeder finanziell frei wird?«

Yvonne schüttelt den Kopf. »Oder weil sich die meisten Lehrer selbst nicht mit solchen Themen auskennen? Die meisten Menschen glauben ja immer noch, dass der einzige Weg zu Wohlstand ein gut bezahlter Job und ein Sparbuch ist.«

Andrea lacht. »Stellt euch mal vor, es gäbe Schulbücher mit Kapiteln wie: ›Wie umgehe ich die Abgeltungsteuer ganz legal?‹. Oder: ›Warum eine vermögensverwaltende GmbH cleverer ist als ein Sparbuch‹. Tja, bedauerlicherweise kann ich in meinen Fächern, Erdkunde und Ge-

schichte, auch nicht viel an der Situation ändern. Aber, schaut uns an. Auch wir mussten uns das alles selbst beibringen – oder besser gesagt, erst auf Leute wie Florian treffen, um zu verstehen, welche Möglichkeiten es wirklich gibt.«

Sebastian nimmt einen Schluck Kaffee. »Und wie wertvoll dieses Wissen ist! Es ändert doch alles. Statt das Geld auf dem Konto versauern zu lassen oder in mickrige Rentenversicherungen zu stecken, verstehen wir jetzt, wie man Vermögen durch Immobilien aufbaut.«

Andreas lehnt sich entspannt zurück. »Und das Beste: Wir müssen nicht mal alles selbst herausfinden. Es gibt Experten, es gibt vorgeprüfte Objekte, es gibt Steuerstrategien, die jeder nutzen kann – man muss nur wissen, dass sie existieren.«

Der grandiose erbschaftsteuerliche Vorteil

Der extreme erbschaftsteuerliche Vorteil ergibt sich aus dem Nennwert der Anteile – in unserem Beispiel 1.500 Euro: Dieser Nennwert funktioniert ähnlich wie eine Beteiligung an einer Kapitalgesellschaft, zum Beispiel an einer Aktiengesellschaft, bei der man Aktien als Anteile hält. Genauso verhält es sich bei einer GmbH. Allerdings gibt es bei Genossenschaften mehr Flexibilität: Während bei einer GmbH die Anteile aus rechtlichen Gründen durch zehn teilbar sein müssen, gibt es für Genossenschaften keine solche Vorschrift. Aus praktischen Gründen legen viele Genossenschaften die Anteile in runden Beträgen wie 50, 100 oder 500 Euro fest. Die genaue Gestaltung der Anteile wird individuell in der Satzung der Genossenschaft geregelt. Das Gesamtkapital der Genossenschaft ergibt sich dann aus der Summe der eingebrachten Geschäftsanteile. In unserem Beispiel halten drei Genossen jeweils Anteile mit einem Nennwert von 1.500 Euro, wodurch das Gesamtkapital 4.500 Euro beträgt.

Der erbschaftsteuerliche Vorteil liegt auf der Hand: Wenn ich Anteile im Nennwert von 1.500 Euro vererbe, muss ich lediglich diesen Nennwert versteuern. Dadurch bleibt man in fast allen Fällen unterhalb der steuerlichen Freibeträge – es sei denn, es gibt ein größeres zusätzliches Erbe. Das macht die Genossenschaft in vielen Fällen sogar attraktiver als eine Stiftung, die oft nur für sehr große Vermögen infrage kommt.

Ein weiterer Unterschied zur GmbH oder Aktiengesellschaft ist, dass eine Genossenschaft kein festgelegtes Stammkapital hat. Bei einer GmbH sind es mindestens 25.000 Euro, bei einer Aktiengesellschaft sogar 50.000 Euro. Diese Regelung entfällt bei der Genossenschaft komplett, was die Gründung und Beteiligung deutlich einfacher macht.

Die Gründung, die Kosten und der Unterschied zur Stiftung

Ein fiktives, aber realistisches Beispiel: Meine Frau und ich besitzen sechs Immobilien mit einem Gesamtwert von 1 Million Euro. Gemeinsam mit einer dritten Person aus unserer Familie gründen wir eine Genossenschaft. Dafür ist ein gemeinsamer Zweck erforderlich – dieser Zweck muss die **Förderung der Mitglieder** beinhalten. Das kann in Form von Arbeitsplätzen, vergünstigten Wohnmöglichkeiten oder anderen Vorteilen wie etwa Genossenschaftsreisen geschehen. Dieser Förderzweck ist zwingende Voraussetzung für die Zulassung der Genossenschaft und wird von einem **genossenschaftlichen Prüfungsverband** kontrolliert. Dieser führt die Gründungsprüfung durch und erteilt nach erfolgreicher Prüfung eine Bescheinigung. Mit dieser geht man zum Notar, der die Genossenschaft ins **Genossenschaftsregister** einträgt. Ab diesem Punkt funktioniert vieles ähnlich wie bei einer GmbH, allerdings mit einem etwas formelleren Rahmen.

Wie läuft die Einbringung der Immobilien ab?

Sind die Immobilien im Privatvermögen, müssen zwei Dinge beachtet werden:

1. Spekulationsfrist
   Die Immobilien sollten seit mindestens zehn Jahren im Privatbesitz sein, damit die Spekulationsfrist abgelaufen ist und keine Einkommensteuer auf den Verkaufsgewinn anfällt.

2. **Grunderwerbsteuer**
   Wird eine Immobilie aus dem Privatvermögen in die Genossenschaft eingebracht, fällt Grunderwerbsteuer an – das ist unvermeidlich und muss bei der Planung berücksichtigt werden. Ein positiver Nebeneffekt ist jedoch, dass die **Abschreibungen** auf den Immobilienwert wieder von vorne beginnen, ähnlich wie bei einem normalen Verkauf. Dennoch ist es in vielen Fällen sinnvoller, die Genossenschaft erst für den **Neukauf von Immobilien** einzusetzen, um die Grunderwerbsteuer auf die Einbringung bestehender Objekte zu vermeiden.

Anders verhält es sich, wenn sich das Immobilienportfolio bereits in einer Kapitalgesellschaft befindet: In diesem Fall lässt sich durch einen **Rechtsformwechsel** die Grunderwerbsteuer umgehen. Dabei wird die bestehende Kapitalgesellschaft in die Genossenschaft eingebracht, ohne dass ein tatsächlicher Verkauf der Immobilien stattfindet.

Steuerliche Behandlung

Da die Genossenschaft in erster Linie **Vermietungseinkünfte** erzielt, fällt – wie bei einer vermögensverwaltenden GmbH – keine Gewerbesteuer an. Es wird lediglich die **Körperschaftsteuer** von 15 Prozent zuzüglich Solidaritätszuschlag fällig. In diesem Punkt bietet die Genossenschaft keinen steuerlichen Vorteil gegenüber der vermögensverwaltenden GmbH.

Genossenschaft als Holding

Neben dem Rechtsformwechsel kann die Genossenschaft auch als **Muttergesellschaft** fungieren, ähnlich einer Holding. Unter der Genossenschaft kann eine operative GmbH angebunden werden. Das bedeutet, man könnte eine bereits bestehende vermögensverwaltende GmbH, die einem zu 100 Prozent gehört, in die Genossenschaft einbringen, indem man die Anteile an der GmbH auf die Genossenschaft überträgt. Dadurch lässt sich das sogenannte **Schachtelprivileg** nutzen: Gewinne, die die Tochtergesellschaft (die GmbH) erwirtschaftet, können im Wesentlichen steuerfrei an die Muttergesellschaft (die Genossenschaft) ausgeschüttet werden. Dies erhöht die Flexibilität bei der Vermögensverwaltung und bietet einen weiteren Vorteil bei der langfristigen Planung.

Ein Vorteil der Genossenschaft gegenüber einer Stiftung ist die Flexibilität: Eine Genossenschaft kann man relativ leicht liquidieren, während dies bei einer Stiftung – insbesondere bei einer Familienstiftung – kaum möglich oder nur unter extremen Bedingungen durchsetzbar ist. Hinzu kommt, dass bei Familienstiftungen (nicht bei gemeinnützigen Stiftungen) nach 30 Jahren eine sogenannte **fiktive Versteuerung** anfällt. Die fiktive Besteuerung bei Stiftungen bedeutet, dass das Finanzamt unterstellt, die Stiftung habe bestimmte Erträge erzielt – selbst wenn tatsächlich keine oder geringere Einnahmen angefallen sind. Diese »fiktiven« Einnahmen werden dann besteuert, als hätte die Stiftung sie wirklich erzielt.

Die Genossenschaft wiederum wird steuerlich weitgehend wie eine GmbH behandelt. Der wesentliche Unterschied zur GmbH ist die Pflichtmitgliedschaft in einem **genossenschaftlichen Prüfungsverband**. Zudem muss die Genossenschaft alle zwei Jahre eine **Prüfung** durchlaufen, vergleichbar mit einer Wirtschaftsprüfung. Die Kosten dafür sind allerdings moderat und liegen bei kleinen Genossenschaften bei etwa 1.000 bis 1.500 Euro pro Jahr.

Im Vergleich dazu verursacht die Gründung und Verwaltung einer Stiftung – besonders die Ausarbeitung der Satzung – einen deutlich höheren Beratungsaufwand. Zusätzlich ist die Stiftung, auch in der Form einer Familienstiftung, der **Stiftungsaufsicht** unterstellt, mit der regelmäßig abgestimmt werden muss. Der entscheidende Vorteil der Genossenschaft gegenüber der Stiftung liegt in der größeren Flexibilität: Eine Genossenschaft kann, ähnlich wie eine GmbH, aufgelöst werden.

Allerdings gibt es auch einen Vorteil auf Seiten der Stiftung: Immobilien können nach zehn Jahren steuerfrei veräußert werden, sofern keine gewerbliche Tätigkeit vorliegt, und es gibt einen kleinen Vorteil bei der Körperschaftsteuer. Diese Vorteile werden jedoch durch die fiktive Ersatzsteuer nach 30 Jahren relativiert. In der Gesamtbetrachtung – Aufwand gegenüber Ertrag – schneiden Stiftungen meist eher mager ab. Dennoch: Es kommt auf den Einzelfall an, und in bestimmten Konstellationen kann sogar die Kombination von **Stiftungen und Genossenschaften** durchaus interessant sein.

Die Kosten für die Gründung einer Genossenschaft sind stark vom Einzelfall abhängig. Im Regelfall sollte man – unter Einbeziehung der drei mindestens erforderlichen Genossen und der Erstellung eines Förderkonzepts – mit **mindestens 12.000 Euro** für einen Steuerberater rechnen. Zusätzlich fallen Ausgaben für den Prüfungsverband an. Dem gegenüber stehen jedoch erhebliche steuerliche Vorteile, wie Vergünstigungen bei der **Erbschaftsteuer** und der **Haftungsbarriere**.

Schließlich bietet die Genossenschaft die Möglichkeit, das eigene Lebenswerk zu sichern – auch im Extremfall einer Insolvenz –, gewährleistet einen hohen Vermögensschutz und schafft einen steuergünstigen oder sogar steuerfreien Übergang des Vermögens auf die nächste Generation.

Fazit

Die Wahl der passenden Rechtsform – sei es eine vermögensverwaltende GmbH, eine Holdingstruktur oder eine Genossenschaft – hängt maßgeblich von der individuellen finanziellen Situation, den steuerlichen Zielen und der langfristigen Strategie ab. Das Wichtigste ist, das Verständnis über die verschiedenen Rechtsformen zu erlangen, um so auch zu erkennen, ob es sich für Ihre persönlichen Ziele und Ihre Strategie lohnt, die eine mit der anderen Rechtsform zu kombinieren. Es gibt jedoch klare Indikatoren, ab wann solche Strukturen sinnvoll werden:

1. **Einkommen und Spitzensteuersatz:** Sobald man ein zu versteuerndes Einkommen erreicht, das dem Spitzensteuersatz von 42 Prozent unterliegt (ab 66.761 Euro bei Alleinstehenden, 133.522 Euro bei Verheirateten), lohnt es sich, über eine Kapitalgesellschaft nachzudenken. Denn während im Privatvermögen jeder zusätzliche Euro Überschuss mit dem Grenzsteuersatz versteuert wird, zahlt man in einer Kapitalgesellschaft nur 15,5 Prozent Kör-

perschaftsteuer inklusive Solidaritätszuschlag. Jedoch lohnt es sich nicht nur, über die VV-GmbH nachzudenken, sondern es sollte in Ihre Überlegungen auf jeden Fall die Größe des Immobilienportfolios mit aufgenommen werden und die Frage, ob erbschaftsteuerliche Berücksichtigungen in der Rechtsform Sinn ergeben.

2. **Überschüsse aus Immobilien:** Wer aus seinen Immobilien nach Abzug aller Kosten (Zinsen, Abschreibungen, laufende Ausgaben) regelmäßig **einen Überschuss von etwa 20.000 Euro oder mehr** erzielt, kann durch die geringere Steuerlast in einer Kapitalgesellschaft erhebliche Liquiditätsvorteile realisieren. Diese eingesparte Liquidität – in unserem Beispiel etwa 6.000 Euro pro Jahr – lässt sich für **Reinvestitionen, Sondertilgungen** oder andere gewinnbringende Anlagen nutzen, wodurch ein Zinseszinseffekt entsteht.
3. **Langfristige Strategie: Halten oder Verkaufen?** Kapitalgesellschaften eignen sich vor allem für Investoren, die ihre Immobilien **langfristig halten** wollen und weniger auf den steuerfreien Verkauf nach zehn Jahren angewiesen sind. Während dieser steuerfreie Verkauf im Privatvermögen ein großer Vorteil ist, kann der jährliche Liquiditätsvorteil in einer Kapitalgesellschaft – wenn er kontinuierlich reinvestiert wird – den steuerfreien Veräußerungsgewinn langfristig übertreffen.
4. **Genossenschaften als spezielle Option:** Genossenschaften bieten neben der Steueroptimierung weitere Vorteile, insbesondere bei der **Vermögensübertragung innerhalb der Familie.** Da Anteile zu einem geringen Nennwert übertragen werden können, lassen sich Erbschaft- und Schenkungsteuer erheblich reduzieren. Auch der Haftungsschutz durch die Trennung von Privat- und Gesellschaftsvermögen ist ein bedeutender Pluspunkt.
5. **Wann lohnt es sich nicht?** Eine Kapitalgesellschaft lohnt sich weniger, wenn:
   - das **Einkommen unterhalb des Spitzensteuersatzes** liegt (Ausnahme dabei: Ihr Plan ist es, ein großes Immobilienportfolio von rund 100.000 Euro Mieteinnahmen pro Jahr aufzubauen, und Sie möchten später nicht erneut Grunderwerbsteuer zahlen, wenn

die Immobilien in die VV-GmbH eingebracht werden sollen. Sie merken, es lohnt sich, sich mit seinen Zielen zu beschäftigen),
- der Immobilienüberschuss durch hohe **Abschreibungen und Zinsen** gering ist, etwa weil die Immobilien stark fremdfinanziert sind,
- die Strategie darauf abzielt, die Immobilie kurzfristig nach Ablauf der Spekulationsfrist steuerfrei zu verkaufen.

Eine Holdingstruktur oder eine Genossenschaft ist nicht nur etwas für große Investoren, die sich auch Family Offices halten, sondern auch für Anleger, die regelmäßig **fünfstellige Überschüsse** erzielen, den **Spitzensteuersatz** zahlen und ihre Immobilien langfristig halten möchten. Der Schlüssel ist, die steuerlichen Vorteile gegen die Kosten solcher Strukturen abzuwägen und dabei die eigene finanzielle Situation sowie die langfristigen Ziele im Blick zu behalten. Wer seine Strategie darauf ausrichtet, Immobilien langfristig im Bestand zu halten, Vermögen zu sichern und gleichzeitig von Steuer- und Haftungsvorteilen zu profitieren, sollte über die Gründung einer Kapitalgesellschaft oder Genossenschaft ernsthaft nachdenken.

Das Frühstück ist beendet. Die vier haben es sich am Pool bequem gemacht, ein sanfter Wind weht durch die Palmen. Yvonne und Sebastian dösen auf der Liege, Andrea und Andreas lassen ihre Füße im Wasser baumeln.

Sebastian lehnt sich zurück. »Ich bin immer noch baff, wie einfach Andreas uns das Thema Steuerstrategien und Rechtsformen erklärt hat. Vorher dachte ich, das sei eine Raketenwissenschaft.«

Andrea lacht. »Ja! Ich hatte immer im Kopf, dass das nur etwas für Steuerberater und Wirtschaftsprüfer ist. Aber jetzt verstehe ich endlich, wann sich eine vermögensverwaltende GmbH lohnt und wann eine einfache private Vermietung besser ist.«

Andreas nimmt einen Schluck Wasser. »Dabei gibt es gar nicht die eine perfekte Lösung für alle. Es hängt davon ab, was du langfristig willst. Willst du Steuern sparen und ein Portfolio aufbauen? Dann kann eine

GmbH sinnvoll sein. Möchtest du es möglichst einfach halten und nach zehn Jahren verkaufen? Dann reicht der private Besitz oft völlig aus.«

Yvonne nickt. »Ich würde sagen: Eine vermögensverwaltende GmbH lohnt sich für uns bald, besonders mit den nächsten geplanten Käufen. Das Thema sollten wir in jedem Fall mit Florian und den Steuerberatern reflektieren, um die optimale Struktur zu finden.«

Sebastian seufzt. »Hätten wir das mal früher gewusst. Wie viele haben sich wohl nie mit diesen Möglichkeiten beschäftigt und sind einfach blind in die teuerste Steuerstufe hineingeglitten?«

Andrea lehnt sich nachdenklich zurück. »Das erinnert mich an eine andere Frage, die mir durch den Kopf geht: Wenn es in Deutschland so komplex ist, wäre es dann nicht vielleicht eine Option, ins Ausland zu schauen? Ich meine, statt eine steueroptimierte Struktur aufzubauen – warum nicht direkt in Spanien, Portugal oder Zypern investieren?«

Andreas setzt sich auf. »Interessanter Punkt. Gerade in Portugal gibt es steuerlich attraktive Modelle für Investoren. Auch in Spanien gibt es gewisse Vorteile, wenn man dort eine Ferienimmobilie hat und sie vermietet.«

Yvonne runzelt die Stirn. »Aber ist das nicht komplizierter? Andere Gesetze, andere Steuersysteme … Ich meine, es klingt spannend, aber ich stelle mir das wahnsinnig aufwendig vor.«

Andreas zuckt mit den Schultern. »Kommt darauf an. Natürlich gibt es mehr Dinge zu beachten, aber es kann sich durchaus lohnen – besonders, wenn man ohnehin regelmäßig im Ausland ist. Man muss sich dafür vor allem zwei Fragen stellen: Ist es steuerlich wirklich ein Vorteil? Und ist es praktisch umsetzbar? Denn die beste Steuerersparnis bringt nichts, wenn du am Ende nur Ärger mit Behörden und Vorschriften hast. Und dann gibt es ja auch Doppelbesteuerungsabkommen. Also zusätzlich zu den deutschen Steuervorteilen sparst du da nichts – solange du in Deutschland gemeldet und steuerpflichtig bist.«

Sebastian lehnt sich nach vorne. »Okay, also sollten wir Florian mal dazu ansprechen. Er kennt den spanischen Markt gut und kann uns sagen, ob sich das – unabhängig vom Steuerthema – überhaupt lohnt. Am besten, ich schreibe ihm mal eine Nachricht.«

Sie genießen die entspannte Atmosphäre weiter, während die Gedanken um neue Möglichkeiten kreisen.

Hier finden Sie mehr Infos zu den verschiedenen Rechtsformen und Kombinationsbeispiele.

Kapitalanlage im Ausland – und der Vergleich zu deutschen Ferienimmobilien

Ferienimmobilien als Investment haben einen besonderen Reiz: Sie bieten nicht nur die Chance auf finanzielle Renditen, sondern erfüllen oft auch einen emotionalen Wunsch – das eigene Feriendomizil in einer Traumlage. Ob eine Villa auf Mallorca, eine Wohnung auf Sylt oder ein Apartment in den Alpen, der Gedanke ist verlockend. Doch bevor potenzielle Käufer zuschlagen, sollten sie sich bewusst machen, welche Herausforderungen und Chancen mit solch einem Investment verbunden sind.

Finanzierung und Kapitalbedarf

Die Finanzierung von Ferienimmobilien gestaltet sich oft anspruchsvoller als die von klassischen Wohnimmobilien. Banken finanzieren meist nur bis zu 70 Prozent des Kaufpreises, sowohl im Ausland als auch in beliebten deutschen Küstenregionen wie Sylt oder Norderney. Bei Kaufpreisen von mehreren Hunderttausend oder gar Millionen Euro bedeutet das: viel Eigenkapital. Hinzu kommt, dass bei besonders begehrten Objekten in Toplagen ein deutlicher Aufschlag auf den Preis fällig wird. Die Bank wiederum bewertet solche Immobilien jedoch konservativer, was den Beleihungswert reduziert und noch mehr Eigenkapital erforderlich macht. Zudem liegt es auf der Hand, dass eine Finanzierung im Ausland aufgrund der möglichen Sprachbarriere, des Status als Ausländer sowie der Unkenntnis der Gepflogenheiten und Modalitäten zusätzliche Schwierigkeiten mit sich bringt.

Zieldefinition

Vor der Investition sollte man genau überlegen, was das Ziel des Kaufs ist:

- **Ferienvermietung:** Hierbei braucht man oft eine Lizenz, die strengen Auflagen unterliegt und nicht selten mit zusätzlichen Kosten verbunden ist.
- **Private Nutzung:** Wer das Objekt ausschließlich privat nutzen möchte, trifft in der Regel eine emotionale Entscheidung, bei der Renditeerwartungen zweitrangig sind.
- **Mischform:** Viele Käufer kombinieren private Nutzung mit Vermietung, um laufende Kosten zu decken.

Egal, welche Strategie man verfolgt, auch wirtschaftliche Überlegungen sollten eine Rolle spielen. In begehrten Lagen wie Mallorca, Sylt oder Norderney ist Wohnraum knapp, was das Potenzial für Wertsteigerungen erhöht. Allerdings gibt es keine Garantie dafür, dass die Preise kontinuierlich steigen. Die Corona-Pandemie hat gezeigt, wie schnell sich Rahmenbedingungen ändern können, etwa durch zeitweise Einschränkungen bei der Nutzung von Zweitwohnsitzen.

Wer über ein Investment im Ausland nachdenkt, sei es auf Zypern, Mallorca oder anderswo, muss neben der Finanzierung zusätzliche Faktoren berücksichtigen:

- **Steuerliche Regelungen:** Die Steuerlandschaft im Ausland unterscheidet sich oft erheblich von der in Deutschland. Wer mit Mieteinnahmen rechnet, sollte sich unbedingt über die lokalen Steuervorschriften informieren.

- Netzwerk vor Ort: Ein starkes lokales Netzwerk ist essenziell, um reibungslose Abläufe zu gewährleisten. Dazu gehören verlässliche **Handwerker**, ein **Hausmeisterservice** für die Pflege der Immobilie und ein kompetentes **Vermietungsmanagement**, das Buchungen und die Betreuung der Gäste übernimmt. Ohne dieses Netzwerk kann eine Auslandsimmobilie schnell zur zeitlichen und finanziellen Belastung werden.

Auf Zypern beispielsweise spielen steuerliche Überlegungen oft eine untergeordnete Rolle, wenn es um den Kauf einer Immobilie als sicheren Hafen für das eigene Vermögen geht. Während man in der Schweiz für diesen Status meist deutlich höhere Preise zahlt, ist Zypern eine vergleichsweise günstige Alternative.

Ein weiterer wichtiger Punkt ist die **Preisentwicklung**. Wer auf steigende Preise spekuliert, muss zum richtigen Zeitpunkt einsteigen – ein Punkt, den niemand zuverlässig vorhersehen kann. Anders als in Deutschland darf man zudem in vielen Ländern nicht damit rechnen, Immobilien nach zehn Jahren steuerfrei verkaufen zu können.

Marktkenntnis und sprachliche Hürden

Gerade bei Auslandsimmobilien gilt: Wer den Markt nicht kennt und keine Grundkenntnisse der Landessprache hat, sollte vorsichtig sein. Zwar gibt es häufig deutschsprachige Makler und Notare, die beim Kauf unterstützen, doch spätestens bei der Verwaltung oder im Umgang mit Behörden, ganz zu schweigen von Banken, ist es hilfreich, die lokale Sprache zu sprechen. Auf Zypern hat man hier einen Vorteil: Englisch ist weitverbreitet und hat im Geschäftsleben einen hohen Stellenwert. Das vereinfacht den gesamten Prozess erheblich.

Besonders auf Inseln wie Mallorca und Ibiza oder auch deutschen Inseln wie Sylt und Norderney wirken sich die begrenzte Verfügbarkeit von Bauland und zunehmend strengere Restriktionen auf die Preisentwicklung aus. Diese Faktoren führen in vielen beliebten Destinationen zu kontinuierlich steigenden Preisen. Inzwischen gibt es sogar Direktflüge zwischen Mallorca und New York.

Fazit: Ab wann lohnt sich eine Ferienimmobilie?

Ferienimmobilien können eine attraktive Ergänzung im Immobilienportfolio sein, sowohl in Deutschland als auch im Ausland. Entscheidend ist, klar zu definieren, ob man das Objekt zur **Eigennutzung**, zur **Vermietung** oder als **Mischform** erwerben möchte. Wer die Immobilie professionell betreiben will, sollte über ein starkes Netzwerk vor Ort verfügen und sich intensiv mit den rechtlichen sowie steuerlichen Rahmenbedingungen befassen. Ohne diese Vorbereitung wird das Investment schnell zum Stressfaktor.

Gerade wer plant, mehr als nur eine Immobilie zu erwerben und damit professionell einzusteigen, sollte überlegen, ob er sich langfristig im Markt positionieren kann – und sich auf die spezifischen Gegebenheiten der jeweiligen Region einlassen. Ein gut vorbereitetes Investment kann so nicht nur zur **Vermögenssicherung**, sondern auch zu einem echten Traumprojekt werden – an einem Ort, der gleichermaßen Rendite bringt und Freude bereitet. Der höhere Eigenkapitaleinsatz bringt häufig auch eine geringere Eigenkapitalrendite mit sich und durch die meist höheren Kaufpreise (Sylt, Norderney) fallen somit auch höhere Kaufnebenkosten an.

Können denn Deutsche in der Schweiz überhaupt eine Immobilie kaufen?

Nein, Deutsche können in der Schweiz nicht einfach so eine Immobilie kaufen, da der Immobilienerwerb durch Ausländer in der Schweiz bestimmten gesetzlichen Regelungen unterliegt. Das entscheidende Gesetz ist das Bundesgesetz über den Erwerb von Grundstücken durch Personen im Ausland, bekannt als »**Lex Koller**«, nach dem Bundesrat Arnold Koller.

Voraussetzungen und Beschränkungen für Ausländer:

1. **Hauptwohnsitz in der Schweiz:** Ausländer, die in der Schweiz ihren rechtlichen Hauptwohnsitz haben (also eine Aufenthaltsbewilligung B oder C besitzen), können eine Immobilie zum Eigenbedarf (zum Beispiel eine Wohnung oder ein Haus als Hauptwohnsitz) kaufen. Sie dürfen jedoch keine Immobilien zu rein investiven Zwecken (Vermietung, Kapitalanlage) erwerben.
2. **Keine Aufenthaltsbewilligung:** Ausländer ohne Aufenthaltsbewilligung benötigen eine bewilligungspflichtige Ausnahmegenehmigung für den Erwerb von Immobilien, besonders Ferienwohnungen oder Zweitwohnsitzen. Die Genehmigung ist je nach Kanton unterschiedlich geregelt und wird oft nur begrenzt erteilt.
3. **Gewerbliche Immobilien:** Der Erwerb von gewerblich genutzten Immobilien (zum Beispiel Bürogebäude oder Gewerbeflächen) ist für Ausländer in der Regel genehmigungsfrei, da diese nicht unter die Lex Koller fallen.
4. **Erwerb von Ferienimmobilien:** Für Ferienwohnungen gibt es eine jährliche Kontingentierung pro Kanton, das heißt nur eine begrenzte Anzahl solcher Immobilien darf an Ausländer verkauft werden. Auch hier ist eine behördliche Genehmigung erforderlich.

Deutsche und andere Ausländer, die in der Schweiz keinen Wohnsitz haben, stoßen beim Immobilienkauf auf erhebliche rechtliche Hürden. Wer hingegen bereits in der Schweiz lebt und eine Aufenthaltsbewilligung besitzt, kann unter bestimmten Bedingungen eine Immobilie für den Eigenbedarf erwerben. Für Investitionen oder den Erwerb von Ferienwohnungen ist in jedem Fall eine Genehmigung notwendig.

BLICK INS AUSLAND: VERMÖGENSTEUER

In der Schweiz, in Spanien und Norwegen gibt es eine Vermögensteuer auf das Nettoeinkommen, also abzüglich Schulden, wozu ganz zentral auch **Immobilienvermögen** gehört. Hier gibt es allerdings spezifische, besonders auch regionale Regelungen und Abzüge in jedem Land.

SCHWEIZ

- Das gesamte Vermögen einer Person, inklusive Immobilien, wird für die Vermögensteuer berechnet.
- Immobilien werden zum Steuerwert (häufig unter dem Marktwert) angesetzt, der von den Kantonen festgelegt wird.
- Hypothekenschulden können vom Immobilienwert abgezogen werden, sodass nur das **Nettovermögen** (Vermögen minus Schulden) besteuert wird.

NORWEGEN

- Immobilienvermögen wird ebenfalls einbezogen und bei der Berechnung des Nettovermögens berücksichtigt.
- Für **primäre Wohnimmobilien** (Hauptwohnsitz) gilt ein reduzierter Bewertungsansatz (typisch 25 Prozent des Marktwerts).
- **Zweitwohnungen** und andere Immobilien werden höher bewertet, oft zu 90 bis 100 Prozent des Marktwerts.
- Hypotheken können vom Vermögen abgezogen werden, sodass nur das Nettovermögen besteuert wird.

SPANIEN

- Immobilien sind ein zentraler Bestandteil der Vermögensteuer.
- Der Wert wird basierend auf dem höheren Wert aus **Katasterwert, Kaufpreis** oder einem von den Steuerbehörden geschätzten Wert berechnet.

- Es gibt Freibeträge, die bei 3 Millionen Euro liegen. Danach wird Vermögensteuer fällig.
- Hypothekenschulden können ebenfalls abgezogen werden, sodass nur das Nettovermögen (inklusive Immobilienvermögen nach Abzug von Schulden) besteuert wird.

FRANKREICH

- Frankreich hat die klassische Vermögensteuer (ISF) 2018 abgeschafft, jedoch eine Steuer auf Immobilienvermögen (IFI) beibehalten. Diese greift ab einem Freibetrag von 1,3 Millionen Euro und betrifft nur das Immobilienvermögen.

Die Mittagssonne steht hoch über der Finca. Inzwischen haben sich die vier ins Haus zurückgezogen, um der Hitze zu entkommen. Sebastian sitzt auf dem Sofa, als sein Handy vibriert. Er überfliegt die Nachricht und setzt sich auf.

»Florian hat geantwortet«, sagt er und hebt den Blick. »Er meint, dass die steuerlichen Vorteile in Spanien und Portugal zwar auf den ersten Blick interessant sind, aber es viele Fallstricke gibt. Gerade die Verwaltungskosten, rechtliche Hürden und oft unklare Gesetzeslagen können problematisch werden. Und dann gibt es eben das Doppelbesteuerungsabkommen, so dass du gegenüber Deutschland ohnehin keine Steuervorteile hast.«

Andrea lehnt sich in den Sessel. »Das überrascht mich nicht.«

Sebastian nickt. »Und dann sagt er: ›Zusätzlich zu den enormen Steuervorteilen und unzähligen Gestaltungsmöglichkeiten gibt es in Deutschland eben keine Vermögensteuer, stattdessen eine stabile Gesetzeslage. Wenn man sich auskennt, kann man hier steuerlich oft besser fahren als im Ausland.‹ Tja, wenn er wüsste, worüber wir uns hier die letzten Tage unterhalten haben ...«

Andreas strahlt. »Allerdings! Wir wissen ja nun, wie attraktiv Deutschland steuerlich ist. Das hatte er mir auch immer wieder auf den Weg gegeben.«

Yvonne lacht. »Ja. Alle schimpfen immer über die hohen Steuern in Deutschland, aber sie wissen dann offenbar nicht, mit welchen legalen Möglichkeiten man all dies optimieren kann.«

Andreas nimmt einen Schluck Wasser. »Wenn man sich damit beschäftigt, merkt man schnell: Deutschland ist in vielen Bereichen doch nicht so schlecht.«

Andrea nimmt ihr Handy zur Hand. »Dann haben wir ja wieder was zum Weiterdenken. Und Florian sollten wir demnächst noch mal gezielt dazu befragen, wie wir die nächsten Schritte optimal angehen.«

Andreas nickt. »So oder so, die Erkenntnis bleibt: Man kann sich immer über Deutschland beschweren – oder einfach die Vorteile nutzen, die es hier gibt.«

Blick ins Ausland: Versteuerung vermieteter Objekte in Spanien

Wie läuft die Besteuerung in einem anderen Land ab? Natürlich kann ich hier nicht auf jedes relevante Land eingehen. Stattdessen möchte ich das am Beispiel des populärsten Urlaubsziels der Deutschen – Spanien – zeigen. Viele Deutsche besitzen dort eine Immobilie, sei es zur Selbstnutzung für einige Wochen oder zur Vermietung in der übrigen Zeit. Auch meine Frau und ich haben uns auf Mallorca ein zweites Standbein aufgebaut und mittlerweile hat unsere Unternehmensgruppe hier einen Standort. Wir beraten zahlreiche Kunden in Bezug auf diverse Immobilieninvestments in Deutschland und geben Hinweise zu richtigen Strukturen oder helfen dabei, das Portfolio stressfrei zu erweitern. Den Großteil des Jahres verbringen wir dort. Meine Frau und die Kinder leben sogar überwiegend auf der Insel, die Kinder gehen dort zur Schule. Ich selbst pendle fast wöchentlich zwischen unserem Firmensitz in Köln und Mallorca, wo wir inzwischen ebenfalls ein Büro betreiben. Von dort aus unterstützen wir vor allem deutschsprachige Kunden, die sich mit deutschen Investments beschäftigen oder damit, wie sich ihre bisherigen deutschen Investments optimal verwalten lassen und sich somit ihr Wert steigern lässt.

Doppelbesteuerung: Wie funktioniert das?

Eine der häufigsten Fragen lautet: »Muss ich die Mieteinnahmen aus Spanien auch in Deutschland versteuern, wenn mein Hauptwohnsitz in Deutschland ist?« Die Antwort: Ja. Deutsche Steuerpflichtige müssen ihre weltweiten Einkünfte in Deutschland versteuern. Dank des Doppelbesteuerungsabkommens (DBA) zwischen Deutschland und Spanien gibt es aber Regelungen, um eine doppelte Besteuerung zu vermeiden.

Besteuerungsregelung

Mieteinnahmen aus spanischen Immobilien werden grundsätzlich zuerst in Spanien versteuert. Wenn der Hauptwohnsitz in Deutschland ist, erhebt Deutschland ebenfalls Einkommensteuer auf diese Einnahmen. Das DBA sorgt jedoch dafür, dass man nicht doppelt besteuert wird. Es gibt zwei Mechanismen:

1. Anrechnung der ausländischen Steuer
   Die in Spanien gezahlte Steuer wird auf die deutsche Einkommensteuer angerechnet. Man gibt in seiner deutschen Steuererklärung die in Spanien entrichtete Steuer an. Dadurch verringert sich die Steuerlast in Deutschland um den bereits gezahlten Betrag.

2. Befreiung mit Progressionsvorbehalt
   In manchen Fällen werden die spanischen Einkünfte in Deutschland steuerfrei gestellt, sie beeinflussen jedoch den Steuersatz auf die übrigen Einkünfte. Das führt zu einem höheren Steuersatz auf das deutsche Einkommen.

Abzugsfähige Kosten in Spanien

In Spanien gibt es zahlreiche Kosten, die im Zusammenhang mit der Vermietung von Immobilien steuerlich abgesetzt werden können. Viele dieser Regeln ähneln den deutschen Vorgaben:

1. Hypothekenzinsen
   Zinsen einer Hypothek können als Betriebsausgabe abgesetzt werden. Die Tilgung der Hypothek hingegen ist nicht abzugsfähig.

2. Instandhaltungs- und Reparaturkosten
   Absetzbar sind Kosten für Arbeiten, die den vermietbaren Zustand der Immobilie erhalten, wie:
   - Malerarbeiten,
   - Reparaturen an Sanitäranlagen, Elektrik oder Heizung,
   - Austausch defekter Geräte,

3. Gartenpflege.
   Wichtig: Es müssen reine Reparaturen sein. Verbesserungen, die den Wert der Immobilie steigern, können nicht abgesetzt werden.

4. Verwaltungskosten
   Kosten für die Verwaltung der Immobilie, wie Maklergebühren, Mietvertragsmanagement oder Buchhaltung, können ebenfalls steuerlich geltend gemacht werden.

5. Versicherungen
   Absetzbar sind Versicherungen wie:
   - Gebäudeversicherung,
   - Haftpflichtversicherung,
   - Mietausfallversicherung.

6. Grundsteuer (IBI)
   Die jährlich fällige Grundsteuer (»Impuesto sobre Bienes Inmuebles«) kann ebenfalls von der Steuer abgesetzt werden.

7. Verbrauchskosten
   Tragen Sie die Nebenkosten wie Wasser, Gas oder Strom selbst – etwa bei Ferienwohnungen –, können Sie diese ebenfalls als Betriebsausgaben absetzen.

8. **Abschreibungen (Amortización)**
   Eine der wichtigsten Steuervergünstigungen in Spanien ist die Abschreibung. Anders als in Deutschland erfolgt sie nicht auf Basis der Anschaffungskosten, sondern auf Basis des Katasterwerts, der jährlich neu festgelegt wird.
   - Üblicherweise wird der Katasterwert über 33 Jahre mit 3 Prozent pro Jahr abgeschrieben.
   - Nur der Gebäudeanteil des Katasterwerts wird berücksichtigt, das Grundstück bleibt außen vor.

9. **Rechts- und Notarkosten**
   Alle Kosten für Notar, Rechtsberatung oder Gericht, die im Zusammenhang mit der Vermietung anfallen, können abgesetzt werden.

10. **Werbungskosten**
    Dazu gehören Ausgaben für Anzeigen auf Immobilienportalen oder in Zeitungen sowie Kosten für Marketingmaßnahmen zur Vermietung.

11. **Sonstige Kosten**
    Weitere absetzbare Posten sind:
    - Reinigungskosten,
    - Hausmeisterdienste,
    - Steuerberatungskosten,
    - Bankgebühren (zum Beispiel für Überweisungen im Zusammenhang mit der Vermietung).

Wichtige Hinweise

- **Belege sind Pflicht:** In Spanien müssen sämtliche Ausgaben durch Rechnungen (Factura) belegt werden. Kreditkartenauszüge oder Eigenbelege reichen – im Gegensatz zu Deutschland – nicht aus, aber auch nicht ein herkömmlicher Kassenbon: Die »Factura« unterscheidet sich vom einfachen Kassenbon, da sie detaillierte Informationen über die Transaktion, den Verkäufer und den Käufer enthalten muss. Eine Factura dient als Grundlage für die Buchhaltung und die Umsatzsteuerabrechnung (IVA), weshalb sie bestimmte Pflichtangaben wie Steuernummern, genaue Beträge sowie Datum der Ausstellung aufweisen muss.

- **Selbstnutzung:** Wenn die Immobilie sowohl selbst genutzt als auch vermietet wird, können Sie nur den auf die Vermietung entfallenden Anteil der Kosten absetzen.
- Ein besonders wichtiger Punkt ist der **aktive Informationsaustausch zwischen den Steuerbehörden Deutschlands und Spaniens.** Beide Länder kooperieren eng, um Steuerhinterziehung zu verhindern und sicherzustellen, dass Einkünfte korrekt versteuert werden. Im Rahmen des automatischen Informationsaustauschs (AIA) übermitteln die spanischen Behörden jährlich Daten zu Mieteinnahmen, Kontoständen und Immobilienbesitz an die deutschen Finanzämter. Wer Einkünfte aus Spanien nicht in seiner deutschen Steuererklärung angibt, riskiert somit unangenehme Nachfragen und mögliche Nachzahlungen.

Vorsicht bei Barzahlungen

Ohne jetzt Klischees bedienen zu wollen, kann man sagen, dass in Spanien Barzahlungen unter der Hand wesentlich weiter verbreitet sind als in Deutschland. Dies betrifft gerade auch Grundstückskäufe. Dies tun manche, um etwa die Herkunft von Geldern nicht offenzulegen und/oder Schwarzgeld anzulegen, aber auch, weil Immobilienmakler oder Verkäufer aktiv danach fragen. Letztere, um den offiziellen Verkaufspreis zu verschleiern. Selbstverständlich rate ich davon ab. Und zwar einerseits, damit Sie sauber bleiben. Auf der anderen Seite können Sie natürlich die Kosten, die sie bar gezahlt haben, schwerlich bei der Steuererklärung ansetzen, etwa die verringerte Maklergebühr. Bei der Abschreibung ist dies rein aus Steuersicht tatsächlich nicht so relevant, weil diese schließlich nicht auf Basis der nachgewiesenen Anschaffungskosten erfolgt, sondern auf Basis des jährlich ermittelten Katasterwerts.

Doch spätestens beim Verkauf rächt sich der durch Barzahlungen gedrückte offizielle Preis: Denn der korrekte – höhere – Betrag kann so bei einer Veräußerung nicht als Anschaffungskosten anerkannt werden. Das kann die Steuerlast erheblich erhöhen, da dann nur der offiziell überwiesene Betrag steuerlich berücksichtigt wird. Zudem besteht die Gefahr, dass die deutschen Behörden durch den Informationsaustausch auf Unregelmäßigkeiten aufmerksam werden und Nachforschungen anstellen. Daher ist es ratsam, den gesamten Kaufpreis sauber und nachvollziehbar über Banken abzuwickeln. Das schützt nicht nur vor rechtlichen Problemen, sondern sichert auch den vollen steuerlichen Vorteil beim späteren Verkauf der Immobilie.

Um Geldwäsche, Schwarzzahlungen und somit Steuerhinterziehung zu bekämpfen, hat die spanische Regierung ohnehin strenge Regeln eingeführt. Es gibt eine Obergrenze für Barzahlungen: Seit 2021 dürfen in Spanien Barzahlungen bei Transaktionen zwischen Privatpersonen und Unternehmen einen Betrag von 1.000 Euro nicht überschreiten, wenn mindestens eine Partei ihren steuerlichen Wohnsitz in Spanien hat. Für Nicht-Ansässige liegt die Grenze bei 10.000 Euro. Wird diese Grenze überschritten, drohen empfindliche Geldbußen. Diese können bis zu 25 Prozent der bar gezahlten Summe betragen. Notare und Banken in Spanien sind verpflichtet, ungewöhnliche oder hohe Transaktionen den Finanzbehörden zu melden. Die Behörden prüfen solche Fälle genau, besonders wenn ein Verdacht auf Steuerhinterziehung oder Geldwäsche besteht.

Steuerliche Abschreibung in Spanien und Vergleich zu deutschen Investments

Wie die Standardabschreibungen in Spanien zustande kommen, habe ich beschrieben. Doch gibt es auch – wie in Deutschland – die Möglichkeit, die Abschreibung bei vermieteten Immobilien zu erhöhen? Ja, allerdings ist der Weg dafür im spanischen Steuerrecht etwas anders und es gibt keine direkte Entsprechung zum Restnutzungsgutachten in Deutschland.

Eine Erhöhung der Abschreibung ist nur möglich, wenn es erhebliche Renovierungen oder Investitionen gegeben hat, die die Immobilie wesentlich verbessern und deren Wert steigern (zum Beispiel energetische Sanierungen). Dies könnte den Buchwert der Immobilie erhöhen und in den ersten Jahren nach der Renovierung zu einer höheren Abschreibung führen. Für Sonderabschreibungen (wie in Deutschland) gibt es in Spanien keine vergleichbaren Regelungen. In Deutschland gibt es also eine höhere Flexibilität bei der Erhöhung der Abschreibung, vor allem durch die Möglichkeit, ein Restnutzungsgutachten erstellen zu lassen.

Fazit

Sowohl Deutschland als auch Spanien bieten umfangreiche steuerliche Gestaltungsmöglichkeiten bei vermieteten Immobilien. Doch die Flexibilität und die Steueranreize sind in Deutschland insgesamt größer – vorausgesetzt, der entsprechende Aspekt kommt überhaupt infrage:

- In Spanien gibt es **keine Sonderabschreibungen** wie bei Denkmalimmobilien oder entsprechend dem deutschen Wachstumschancengesetz. Auch steuerliche Anreize für energetische Sanierungen sind in Spanien weniger attraktiv, und die Möglichkeit von **Restnutzungsgutachten** zur Erhöhung der Abschreibung existiert nicht.
- Die **Absetzbarkeit von Kosten** in Spanien ist zwar gut, jedoch nicht so umfangreich wie in Deutschland.
- Ein erheblicher Unterschied besteht bei der **Veräußerung** einer Immobilie: In Spanien unterliegt der Gewinn aus dem Verkauf einer vermieteten Immobilie der Einkommensteuer (IRPF). Es gibt **keine Zehn-Jahres-Frist**, nach der der Verkaufsgewinn steuerfrei wäre. Ausnahmen gelten nur für ältere Immobilienbesitzer, wenn der Erlös in eine neue Hauptwohnung reinvestiert wird oder es sich um den Verkauf der Hauptwohnung handelt. Zusätzlich zur Einkommensteuer fällt die **kommunale Plusvalía-Steuer** an, die auf den Wertzuwachs des Grundstücks seit dem Kauf erhoben wird.

- Ein auf den ersten Blick großer Vorteil in Spanien ist der Steuersatz von 19 **Prozent für Nicht-Ansässige**, also beispielsweise Deutsche. Dieser ist deutlich niedriger als der Steuersatz für ansässige Spanier, die je nach Einkommen bis zu **47 Prozent** zahlen müssen, und oft auch günstiger als der deutsche Einkommensteuersatz. Allerdings relativiert sich dieser Vorteil schnell, da die Mieteinnahmen zusätzlich auch in Deutschland versteuert werden müssen – nur reduziert um die in Spanien entrichtete Steuer.
- **Ansässige außerhalb der EU/des EWR**, wie etwa britische oder Schweizer Vermieter, zahlen in Spanien einen Steuersatz von **24 Prozent** auf die Bruttoeinnahmen. Sie dürfen jedoch **keine Kosten absetzen**, was die Steuerlast erheblich erhöht.
- **Ein weiterer Nachteil** in Spanien ist die geringere Finanzierbarkeit der Immobilieninvestitionen. Es ist teilweise normal, rund 30 Prozent Eigenkapital plus Kaufnebenkosten aufzubringen.

Wegzugsbesteuerung

Nun kommt ein großer Wermutstropfen – nämlich, wenn Unternehmer oder vermögende Personen Deutschland verlassen und ihren Wohnsitz in ein anderes Land verlegen, womöglich in ein echtes Rundum-Steuerparadies. Dann greift der Fiskus ein – und zwar mit aller Konsequenz. Der einzige Trost: Andere Länder handhaben es ebenso.

Die **Wegzugsbesteuerung** in Deutschland greift dann, wenn eine natürliche Person ihren Wohnsitz oder gewöhnlichen Aufenthalt ins Ausland verlegt. Dieses steuerliche Instrument soll sicherstellen, dass Gewinne aus dem Verkauf von Unternehmensanteilen, die während der Ansässigkeit in Deutschland entstanden sind, nicht durch einen Wegzug ins Ausland der Besteuerung entzogen werden. Relevant ist dies vor allem beim Veräußern von Anteilen an Kapitalgesellschaften.

Grundprinzipien

Die Wegzugsbesteuerung (Paragraf 6 Außensteuergesetz, AStG) betrifft vor allem Steuerpflichtige, die mehr als 1 Prozent der Anteile an einer Kapitalgesellschaft halten und ihren Wohnsitz oder gewöhnlichen Aufenthalt ins Ausland verlegen. Ob EU oder nicht, spielt keine Rolle.

Wenn nun eine Person mit mehr als 1 Prozent an einer Kapitalgesellschaft beteiligt ist und wegzieht, wird die Wertsteigerung dieser Anteile auf den Zeitpunkt des Wegzugs hin besteuert. Diese Steuer wird auf den theoretischen Veräußerungsgewinn berechnet, den die Anteile seit dem Erwerb erzielt hätten, wenn sie zum Zeitpunkt des Wegzugs veräußert worden wären. Es wird so getan, als ob die Anteile im Moment des Wegzugs verkauft wurden.

Der entstehende »Gewinn« wird besteuert, obwohl tatsächlich kein Verkauf stattgefunden hat.

Die Steuer wird sofort fällig, es besteht jedoch die Möglichkeit, die Steuerzahlung zinsfrei zu stunden, solange die Person im Ausland ansässig bleibt und die Anteile nicht veräußert werden (schließlich wird ein fiktiver, nicht tatsächlicher Veräußerungsgewinn angenommen). Die Stundung ist jedoch nur innerhalb der EU/des EWR möglich. Es wird jedoch nachversteuert, wenn der Steuerpflichtige wieder nach Deutschland zieht oder die Anteile verkauft. Bestimmte Ausnahmen und Regelungen aus Doppelbesteuerungsabkommen können die Wegzugsbesteuerung abmildern. Werden die Anteile in der Zukunft tatsächlich verkauft, muss der Gewinn aus dem Verkauf erneut versteuert werden – und zwar seit dem Zeitpunkt der erstmaligen (fiktiven) Besteuerung bei der Verlagerung des Wohnsitzes.

Die Wegzugsbesteuerung ist ein internationales Phänomen, das jedoch in Details variiert. Vor allem zieht nicht jedes Land den rein fiktiven Gewinn heran. Hier einige Beispiele:

Österreich

- Besteuert ebenfalls den stillen Gewinn aus Unternehmensbeteiligungen beim Wegzug.
- Es gibt eine Stundungsmöglichkeit innerhalb der EU/des EWR.

Frankreich

- Erhebt eine »Exit Tax« für natürliche Personen mit erheblichen Beteiligungen.
- Stundung ist innerhalb der EU möglich, mit Bedingungen.

Niederlande

- Berechnet einen fiktiven Kapitalgewinn bei Unternehmensbeteiligungen.
- Die Steuer kann bei Wegzügen innerhalb der EU/des EWR aufgeschoben werden.

USA

- Die »Exit Tax« wird auf alle Vermögenswerte erhoben, nicht nur auf Unternehmensbeteiligungen.
- Sie greift für Personen mit einem Nettovermögen über einer bestimmten Schwelle (zum Beispiel 2 Millionen US-Dollar) oder bei hoher Steuerpflicht in den letzten fünf Jahren.

Kanada

- Bei Wegzug gilt ein fiktiver Verkauf für bestimmte Vermögenswerte, mit Ausnahme von Immobilien in Kanada.
- Eine Steuerstundung ist möglich, wenn Vermögen nicht tatsächlich veräußert wird.

Für Unternehmer ist es essenziell, vor einem Wegzug sowohl die steuerlichen Folgen im Heimatland als auch im Zielland sorgfältig zu prüfen und sich von Experten beraten zu lassen. Die Wegzugsbesteuerung in Deutschland betrifft nicht den Umsatz oder den laufenden Gewinn der Firma, sondern den fiktiven Veräußerungsgewinn der

Unternehmensanteile. Entscheidend ist dabei der Wert des Unternehmens (Verkehrswert) und nicht der aktuelle Gewinn, der jedoch bei der individuellen Ermittlung des Verkehrswerts herangezogen wird. Kriterien wie Umsatz, Gewinn, Marktstellung und Branche spielen ebenfalls eine Rolle.

Ein (vereinfachtes) Beispiel: Angenommen, ein Unternehmen erzielt 1 Million Euro Umsatz und 200.000 Euro Gewinn pro Jahr. Es gehört zu 100 Prozent einer natürlichen Person. Der angenommene Verkehrswert beträgt 1,5 Millionen Euro, der in diesem Fall auch dem fiktiven Veräußerungsgewinn entspricht. 60 Prozent des Gewinns sind steuerpflichtig, also 900.000 Euro. Bei einem »Reichensteuersatz« von 45 Prozent (der Spitzensteuersatz von 42 Prozent greift angesichts der Summe nicht mehr) ergibt sich eine Steuerlast von 405.000 Euro plus Solidaritätszuschlag, und somit sind insgesamt 427.275 Euro sofort fällig. Es sei denn, der Unternehmer beantragt eine Stundung.

Kommt diese nicht zustande, kann diese Steuer auf einen fiktiven Gewinn das Unternehmen in Liquiditätsschwierigkeiten bringen – schließlich ist nirgendwo Geld in die Kasse geflossen. Hier hilft dann nur noch ein spezialisierter Steuerberater, der deutlich im Vorfeld einbezogen werden sollte.

Nutzen Sie unser Expertennetzwerk.

Fazit »Steuerparadies Deutschland«

Beim Vergleich mit anderen Ländern kann man wirklich von einem Steuerparadies Deutschland sprechen. Wohlgemerkt: Ich spreche hier nur von Immobilien. In den meisten anderen Wirtschafts- und Lebensbereichen haben wir hingegen eine viel zu hohe, teils absurde Steuer- und Abgabenquote. Auch die Grunderwerbsteuer ist exorbitant. Sie bedeutet ein starkes Kaufhemmnis für viele Leute und ist ein Kostentreiber wie generell die hohen Nebenkosten beim Erwerb, also Makler-, Notar- und Gerichtskosten/Gebühren fürs Grundbuchamt. Bei allen anderen Immobilienaspekten und Lebenszyklen einer Immobilieninvestition kann ich jedoch ins Schwärmen geraten: bei Sanierungen, den Absetzungsmöglichkeiten, der generellen Abschreibung oder sogar Sonderabschreibung – bis hin zum steuerfreien Verkauf nach zehn Jahren. Hier sind wir unterm Strich in meinen Augen an der Weltspitze, sieht man mal von solchen Ausnahmen wie Dubai ab, wo man unterm Strich 0 oder nur 9 Prozent Steuern zahlt.

Generell muss man sich aber das Gesamtpaket anschauen. Denn wenn ich die Möglichkeit habe und vor der Wahl stehe, (auch) anderswo zu investieren, zählt natürlich nicht nur die Steuerlast. Sondern auch die generellen Standortfaktoren, die Einkaufspreise, die Rechtslage (wie leicht kann ich als Ausländer Immobilien kaufen, kann ich es überhaupt?), die Rechtssicherheit und die Vermietungsmöglichkeiten oder gar Restriktionen, wenn ich mein Objekt als Ferienimmobilie anbieten möchte, was etwa in Spanien immer mehr Städte und Regionen restriktiv handhaben. Hinzu kommen die Riesenmöglichkeiten bei der Finanzierung und wie wenig Eigenkapital man hierzulande für den Erwerb benötigt. Da ist Deutschland – bei allen Problemen – immer noch ein sicherer Standort. Zudem gibt es keine Vermögensteuer, obwohl dies leider immer wieder in der Diskussion ist. In einer vermögensverwaltenden GmbH zahlt man nur 15,5 Prozent, also Körperschaftsteuer plus Solidaritätszuschlag, der vielleicht sogar irgendwann komplett abgeschafft wird.

Das gesamte Paket – wenn es um die Vermietung von Wohnimmobilien geht – ist daher gerade auch in puncto Mietrenditen und Kaufpreise stark. So sind die Preise in Spanien auf den Inseln und den Hotspots auf dem Festland teils extrem hoch. Zudem muss man dort mehr Eigenkapital in die Hand nehmen, da die Finanzierungsmöglichkeiten schwieriger sind, oder alles selbst bezahlen. Die Schweiz wiederum ist eines der stabilsten und sichersten Länder der Welt und vor allem auch ein Mieterland, die Eigentumsquote ist dort sogar noch niedriger als in Deutschland. Genau deswegen sind die Preise aber auch so hoch wie das Matterhorn: Da kauft man keine Wohnung für 200.000 Euro. Da legen Sie eher 500.000 bis 700.000 Franken auf den Tisch für eine normale Wohnung. Zudem benötigt man in der Regel mindestens 20 bis 30 Prozent Eigenkapital – und es ist, wie beschrieben, ohnehin ein schwieriges Pflaster für Ausländer.

Deutschland ist also beim Gesamtpaket – Kaufpreise, Mieten, Finanzierungsmöglichkeiten – europaweit, ja weltweit vorn dabei. Hier sind wir aus Investorensicht wirklich gut aufgestellt. Nur beim Wetter und der Anzahl der Sonnentage kann Deutschland natürlich nicht mit Spanien oder gar Zypern mithalten – naturgemäß ein wesentlicher Faktor bei der Entscheidung für eine Auslandsimmobilie. Das schafft auch nicht die wirtschaftsfreundlichste Bundesregierung. Sie erkennen hierbei, wieso auch ausländische Investoren Deutschland als einen so interessanten Markt sehen und bewerten.

DER DEUTSCHE IMMOBILIENMARKT – EINIGE AKTUELLE FAKTOREN

Die Schattenseite: Hohe Belastungen für Immobilienbesitzer

Bei aller möglichen Euphorie darüber, dass Deutschland doch nicht überall in puncto Steuern das Land der Finsternis ist, müssen wir zum Ausgleich etwas Wasser oder gar Wermut in den Wein gießen. Denn das Gegengewicht zu den attraktiven Steuervorschriften sind hohe Belastungen und Kosten für Immobilienbesitzer und Projektentwickler, die häufig staatlich verursacht sind. Diese umfassen direkte und indirekte Abgaben, komplexe Bauvorschriften, Eingriffe durch Mieterschutzgesetze sowie die Auswirkungen der Zinspolitik. Darüber hinaus verursacht die deutsche Energie- und Klimapolitik zusätzliche Belastungen. So macht der Zentrale Immobilien Ausschuss (ZIA), der Zentralverband der deutschen Immobilienwirtschaft, darauf aufmerksam, dass sagenhafte 37 Prozent der Baukosten direkt oder indirekt auf staatliche Abgaben und Vorschriften zurückzuführen sind. Zu diesen zählen:

- Erschließungskosten: Gemeinden legen oft hohe Gebühren für die Anbindung von Neubauten an die Infrastruktur fest.
- Kommunale Abgaben: Straßenausbaubeiträge oder die erwähnte Grundsteuer sind zusätzliche finanzielle Hürden.

- Horrende Gebühren für Selbstverständlichkeiten oder notwendige Maßnahmen: So haben sich in vielen Kommunen die Gebühren für das Aufstellen von Halteverbotsschildern – beispielsweise für eine Baustelle, Container oder Baufahrzeuge – drastisch erhöht.

Bauvorschriften und Regulierungen

Deutschland verfügt über 16 verschiedene Bauordnungen, die sich von Bundesland zu Bundesland unterscheiden. Laut der Bundesarchitektenkammer müssen für den Bau eines Wohnhauses mehr als 3.600 Vorschriften eingehalten werden. Diese komplexen Regelungen sorgen nicht nur für hohe Planungskosten, sondern auch für lange Genehmigungsverfahren, die den Bau verzögern und verteuern. Und um überhaupt einen relevanten Bauantrag einzureichen, müssen Architekten, Vermesser und Statiker vorarbeiten – notwendig, aber auch hier stellt sich die Frage, ob alle Vorschriften und der dazugehörige Aufwand angemessen sind. Und so machen im deutschen Wohnungsbau die Baunebenkosten 15 bis 20 Prozent der Gesamtbaukosten aus, wobei sich die genaue Höhe je nach Projektgröße, Komplexität und Region unterscheiden kann.

Zu den Baunebenkosten gehören unter anderem:

- Architektenhonorare: Diese richten sich in der Regel nach der Honorarordnung für Architekten und Ingenieure (HOAI) und sind von der Bauprojektsumme abhängig.
- Kosten für Statik und Tragwerksplanung: Diese steigen bei komplexeren Bauprojekten oder bei hohen Anforderungen an die Gebäudeausführung.
- Vermessungskosten: Besonders in dicht bebauten oder schwierigen Geländebedingungen können diese signifikant sein.
- Genehmigungsgebühren: Diese variieren je nach Bundesland und umfassen Gebühren für Bauanträge, Umweltprüfungen und sonstige behördliche Genehmigungen.

Hinzu kommen strenge Anforderungen an Energieeffizienz und Klimaschutz. Deutschland kann sich ebenfalls rühmen, die strengsten Brandschutzvorschriften zu haben. Katastrophen wie anderswo wurden so weitestgehend verhindert. Doch auch hier stellt sich die Frage, wie extrem, aufwendig und teuer man diese Regeln fasst, die besonders bei Dachgeschossen und Hochhäusern – beginnen in Deutschland schon bei 22 Metern – die Baukosten enorm in die Höhe treiben. Irgendwann ist die Schraube überdreht, wie man am Stillstand der Bautätigkeit sieht. Denn vieles, das jetzt noch fertig wird, geht auf die Planung von vor einigen Jahren zurück.

Dialog

Der Nachmittag vergeht gemütlich, und die vier sitzen bei Tapas auf der überdachten Terrasse der Finca. Die Hitze hat etwas nachgelassen. Oliven, Manchego-Käse und ein paar Pimientos de Padrón stehen auf dem Tisch, dazu Wasser und ein Flasche Weißwein.

Sebastian nimmt sich eine Olive und lehnt sich zurück. »Hier sitzen wir bei strahlendem Sonnenschein, während man in Deutschland ständig über Heizungsgesetze und Energieeffizienzrichtlinien diskutiert. Wenn man sich all die Vorschriften anschaut – Mietrecht, Dokumentationspflichten –, dann frage ich mich manchmal, wie lange das noch gut geht. Lohnt sich das alles noch?«

»Seid ihr denn deshalb etwas kürzergetreten? Ihr habt euch ja seit unserem letzten großen Treffen vor zwei Jahren ›nur‹ die eine Eigentumswohnung in Lünen gekauft ...«, fragt Andrea.

»Ja, das war mit ein Grund, zumindest hat es uns nicht gerade motiviert. Vor allem aber war ich wegen meiner Beförderung eingespannt und wir haben uns mehr um Yvonnes Eltern gekümmert. Nun aber ist alles wieder in ruhigem Fahrwasser und wir würden gern in diesem Jahr wieder zuschlagen, durchaus auch mit zwei Immobilien. Aber die Politik und die Gesetzeslage haben wir schon permanent im Blick.«

Andrea nickt. »Ich denke mir auch oft: Es darf nicht noch schlimmer werden. Klar, wir kennen die Spielregeln, aber der Aufwand wird immer größer. Man muss gut informiert sein, um keine Fehler zu machen.«

Andreas nimmt einen Schluck Wasser. »Das stimmt, aber das ist genau der Punkt: Wer die Regeln kennt und sie richtig anwendet, hat immer noch riesige Chancen. Ohnehin denken die meisten bei Immobilien sofort an Neubau, aber unterm Strich sind Bestandsgebäude nach wie vor der Kern guter Investments. So wie bei uns.«

Yvonne nickt. »Und wenn man strategisch vorgeht – auf die Standortwahl achtet, den Zustand des Gebäudes richtig einschätzt und gezielte Sanierungen plant –, dann funktioniert es weiterhin. Man muss nur wissen, worauf es ankommt.«

Andrea legt ihre Gabel beiseite. »Natürlich beschäftigen wir uns nicht erst seit heute mit dem Thema. Aber wenn die Politik weiter an der Regulierungsschraube dreht, wird es für Neueinsteiger fast unmöglich. Da braucht es schon ein Netzwerk aus Beratern, um alles richtig zu machen.«

Sebastian zuckt mit den Schultern. »Vielleicht ist das ja auch unsere Chance, wenn andere abgeschreckt werden, so schade das ist – wir haben dieses Wissen und die richtigen Leute an unserer Seite. Und wenn sich die Regularien weiter verschärfen, wird Wohnraum noch knapper, die Mieten steigen, und Bestandsgebäude werden noch wertvoller.«

Andreas nickt. »Genau, die Frage ist nicht, ob es sich noch lohnt – sondern ob man mit den richtigen Strategien weitermacht. Wer clever investiert und die rechtlichen Rahmenbedingungen nutzt, hat weiterhin enorme Möglichkeiten.«

Yvonne lehnt sich zufrieden zurück. »Dann lassen wir uns nicht entmutigen. Es wird komplizierter, aber wer sich auskennt, hat nach wie vor die besten Karten.«

EU: Energieeffizienz und Mindeststandards

Neben den bestehenden Vorschriften erschwert die »dynamische Regelsetzung« die Planungssicherheit für Immobilienbesitzer. Immer neue Anforderungen – beispielsweise durch Änderungen der Energieeinsparverordnung (EnEV) oder das Gebäudeenergiegesetz (GEG) – führen zu anhaltender Unsicherheit bei Investitionen.

Bund, Länder, Kommunen – und damit ist die Liste der Vorschriftenmacher und Kostentreiber noch nicht zu Ende: Die

Europäische Union (EU) hat in den letzten Jahren umfassende Regelungen im Bereich Energieeffizienz und Klimaschutz eingeführt, die den Wohnungsbau in Deutschland zusätzlich verteuern – der Einfluss aufs Klima ist dabei schwer nachweisbar. Ein zentrales Instrument ist die Richtlinie über die Gesamtenergieeffizienz von Gebäuden (EPBD), die unter anderem folgende Ziele und Maßnahmen vorgibt:

- Niedrigstenergiegebäude: Seit 2021 müssen alle Neubauten in der EU dem Standard eines Niedrigstenergiegebäudes entsprechen. Das bedeutet, dass der Energiebedarf des Gebäudes nahezu bei null liegen muss und vorrangig durch erneuerbare Energien gedeckt werden soll.
- Renovierungsstandards: Für Bestandsgebäude wurden ebenfalls ambitionierte Mindestanforderungen eingeführt. Eigentümer sind verpflichtet, energetische Sanierungen vorzunehmen, um den Energieverbrauch und die CO_2-Emissionen zu reduzieren.

Neue Vorgaben ab 2024

Im Jahr 2024 wurde die Energieeffizienz-Richtlinie verschärft. Besonders bei Neubauten und umfassenden Renovierungen wurden die Anforderungen an Dämmung, den Einsatz von Wärmepumpen und die Nutzung erneuerbarer Energien weiter erhöht. Diese Vorgaben haben direkte Auswirkungen auf die Baukosten, da oft zusätzliche Investitionen erforderlich sind. Die gestiegenen technischen Anforderungen, insbesondere bei Dämmmaterialien und Heizsystemen, treiben die Baupreise spürbar in die Höhe. Gleichzeitig wird die Planung komplexer: Die Umsetzung der EU-Vorgaben erfordert spezialisiertes Know-how und eine aufwendigere Bauausführung, was längere Genehmigungsprozesse nach sich zieht. Vor allem private Bauherren und kleine Unternehmen stehen vor erheblichen finanziellen Herausforderungen. Zwar bietet die EU im Rahmen des Green Deals Förderprogramme an, doch diese decken die Mehrkosten häufig nur teilweise ab.

Dialog: Neubau rechnet sich nicht

Die Sonne steht nun tiefer, und die vier haben es sich mit einem Kaffee auf der Terrasse gemütlich gemacht. Andrea runzelt nachdenklich die Stirn, während sie mit einem Löffel in ihrem Espresso rührt.

»Jetzt wird mir erst richtig klar, warum sich Neubau so selten lohnt«, sagt sie plötzlich und schaut in die Runde. »Klar, man kann alles nach seinen Wünschen gestalten und hat erst mal weniger Sanierungsaufwand. Aber sobald man sich die Kosten anschaut ...«

Sebastian lehnt sich vor. »Genau das ist der Punkt. Ich habe mir das mal genauer angesehen: Aktuelle Studien zeigen, dass die notwendige Mietpreisspanne für kostendeckenden Wohnungsneubau in Deutschland zwischen 16,50 Euro und 18,50 Euro pro Quadratmeter liegt. Und das ist nur das Minimum, um nicht draufzuzahlen.«

Andreas hebt eine Augenbraue. »So viel? Solch eine Miete ist ja selbst in A-Städten kaum durchsetzbar.«

Sebastian nickt. »Kein Wunder, wenn man bedenkt, dass die Baukosten mittlerweile im Durchschnitt 5.150 Euro pro Quadratmeter betragen. Und auch das ist nur der Durchschnitt! Fast ein Drittel dieser Kosten, also rund 1.500 Euro, bestehen allein aus Steuern und öffentlichen Abgaben. Man zahlt sich also dumm und dämlich, bevor auch nur der erste Stein gesetzt ist.«

Yvonne lehnt sich zurück. »Und dann wundert sich die Politik, dass kaum noch gebaut wird. Wer soll sich das leisten können?«

Andrea schüttelt den Kopf. »Und ich dachte früher immer, Neubau wäre der Königsweg. Aber wenn man es durchrechnet – Grundstückspreis, Baukosten, Vorschriften –, dann ist klar, warum die meisten lieber in Bestandsimmobilien investieren.«

Sebastian nimmt einen Schluck Kaffee. »Genau. Bestandsgebäude sind nicht nur häufig günstiger im Ankauf, sie haben auch bestehende Mieterstrukturen und eine funktionierende Infrastruktur und man ist nicht der politischen Willkür der nächsten Gesetzesänderung bei Neubauten ausgeliefert. Der einzige Vorteil ist, dass Neubauten von Mietpreisbremse und Co. ausgenommen sind, aber auch das ändert sich nach ein paar Jahren. Dann sind Neubauten für die Politik schon wieder Altbauten. Trotzdem musst du erst mal Mieter für diese Preisklasse finden.«

Andreas lehnt sich zurück. »Also gut, dann wissen wir jetzt endgültig, warum Neubau kaum noch Sinn macht. Es sei denn, man kann 18 Euro pro Quadratmeter Miete durchsetzen – und das können die wenigsten.«

Yvonne seufzt. »Dann können wir den Traum vom selbstgebauten Designerloft wohl abschreiben ...«

Sebastian lacht. »Oder einfach bei klugen Bestandsinvestitionen bleiben – und auf eigene Faust ein Dachgeschoss ausbauen.«

Mieterschutzgesetze als Renditebremse

Sogenannte Mieterschutzgesetze, die in Deutschland seit Jahren verschärft werden, sind einer der größten Renditekiller für Vermieter – und bremsen den Wohnungsbau oder Sanierungen massiv. Hierzu zählen: Mietpreisbremse, Milieuschutzgebiete, (oft manipulierte) Mietspiegel, Kappungsgrenze, Ausübung von Vorkaufsrechten oder das Verbot der Aufteilung eines Hauses in Eigentumswohnungen. Die Mietpreisbremse, die in vielen Regionen eingeführt wurde, begrenzt Mieterhöhungen auf das Niveau der ortsüblichen Vergleichsmiete plus 10 Prozent. Zwar wird bei Neuvermietungen ein gewisser Spielraum eingeräumt, doch das Potenzial zur Steigerung der Mieteinnahmen bleibt begrenzt.

Darüber hinaus behindern Milieuschutzgebiete – besonders beliebt in Berlin, dort gibt es inzwischen 81[11] – die freie Nutzung und Umgestaltung von Immobilien. In diesen Bereichen ist es beispielsweise verboten, Wohnungen in Eigentum umzuwandeln oder umfassende Modernisierungen vorzunehmen, ohne dass diese von der Kommune genehmigt werden. Damit werden Modernisierungen verhindert, damit die Miete nicht oder kaum erhöht werden kann. Angesichts auf diese Weise künstlich reduzierter Mieten lohnt sich das Vermieten dort kaum noch. Doch auch gesellschaftlich verursachen Milieuschutzgebiete Nachteile: Da das Preis-Leistungs-Verhältnis aus Sicht der Mieter spitze ist, ist dadurch ein Umzug völlig unattraktiv. Mehr noch: Ist ein Umzug unumgänglich oder gehört zur persönlichen Lebensplanung, wird die Wohnung oft zusätzlich gehalten. Sie steht dann leer oder wird lukrativ weitervermietet.

»Milieuschutzgebiete«, juristisch korrekt »soziale Erhaltungsverordnungen«, sind keine Berliner Spezialität, mit 81 an der Zahl dort aber besonders dicht gesät. 2015 gab es erst 22. Sie machen nicht nur Vermietern das Leben schwer, sondern führen dazu, dass in zentralen Szenebezirken und schicken Gründerzeithäusern die dort lebenden Gutverdiener für einen Appel und ein Ei wohnen können, weit unter dem Berliner Durchschnitt. Grotesk ist in diesem Zusammenhang das offizielle Ziel, die Zusammensetzung der Bevölkerung in bestimmten Vierteln zu schützen und Verdrängung durch steigende Mieten oder Luxusmodernisierungen zu verhindern. Die alteingesessenen Ossis im Prenzlauer Berg waren damit jedenfalls nicht gemeint. Als die Milieuschutzgebiete eingeführt wurden, waren sie von den meist aus Westdeutschland Hinzugezogenen – die aufgrund ihres uniformen Lebensstils später zum Klischee wurden – längst verdrängt.

Vorkaufsrecht und Kündigungsschutz

In vielen Fällen haben Städte ein kommunales Vorkaufsrecht, das Investoren den Erwerb von Immobilien erschwert. Zudem sorgen strenge Kündigungsschutzgesetze dafür, dass es für Vermieter schwierig wird, Eigenbedarf oder andere legitime Gründe durchzusetzen. Dies macht es besonders für private Investoren unattraktiv, in Mietwohnungen zu investieren.

Beispiel Berlin: Manipulierter Mietspiegel

Der Berliner Mietspiegel und seine Anwendung bei der Mietpreisbremse (deren Zukunft Anfang 2025 in den Sternen steht) – der Mietspiegel dient als Vergleichsmiete – haben immer wieder für Kritik gesorgt. Ein zentraler Punkt ist, dass der Mietspiegel Mieten in solch einer Metropole in nur drei großen Kategorien und Mietpreismodellen zusammenfasst. Dies kann die Unterschiede in der tatsächlichen Nachfrage und in den spezifischen Mietpreisentwicklungen innerhalb einzelner Stadtteile verwischen. Damit werden die realen Mietpreise verzerrt.

Der Mietspiegel 2023 beruht auf einer Fortschreibung der Daten des Mietspiegels 2021, und dabei wurde ein Index verwendet, der die allgemeinen Preisentwicklungen in Berlin, aber auch deutschlandweit berücksichtigt. Dies führt zu einer Vereinheitlichung – und eben nicht Differenzierung nach verschiedenen Lagen –, die die Unterschiede zwischen einzelnen Kiezen nicht abbildet. Effekt: Die Krankenschwester im Marzahner Plattenbau subventioniert den Professor im Kreuzberger Gründerzeithaus – da die lokale Dynamik und der tatsächliche Bedarf nicht akkurat widergespiegelt werden. Dadurch werden die Mieten in teureren Stadtteilen künstlich auf einem Niveau gehalten werden, das nicht gerechtfertigt ist – da sie nur durch die Berücksichtigung von weniger nachgefragten Gebieten zustande gekommen sind. Toplagen in der Innenstadt werden mit Außenbezirken und Wohntypen aus einer anderen Epoche zusammengelegt.

Trotz der vielen Regelungen wie Mietpreisbremse, Milieuschutzgebiete und weiteren grotesken Erfindungen, mit denen sich Immobilieninvestoren manchmal auseinandersetzen müssen, sollten Sie sich vor Augen halten, dass Wohnen nach wie vor ein Grundbedürfnis ist und für viele Investoren, die langfristig orientiert sind, diese Regelungen oft nicht mehr sind als der saure Apfel, in den sie beißen müssen. Wichtig ist immer die Auswahl der Objekte entsprechend den Erfolgskriterien und es ist auch wichtig, in unterschiedlichen Lagen und Bundesländern zu investieren, um zu diversifizieren.

Dialog: Conny

Die vier sitzen später bei einem Teller voller Pastel de Nata, die sie sich aus einem kleinen Café im Dorf mitgebracht haben. Die Stimmung ist entspannt, bis Andreas beiläufig etwas erwähnt:

»Ich habe neulich von dieser Plattform ›Conny‹ gelesen. Die setzt sich für Mieterrechte ein und geht mit automatisierten Prozessen gegen Vermieter vor. Besonders in Berlin.«

Sebastian legt seinen Löffel ab. »Ja, ich habe auch schon davon gehört. Sie prüfen Mietverträge auf Verstöße gegen die Mietpreisbremse und helfen Mietern, Mieten zu senken. Für Investoren klingt das nach einem Albtraum.«

Yvonne schüttelt den Kopf. »Und genau deshalb haben wir uns aus Berlin rausgehalten. Auch Florian hat uns immer davon abgeraten. Die gesamte Mietenpolitik dort ist einfach zu unberechenbar, selbst und gerade mit der CDU. Erst Mietendeckel, dann Enteignungsdebatten und jetzt auch noch ein Privatdienstleister, der es zum Geschäftsmodell macht, Mieter gegen Vermieter aufzubringen.«

Andrea lehnt sich zurück. »Ich meine, Mieterrechte sind wichtig, keine Frage. Aber wenn eine Software von zwei erwachsenen Parteien unterschriebene Mietverträge automatisiert angreift, dann macht das doch das ganze Verhältnis zwischen Vermietern und Mietern kaputt.«

Andreas nimmt einen Schluck Kaffee. »Es ist ja nicht nur Berlin. Solche Mechanismen könnten sich ausweiten. Und wenn dann auch noch die Politik auf solche Entwicklungen reagiert und Gesetze weiter verschärft, wird es irgendwann schwierig, überhaupt noch solide zu kalkulieren.«

Sebastian nickt. »Deshalb setzen wir ja auf Märkte, die stabil sind und wo das Verhältnis zwischen Mietern und Vermietern noch gesund ist. Wer sich an die Spielregeln hält, sollte keine Angst haben müssen, dass irgendein Algorithmus plötzlich den Mietvertrag infrage stellt.«

Andrea überlegt. »Aber man muss sich bewusst sein, dass das Thema größer werden könnte. Berlin mag extrem sein, aber wenn solche Systeme Erfolg haben, werden sie auch auf andere Städte ausgeweitet.«

Yvonne zuckt mit den Schultern. »Für uns heißt das nur eins: weiterhin gut recherchieren, bewusst Standorte wählen und darauf achten, dass wir uns nicht in Märkten mit zu viel politischer Unsicherheit engagieren.«

Sebastians Telefon piept und zeigt eine Nachricht an. Er schaut drauf und verkündet nach einigen Momenten der Runde: »Ob ihr es glaubt oder nicht, Florian ist auf der Insel. Er veranstaltet hier gerade seinen Mastermind-Kurs und ist mit seiner Truppe morgen im Beach Club in Port d'Andratx. Er lädt uns ein, dort dann beim geselligen Teil dazuzustoßen, sogar etwas vorab, damit er sich in Ruhe mit uns vieren unterhalten kann!«

»Wow, super«, freut sich Andrea. »Davon hatte er immer berichtet. Ich bin gespannt darauf, die anderen Teilnehmer dort zu treffen.«

»Dann können wir uns von Investor zu Investor unterhalten«, pflichtet ihr Yvonne bei.

»Diesmal bei gepflegter Lounge-Musik und bei ein paar Cocktails«, sagt Andreas.

»Yippie!«, ruft Andrea, die aufgestanden war und in den Pool springt.

Rechtsdienstleister: Eine Herausforderung für Vermieter

Rechtsdienstleister wie Conny (ehemals wenigermiete.de und später Conny Legal) erschweren besonders in Berlin das Leben für Vermieter erheblich. Denn diese Plattformen bieten Mietern eine einfache Möglichkeit, ihre Rechte gegen Vermieter durchzusetzen, vor allem im Zusammenhang mit der Mietpreisbremse und bei Streitigkeiten über Mieterhöhungen. Der Ansatz von Conny ist es, rechtliche Hindernisse für Mieter zu minimieren und die Durchsetzung ihrer Ansprüche zu automatisieren.

Conny verspricht Mietern, ohne Vorabkosten ihre Rechte durchzusetzen. Mieter können über die Plattform kinderleicht ihre Mietverträge hochladen, die automatisch auf Verstöße gegen die Mietpreisbremse oder andere mietrechtliche Regelungen überprüft werden. Wird ein Verstoß festgestellt, übernimmt Conny alle rechtlichen Schritte, von der Kommunikation mit dem Vermieter bis hin zur Klage. Im Erfolgsfall behält der Dienstleister eine Provision von der erstatteten Summe oder spart den Mietern langfristig Kosten durch Reduzierung der Miete.

Herausforderungen für Vermieter:

1. Automatisierung von Streitfällen: Die einfache Handhabung für Mieter führt dazu, dass Vermieter häufiger mit rechtlichen Auseinandersetzungen konfrontiert werden, selbst bei geringfügigen Abweichungen. Automatisierte Prüfungen verschärfen die Konfliktlage und belasten Vermieter mit einem erheblichen Mehraufwand.
2. Fehleranfälligkeit und Pauschalität: Die automatisierten Prüfverfahren basieren oft auf allgemeinen Daten, die nicht immer die

tatsächlichen Gegebenheiten eines Mietobjekts berücksichtigen. Das kann zu ungerechtfertigten Forderungen führen, die Vermieter dann aufwendig entkräften müssen.

3. Anstieg von Streitigkeiten: Da Mieter kein finanzielles Risiko tragen, steigt die Bereitschaft, auch bei marginalen Streitpunkten rechtliche Schritte einzuleiten.
4. Fokus auf die Mietpreisbremse: In Städten wie Berlin, wo die Mietpreisbremse besonders streng angewendet wird, sorgt Conny dafür, dass Vermieter umfassend überprüft und oft zu Nachzahlungen oder Mietsenkungen verpflichtet werden. Dies führt zu Unsicherheiten und finanziellen Verlusten, vor allem für Vermieter, die rechtlich korrekt gehandelt haben, denen aber durch komplexe Regelungen Fehler unterlaufen sind.
5. Das Rechts- und Vertrauensverhältnis Mieter/Vermieter wird torpediert: Vermieter müssen allein schon aus betriebswirtschaftlicher Sicht oft eine Miete X nehmen, die außerhalb der Mietpreisbremse liegt. Die Alternative wäre schlichtweg: gar nicht vermieten, Verluste machen und die Wohnung dem Markt (kurzzeitig) entziehen. Also vereinbaren Mieter und Vermieter eine Miete, mit der beide zufrieden sind – sonst hätten sie ja den Vertrag nicht unterschrieben. Später kommt Dienstleister Conny ins Spiel, der diesen Vertrag zu Fall bringen möchte. Mir sind mindestens zwei Fälle von gutverdienenden Spezialisten aus dem Ausland, sogenannten Expats, bekannt, die eine günstige Wohnung in Berlin gemietet haben und damit absolut glücklich waren. Denn sie vergleichen die Mieten mit denen in anderen Hauptstädten oder ihrer Heimat. Später dann haben ihnen Kollegen oder Freunde von Conny erzählt und somit einen Rechtsstreit vom Zaun gebrochen. Zufriedene Mieter werden hier also gegen ihre Vermieter aufgehetzt. Im Falle von kleinen Privatvermietern – und das ist die Mehrheit in Deutschland –, die oft auf jeden Euro angewiesen sind, reagieren diese übrigens häufig mit einer Eigenbedarfskündigung. Da hilft Conny dann aber nicht mehr. Der Dienstleister kümmert sich aufgrund des ausgeklügelten technologiebasierten Funktionsprinzips nur um vermeintlich sichere, standardisierte Fälle.

Meine Meinung: Die einseitige Unterstützung der Mieterseite verschärft das ohnehin strenge Mietrecht weiter. Anstatt eine ausgewogene Lösung zwischen Mietern und Vermietern zu fördern, fokussieren solche Plattformen auf maximale Durchsetzung von Mieterrechten, was das Mietverhältnis nachhaltig belasten kann – und auch die Bereitschaft, zu vermieten. In einem mir bekannten Fall hat der Vermieter den gleich drei Expats, die eine WG bildeten, vorab sogar reinen Wein eingeschenkt und den Vertrag unter der Prämisse geschlossen, dass sie wüssten, dass die Miete über der Mietpreisbremse liegt. Geholfen hat dies nicht und es wird den Wohnungsbesitzer vor der nächsten Vermietung noch kritischer machen.

Im Prinzip ist es eine neue Variante von Abmahn-Unwesen mit vereinter Hilfe von Bundespolitik, Landespolitik und Gerichten. Der Vermieter, vor allem der kleine Privatvermieter, ist Freiwild. Obwohl zwei Seiten einen Mietvertrag unterschrieben haben, kassieren die Gerichte den Anspruch des Vermieters, natürlich nie des Mieters. Die tatsächliche wirtschaftliche Leistungsfähigkeit wird dabei nie berücksichtigt, sondern automatisch unterstellt, dass der schwache Mieter vor dem starken Vermieter geschützt werden muss. Dabei müsste eher – zumindest was Berlin betrifft – der Vermieter vor manipulierten Mietspiegeln geschützt werden. Denn diese bringen ihn erst in diese juristische Situation, obwohl die wirtschaftliche Lage in der Regel den Mietzins erfordert, den er vom Mieter verlangt.

Meine Empfehlung und klare Meinung zu Neuvermietungen und der Findung der richtigen Miete: Immer die gesetzlichen Rahmenbedingungen einhalten, dann lassen Sie Conny oder Schreiben von Mietervereinen kalt und Sie sind auf der sicheren Seite. Wer darauf angewiesen ist, seine Immobilieninvestitionen nicht legal und zu teuer zu vermieten, damit sich sein Investment rechnet, der hat schlichtweg zu teuer eingekauft. Ausnahmen sind freilich übergriffige und rechtlich nicht statthafte Eingriffe, wie der berüchtigte Berliner Mietendeckel von vor einigen Jahren.

Die schwarz-rote Bundesregierung und Wohnungspolitik

Was ist nun von der neuen, am 6. Mai 2025 gewählten und ernannten Bundesregierung zu in Bezug auf die Immobilienwirtschaft erwarten? Zum Zeitpunkt des Redaktionsschlusses für dieses Buch kann für eine Antwort vor allem der zwischen CDU/CSU und SPD ausgehandelte Koalitionsvertrag weiterhelfen.

Beide Seiten hatten sich bereits im Vorfeld dafür ausgesprochen, die Mietpreisbremse zu verlängern – nun soll sie bis ins Jahr 2029 fortgelten. In Gebieten mit angespanntem Wohnungsmarkt dürfen Vermieter dann weiterhin bei Neuvermietungen höchstens zehn Prozent über der ortsüblichen Vergleichsmiete verlangen. Zusätzlich plant die Regierung, künftig auch Mietverhältnisse mit Indexmiete – bei denen die Miete an die Inflationsentwicklung gekoppelt ist – sowie möblierte Vermietungen und Kurzzeitvermietungen stärker zu regulieren.

Bei Modernisierungen ist eine Anpassung der Umlageregeln vorgesehen: Investitionen bis zu einer Schwelle von 20.000 Euro pro Einheit sollen künftig einfacher umzusetzen sein. Zwar bleibt die bisherige Umlagegrenze von acht Prozent bestehen, dennoch könnte diese Reform gerade für Investoren im Bestand ein Anreiz sein. Kleinere Modernisierungen sollen schneller und mit weniger bürokratischem Aufwand möglich werden – bei gleichzeitiger Möglichkeit zur Mietanpassung.

Ein anderer Punkt im Koalitionsvertrags ist die Verlängerung des sogenannten Umwandlungsschutzes um weitere fünf Jahre. In bestimmten Stadtgebieten – darunter sämtliche sieben deutschen A-Städte, in Berlin sogar flächendeckend – wird es damit erheblich schwieriger, Mietwohnungen in Eigentum umzuwandeln. Der Erwerb und die anschließende Aufteilung sowie der spätere Einzelverkauf solcher Objekte werden so praktisch unterbunden. Das erschwert nicht nur geplante Verkaufsstrategien, sondern bremst auch die politisch oft geforderte Eigentumsbildung aus.

Darüber hinaus soll das kommunale Vorkaufsrecht gestärkt werden – sowohl in sozialen Erhaltungsgebieten (»Milieuschutz«) als auch bei vernachlässigten oder heruntergekommenen Immobilien. Damit wird eine weitere Hürde beim Immobilienverkauf eingeführt, was für Investoren, die auf Exit-Szenarien setzen, zu einem zusätzlichen Unsicherheitsfaktor werden kann.

Verena Hubertz (SPD) wurde am 6. Mai 2025 zur neuen Bundesministerin für Wohnen, Stadtentwicklung und Bauwesen ernannt. Die SPD-Politikerin, zuvor stellvertretende Fraktionsvorsitzende mit Schwerpunkt im Wohnbereich, hatte sich vor allem in Fragen des Mietrechts profiliert. Zu ihren zentralen Forderungen zählten eine strengere Handhabung von Indexmieten, eine Reform der Eigenbedarfskündigung sowie eine Absenkung der Kappungsgrenze bei Mieterhöhungen im Bestand. Während die beiden erstgenannten Anliegen Eingang in den Koalitionsvertrag gefunden haben, wurden Veränderungen bei der Kappungsgrenze im Verlauf der Koalitionsverhandlungen wieder gestrichen.

Und was wird aus dem berüchtigten Heizungsgesetz? Der Koalitionsvertrag bezeichnet es klipp und klar als »abgeschafft«. Allerdings bedeutet dies nicht die vollständige Aufhebung des Gesetzes, sondern vielmehr eine grundlegende Überarbeitung. Konkret planen die Koalitionspartner, das GEG »technologieoffener, flexibler und einfacher« zu gestalten. Die CO_2-Vermeidung soll zur zentralen Steuerungsgröße werden. Für alle, die weiter auf Gas und Heizöl setzen, wird es daher »zunächst einmal teurer«, so Bundeskanzler Friedrich Merz einige Tage vor seiner Wahl. Die CO_2-Steuer, die weiterhin massiv steigt, bleibt also ein entscheidendes Instrument, um Bürger zu belasten und zu bevormunden – egal ob Eigentümer, Mieter oder Vermieter.

Zinssteigerungen und Bankenpolitik

Die Zinswende der Europäischen Zentralbank (EZB) seit 2022 hat die Rahmenbedingungen für Immobilieninvestitionen drastisch verändert. Innerhalb eines Jahres vervierfachten sich die Bauzinsen. Während Anfang 2022 Zinssätze von 0,8 Prozent pro Jahr üblich waren, rangierten diese einige Monate später bei 4 Prozent. Inzwischen, im Mai 2025, liegen wir je nach Objekt, persönlicher Vermögenssituation und Finanzierungskonstellation bei um die 3,6 bis 4,5 Prozent. Dies hat weitreichende Konsequenzen:

- Eingeschränkte Finanzierbarkeit: Viele Kaufinteressenten können sich Immobilien nicht mehr leisten.
- Anstieg der monatlichen Belastung: Eine Beispielrechnung zeigt, dass bei einem Darlehen über 500.000 Euro die monatliche Rate von 1.200 Euro auf 1.532 Euro ansteigt.

Besonders problematisch sind die steigenden Zinsen für Anschlussfinanzierungen. Wer seine Kredite in der Niedrigzinsphase aufgenommen hat und daraufhin den Kauf der Objekte und deren Vermietung kalkuliert hat, muss nun mit deutlich höheren Raten rechnen. Experten warnen vor einer Welle von Notverkäufen und Privatinsolvenzen, wenn Kreditnehmer ihre Darlehen nicht mehr bedienen können. Aus diesem Grund ist es ebenfalls enorm wichtig, sich Gedanken über die richtige Tilgung zu machen und nicht zu teuer die Immobilien einzukaufen, um auf Wertsteigerungen spekulieren zu müssen.

Die Sonne senkt sich über Port d'Andratx, das Meer schimmert in warmem Gold, und die Lounge-Musik des DJs vermischt sich mit dem Rauschen der Wellen. In einem exklusiven Beach Club sitzen Yvonne, Sebastian, Andrea und Andreas in einer von Florian für seine Mastermind-Gruppe reservierten Lounge-Ecke. Vor ihnen erstreckt sich die Bucht, in der ein paar Jachten ankern, während die Gäste des Clubs ihre Cocktails und Snacks genießen. Es ist einer dieser Abende, an denen man das Gefühl hat, genau am richtigen Ort zu sein.

Sebastian nimmt einen Schluck von seinem Drink. »Also ehrlich, so ein Setting könnte ich mir öfter vorstellen. Aber wenn ich mir ansehe, was hier an Kaufpreisen verlangt wird …«

Andreas schüttelt den Kopf. »Wahnsinn! Aber wir sehen ja das Preisniveau auch an der Finca, die ihr gebucht habt. Ohne jetzt ins Detail zu gehen, ihr habt uns ja eingeladen, aber letztlich kommt die Übernachtung da wohl einer durchschnittlichen Monatsmiete in Deutschland nahe, nicht wahr?«

Yvonne nickt. »Und in Deutschland wird immer noch diskutiert, wie man Mieten deckeln kann, aber der Wohnraum wird ja nicht mehr. Und was passiert, wenn du etwas künstlich verknappst? Die Preise steigen trotzdem – auf Umwegen.«

Während sie sprechen, tritt Florian an ihren Tisch. In legerem Leinenhemd und mit einem zufriedenen Lächeln auf dem Gesicht strahlt er eine entspannte, aber fokussierte Energie aus. »Hey, ihr vier! Schön, euch hier zu sehen. Genießt ihr den Abend?«

»Sehr, danke für die Einladung!«, sagt Sebastian. »Aber sag mal, wo ist denn deine Mastermind-Gruppe? Wir wollen unbedingt mehr von deinem VIP-Kurs erfahren.«

Florian lacht. »Die machen sich gerade frisch im Hotel und kommen in einer Stunde. Wir haben drei intensive Tage hinter uns – Austausch, Fachwissen, packende Gastredner. Und jetzt lassen wir alles ausklingen.«

Andrea lehnt sich interessiert vor. »›Mastermind‹ klingt spannend. Was genau macht ihr da?«

Florian zieht sich einen Lounge-Sessel heran und setzt sich. »Es ist ein exklusiver Kreis von Investoren und Unternehmern, die noch einen draufsetzen wollen und ungefähr 10.000 Euro oder mehr Mieteinnahmen im Monat anstreben – ich würde sagen: Wenn ihr weiter so fleißig dazukauft, seid ihr auch bald so weit.« Er lacht.

»Unbedingt! Bei unserem Tempo«, erwidert Andreas, »erzähl mehr!«

»Wir haben 15, maximal 25 Teilnehmer, um den Austausch intensiv zu halten. Denn neben Fachwissen und Gastrednern geht es vor allem ums Netzwerken – schließlich kommen oft die besten Informationen aus Gesprächen mit den richtigen Leuten.«

Andreas rückt näher: »Also eine Kombination aus Strategie und Erlebnis?«

Florian antwortet: »Genau. Deshalb bauen wir auch immer Event-Elemente ein – Bootstouren, besondere Locations, Überraschungsgäste. So bringen sich alle gegenseitig auf ein höheres Level. Denn die Hauptfrage ist immer, was als Nächstes kommt und wie man sich langfristig positioniert. Gerade wenn es um die Höhe der Mieten geht – das Thema haben *wir heute diskutiert. Wohnen wird nicht günstiger, und wer jetzt die richtigen Entscheidungen trifft, profitiert in den nächsten Jahren enorm.«*

Sebastian lehnt sich nach vorne. »Heißt das, du siehst weiteres Mietwachstum, trotz aller politischen Maßnahmen?«

Florian nickt ernst. »Definitiv. Wir haben einfach viel zu wenig Wohnraum, steigende Baukosten, strengere Auflagen. Das alles führt dazu, dass die Mieten weiter steigen werden. Bestandsinvestoren sind in einer hervorragenden Position, weil sie nicht zu den hohen heutigen Baukosten kaufen müssen, sondern bestehende Objekte optimieren und anpassen können.«

Andrea überlegt. »Und das ist dann auch Thema in deiner Mastermind?«

Florian lächelt. »Unter anderem. Aber es geht nicht nur um Mieten. Es geht um Investmentstrategien, steuerliche Optimierung, Unternehmensaufbau. Ich kann euch gern mehr darüber erzählen – ich denke, das ist auch etwas für euch.«

Die vier blicken sich an. Die Idee, Teil einer solchen exklusiven Runde zu sein, liegt plötzlich klar auf der Hand.

Angebot und Nachfrage, Wohnungsmangel und Entwicklung der Mieten

Oft habe ich davon gesprochen, als Kapitalanleger Wohnungen zu kaufen, die der Markt verlangt. Was ist da eigentlich der deutsche Durchschnittswert? Wer sollte dies besser wissen als die Geschäftsführerin von ImmoScout24, Gesa Crockford: »Eine Zweizimmerwohnung, 64 Quadratmeter groß, für 556 Euro Kaltmiete«, verriet sie dem *Handelsblatt*.[12] Und sie weiß auch, wie auf solch eine Offerte reagiert wird: »Der Ansturm ist riesig. In Berlin bekommen Sie bei einem solchen Inserat allein 373 Anfragen – und das nur am ersten Tag. Aber selbst in Karlsruhe sind es noch 130 Anfragen am ersten Tag. Der Mietmarkt spielt verrückt. Die meisten Menschen suchen derzeit länger als ein Jahr nach einer neuen Wohnung.«[13] Der Wohnungsmarkt in Deutschland befindet sich – aus Mietersicht – seit Jahren in einer massiven Krise. Angebot und Nachfrage klaffen weit auseinander, die Bauwirtschaft kämpft mit Rückschlägen, hohen Zinsen und Baukosten, und die Mietpreise steigen unaufhaltsam. Dies schafft einerseits Renditechancen für Vermieter, andererseits erhebliche Risiken durch regulatorische Eingriffe und wirtschaftliche Unsicherheiten. Denn auch wenn Angebot und Nachfrage in manchen Ballungsräumen immer höhere Mieten hergeben und allein schon die Kosten diese oft erfordern, ist damit nicht gesagt, dass die Mieter diese Miethöhe auch tragen können.

Hohe Steuern und die Inflation, gerade auch bei Betriebskosten, zehren am verfügbaren Einkommen und verringern den Spielraum für Mieterhöhungen. Ich selbst merke auch verstärkt: Mieter, von denen man jahrelang nichts gehört hat und die stets überpünktlich ihre Miete zahlen, reagieren inzwischen angefasst auf Mieterhöhungen oder Betriebskostenabrechnungen. Sie akzeptieren diese zwar oder lassen sich neuerdings die Nebenkostenabrechnungen zur Überprüfung schicken, signalisieren aber, dass sie künftig keine großen finanziellen Sprünge mehr machen können.

Bis Ende 2024 hat sich die Situation beim Neubau stetig verschärft: Die Zahl der Baugenehmigungen sank im Vergleich zu 2023 um rund 25 Prozent. Die tatsächlichen Fertigstellungen beliefen sich auf etwa 230.000 Einheiten, manche Schätzungen gehen gar nur von 200.000 aus[14] – weit entfernt vom politischen Ziel der zu dieser Zeit amtierenden Bundesregierung von 400.000 Wohnungen jährlich. Vor allem in Ballungsräumen fehlen weiterhin Wohnungen, was den Druck auf die Mieten erhöht. Für 2025 prognostiziert das ifo Institut ebenfalls nur 205.000 Wohnungen.[15]

Keine Frage: Deutschland hinkt seit Jahren beim Wohnungsneubau deutlich hinterher, ja er ist förmlich eingebrochen. Der Bedarf wird durch steigende Bevölkerungszahlen, Zuwanderung inklusive ungebrochenem Familiennachzug und veränderte Haushaltsgrößen geprägt. Die Zahl der Einpersonenhaushalte nimmt stetig zu, was besonders die Nachfrage nach kleinen Wohnungen in Städten erhöht. Aktuelle Prognosen zeigen, dass die Neubaulücke 2024 insgesamt 600.000 Wohnungen erreichen könnte und bis 2027 auf bis zu 830.000 Einheiten anwachsen wird. Besonders betroffen sind Großstädte wie Berlin, München und Hamburg, wo die Neubautätigkeit den Bedarf bei Weitem nicht deckt. In Berlin fehlen jährlich rund 31.300 neue Wohnungen, während die tatsächliche Fertigstellungsrate deutlich darunterliegt, 2023 bei 13.443.[16]

All die Punkte aus den letzten Abschnitten zahlen mit darauf ein, warum viele Menschen nicht Immobilienmillionär werden. Denn sie wissen oft nicht, wo sie wie anfangen sollen, und sind gleichzeitig von den diversen baulichen, finanziellen, rechtlichen und politischen Themen verunsichert. Aus diesem Grund habe ich mich dazu entschieden, dieses Buch zu schreiben, das kritisch auf die verschiedenen Punkte eingeht und aufzeigt, worauf es ankommt und womit man sich beschäftigen muss, wenn man mit vermieteten Immobilien Millionär werden möchte.

Mietenentwicklung: Explosive Dynamik in den Städten

Der Mangel an Wohnraum und steigende Baukosten treiben die Mieten in Deutschland weiter in die Höhe. Aktuelle Daten zeigen, dass die durchschnittliche Angebotsmiete im vierten Quartal 2024 bei etwa 10,97 Euro pro Quadratmeter liegt, was einem Anstieg von rund 0,92 Prozent gegenüber dem Vorjahr entspricht.[17] Im dritten Quartal 2024 lag die durchschnittliche Angebotsmiete in Berlin bei etwa 14,79 Euro pro Quadratmeter, ein leichter Rückgang gegenüber dem Vorquartal, in dem erstmals die 15-Euro-Marke überschritten wurde.[18] In München hingegen betrug der durchschnittliche Mietpreis im vierten Quartal 2024 19,30 Euro pro Quadratmeter, was einer Steigerung von etwa 5 Prozent gegenüber dem vierten Quartal 2023 entspricht.[19]

Prognosen für 2025 deuten auf weitere Mietsteigerungen hin. So rechnet das größte deutsche Wohnungsunternehmen, Vonovia, mit einem Mietwachstum von etwa 4 Prozent.[20] Diese Entwicklungen unterstreichen die anhaltende Anspannung auf dem deutschen Wohnungsmarkt, besonders in den Metropolregionen.

Die Herausforderungen lassen sich auf mehrere Kernursachen zurückführen:

1. Steigende Baukosten: Rohstoffpreise, Fachkräftemangel und erhöhte Energieeffizienzstandards treiben die Baukosten in die Höhe. Neubauten in Großstädten kosten inzwischen oft mehr als 5.000 Euro pro Quadratmeter, was Investoren abschreckt. Denn die damit verbundenen Mieten müssten – um kostendeckend zu arbeiten – bei um die 20 Euro pro Quadratmeter liegen.
2. Zinswende: Die rapide gestiegenen Bauzinsen – von unter 1 Prozent im Jahr 2021 auf über 4 Prozent im Jahr 2022/2023 – haben die Finanzierung von Neubauprojekten massiv verteuert. Besonders kleinere Bauträger und private Investoren sehen sich finanziell überfordert. Es gab eine Reihe von Insolvenzen prominenter Projektentwickler. Hinzu kommt: Die Bauwirtschaft reagiert auf den Einbruch und baut Stellen ab – obwohl uns fast eine Million Wohnungen fehlen.
3. Regulatorische Eingriffe: Maßnahmen wie Mietpreisbremse, Milieuschutz und strengere Energieeffizienzvorgaben erschweren die Rentabilität von Investitionen. In Städten wie Berlin machen diese Regelungen das Mietwachstum schwieriger, obwohl die Nachfrage hoch bleibt. Da Deutschland Mieterland ist, war es auch kein Wunder, dass quer durch die meisten Parteien im Bundestagswahlkampf 2024/2025 die Mietpreisbremse und andere mieterfreundliche Regelungen Teil des Wettbewerbs waren. Aktuell können die Bundesländer bestimmte Regionen als »angespannte Wohnungsmärkte« ausweisen und dort die Mietpreisbremse nutzen. Dort darf dann die Miete bei Abschluss eines neuen Mietvertrags nicht mehr als 10 Prozent über der ortsüblichen Vergleichsmiete liegen. Ausnahmen gelten für Neubauten, die erstmalig nach Oktober 2014 vermietet wurden. Die jetzige Regelung läuft allerdings spätestens Ende 2025 aus, in manchen Bundesländern schon früher.
4. Wenig überraschend: »Die Mietpreisbremse soll unbefristet gelten, um langfristig für stabile und bezahlbare Mieten in angespannten Wohnungsmärkten zu sorgen«, heißt es im Wahlprogramm der SPD. Die Grünen wollen das Instrument verlängern und bereits auf Wohnungen anwenden, die älter als fünf Jahre sind. Beide Parteien

wollen zudem befristete Vermietungen und (teil) möblierte Angebote miteinbeziehen, wo die Bremse bislang nicht gilt. Und auch Berlins Regierender Bürgermeister Kai Wegner (CDU) ist für die Verlängerung der Mietpreisbremse.[21]

Keine der genannten Maßnahmen wird direkt neue Wohnungen schaffen. Die Wohnungsnot konzentriert sich weiterhin auf die Top-7-Städte Deutschlands, in denen der Bedarf am höchsten ist. Doch auch Regionen wie Bayern und das brandenburgische Umland von Berlin verzeichnen eine zunehmende Nachfrage nach Wohnraum. Das liegt laut Crockford von ImmoScout24 auch daran, dass »viele Kaufinteressenten ihre Pläne nach dem Zinsanstieg zunächst auf Eis legten und auch auf dem Mietmarkt suchten. Das drückt die Nachfrage aus den Großstädten hinaus ins Umland. Die Angebotsmieten bei Neuvermietungen steigen daher inzwischen im Speckgürtel stärker als in den Metropolen selbst.«[22]

Die hohe Nachfrage sichert stabile oder steigende Mietpreise, erst recht in stark nachgefragten Städten. Gerade dort sind bei der Neuvermietung die höchsten Mieten zu erzielen, da Neubauten weniger streng reguliert sind: »In den letzten fünf Jahren sind die Angebotsmieten in diesem Sektor um bis zu 70 Prozent gestiegen, und auch im nächsten Jahr werden die Neuvertragsmieten vermutlich weiter steigen«, so im Dezember 2024 ImmoScout-Chefin Crockford. Ihr Fazit fällt so lapidar wie treffend aus: »Mietsuchende haben es 2025 schwer. Es fehlen einfach Wohnungen.« Aus der Perspektive von Kapitalanlegern bleibt die Situation also aussichtsreich. Grund genug für alle, die noch zögern, zum Vermieter zu avancieren. Zu wenig Angebot, extrem hohe Nachfrage – hier müssen Sie nicht viel Fantasie haben, um zu erkennen, dass bei der richtigen Auswahl des Objekts die Mieten langfristig weiter steigen werden.

Sebastian schaut aufs Wasser, während er mit dem Stäbchen in seinem Cocktail rührt. »Also, wir wissen jetzt, dass Mietpreise weiter steigen, dass Bestandsimmobilien großes Potenzial haben – aber wo fängt man an? Erst eine Immobilien-GmbH gründen oder vielleicht eine Genossenschaft?«

Andrea nickt. »Gute Frage. Je nachdem, was das Ziel ist. Will man sich langfristig ein Portfolio aufbauen oder eher flexibel bleiben?«

Florian lehnt sich vor. »Es gibt nicht die eine richtige Lösung für alle. Ihr müsst euch zuerst über eure Ziele klar werden. Wollt ihr möglichst steuerschonend investieren? Dann könnte eine GmbH sinnvoll sein. Oder denkt ihr größer, vielleicht mit mehreren Partnern, um langfristig größere Projekte umzusetzen? Dann wäre eine Genossenschaft eine Überlegung wert.«

Andreas schüttelt den Kopf. »Also heißt es, erst die Ziele fokussieren, dann die Strategie festlegen und ins Handeln kommen.«

Florian nickt. »Exakt. Ihr seid schon auf hohem Niveau, aber jetzt geht es darum, nicht nur sinnvoll zu investieren, sondern mit einem klaren Ziel vor Augen die Extrameile zu gehen. Nicht nur einfach weiterzukaufen, sondern Strukturen zu schaffen, die euch langfristig den maximalen Hebel bieten. Und genau das ist der Übergang zum nächsten Level. Denn letztendlich bringt das beste Wissen nichts, wenn man nicht ins Tun kommt. Das ist bei euch natürlich nicht das Problem, aber jetzt kommt ihr in andere Höhenlagen.«

Die Gespräche der anderen Gäste verschwimmen im Hintergrund, während in den Köpfen der vier bereits die nächsten Überlegungen reifen. Entscheidungen stehen an – und sie wollen sie richtig treffen.

Nachdem wir ausführlich betrachtet haben, welche steuerlichen Möglichkeiten und Vorteile Immobilieninvestoren in Deutschland nutzen können und wie die Rahmenbedingungen aussehen, stellt sich eine entscheidende Frage: Wie setzen Sie dieses Wissen in der Praxis um? Denn Steueroptimierung ist nur ein Teil des Erfolgsrezepts. Es kommt auf eine durchdachte Vorgehensweise beim gesamten Investmentprozess an – und das richtige Mindset.

INS HANDELN KOMMEN

Viele denken darüber nach, in Immobilien zu investieren, und die meisten bleiben genau da stehen – beim Denken. Warum? Weil es so viele offene Fragen und Unsicherheiten gibt. Soll man auf bessere Marktbedingungen warten? Ist das aktuelle Objekt wirklich das richtige? Klappt das wirklich mit den Abschreibungen? Oder: Was, wenn die Zinsen wieder steigen? Solche Gedanken lähmen. Dabei kennen erfolgreiche Investoren eine wichtige Wahrheit: Es gibt nie den perfekten Zeitpunkt, um zu starten – außer dem jetzigen.

Die Unsicherheit ist verständlich, schließlich geht es um viel Geld, um Lebensentscheidungen. Doch wie so oft im Leben entscheidet nicht der perfekte Plan über Erfolg, sondern der erste Schritt. Immobilieninvestment ist ein Marathon, kein Sprint. Und wer losläuft, auch wenn es vielleicht nicht ideal scheint oder man an mancher Weggabelung kurz stehenbleibt, ist am Ende weiter als derjenige, der am Start zögert.

In diesem Kapitel erfahren Sie, wie Sie vom Grübeln ins Handeln kommen. Es geht nicht darum, unüberlegt loszulegen, sondern Schritt für Schritt die Weichen für Ihr erstes oder nächstes Investment zu stellen. Ich zeige Ihnen, wie Sie Ängste überwinden, mögliche Stolpersteine umschiffen und die Strategie entwickeln, die zu Ihren Zielen passt. Denn eines ist sicher: Sie werden niemals eine Immobilie besitzen, wenn Sie nicht irgendwann den entscheidenden ersten Schritt machen.

Warum viele nicht mit Immobilien reich werden – die sechs häufigsten Fehler

Warum scheitern so viele Menschen daran, mit Immobilien erfolgreich Vermögen aufzubauen? Obwohl sie die besten Absichten haben, stehen ihnen typische Fehler im Weg, die ich in den letzten Jahren immer wieder beobachtet habe. Hier sind die sechs wichtigsten Gründe dafür, dass es bei vielen nicht klappt – und wie Sie diese vermeiden können.

1. Angst vor Risiken: Der größte Deal-Killer

Angst ist vermutlich der häufigste Grund, warum viele Menschen nie mit Immobilien anfangen. Ich habe unzählige Gespräche geführt, in denen mir Interessenten erzählten, dass sie gerne investieren würden, aber dann folgt eine ellenlange Liste von Bedenken: »Was, wenn die Miete ausbleibt?«, »Was, wenn der Mieter die Wohnung beschädigt?«, »Was, wenn die Preise fallen?«

Ein Mandant von mir hatte alles perfekt vorbereitet: eine solide Finanzierung, ein Objekt in einer Toplage, und das Eigenkapital musste nicht einmal angetastet werden. Doch wenige Tage vor dem Notartermin bekam er kalte Füße. Der Grund: Ein Freund hatte ihm eingeredet, dass der Balkon der Wohnung zu klein sei und das später problematisch werden könnte. Solche Einwände von vermeintlichen Experten ohne eigene Immobilienerfahrung höre ich ständig.

Mein Tipp: Tauschen Sie sich nur mit Menschen aus, die selbst erfolgreich Immobilien besitzen – und zwar als Vermieter oder Investoren, nicht als Selbstnutzer eines Einfamilienhauses. Wer keine Ahnung hat, wird immer die Risiken sehen, aber nie die Chancen – und Sie deshalb falsch beraten und Ihnen vom Kauf abraten. Sie würden sich auch nicht für eine spezielle Knieoperation von einem Herzchirurgen behandeln lassen. Auch wenn der Herzchirurg Ihnen eine ganze Menge medizinischer Themen exzellent erklären kann, ist dies wahrscheinlich wenig hilfreich für Ihr Knie. Hören Sie also auf die richtigen Experten und trauen Sie sich, den ersten Schritt zu machen!

2. Unsaubere Zahlen und fehlendes Wissen

Viele scheitern, weil sie die Grundlagen nicht verstehen. Begriffe wie »Bruttorendite« oder »Eigenkapitalrendite« werden durcheinandergebracht, und oft fehlen wichtige Kosten in den Berechnungen. Es gibt Anleger, die mit unrealistischen Renditeerwartungen an den Markt gehen, nur um später enttäuscht zu werden.

Ein Beispiel: Nehmen wir eine Wohnung mit einer Bruttomietrendite von 5 Prozent. Klingt super, oder? Aber was ist mit Kaufnebenkosten, nicht umlagefähigen Betriebskosten, Verwaltungskosten und Instandhaltungsrücklagen? Am Ende bleibt von den 5 Prozent oft nicht viel übrig. In meinen Beratungen prüfen wir die Zahlen stets im Detail. Wir betrachten jede Kostenposition und simulieren verschiedene Szenarien: Wie wirkt sich eine Zinserhöhung aus? Was passiert bei einem Leerstand? Nur so können Sie fundierte Entscheidungen treffen.

3. Emotionen statt Fakten

Das ist ein Klassiker: Viele kaufen Immobilien, die ihnen selbst gefallen, statt darauf zu achten, ob sie als Kapitalanlage taugen. Ich erinnere mich an eine Mandantin, die unbedingt eine Altbauwohnung kaufen wollte, weil sie den Charme von hohen Decken und Stuck liebte. Das Problem: Die Wohnung lag in einer Gegend mit hoher Arbeitslosigkeit und wenig Mietnachfrage.

Eine Kapitalanlage ist kein Eigenheim. Sie müssen sich von der Idee lösen, dass Ihnen die Immobilie gefallen muss. Viel wichtiger ist, dass sie vermietbar ist, dass die Zahlen stimmen und dass sie zu Ihrer Strategie passt. Eine Immobilie muss funktionieren, nicht für Ihre privaten Wohnzwecke gefallen. Einer meiner wichtigen Leitsprüche ist: »Es muss Ihnen nicht gefallen, sondern funktionieren!«

4. Das Eigenheim-Missverständnis

Viele glauben, dass der Kauf eines Eigenheims sie finanziell voranbringt. Das ist ein Trugschluss. Ein Eigenheim ist in erster Linie Konsum und Lebensstil, keine Investition. Sie zahlen die Kreditraten aus versteuertem Einkommen, und das Geld bringt keinen laufenden Ertrag.

Ich habe Freunde, die jahrelang jeden Cent in ihr Eigenheim gesteckt haben. Sie haben es renoviert, den Garten neu angelegt, eine neue Küche eingebaut. Jetzt, 20 Jahre später, ist das Haus zwar schuldenfrei, aber es wirft keinen Cent ab. Und wenn sie es verkaufen, müssen sie trotzdem irgendwo wohnen.

Natürlich gibt es emotionale Gründe für ein Eigenheim – Sicherheit, Familie, das Gefühl, etwas Eigenes zu besitzen. Aber als Investment ist es meist keine gute Wahl. Das Argument, dass die Miete verschenkt ist und sich die eigene Rate der Finanzierung für das Eigenheim ja viel mehr lohnt, hinkt in vielerlei Hinsicht. Denn die Zinsen für die Finanzierung des Eigenheims sind auch weg, Sie haben keine steuerlichen Vorteile bei einem Eigenheim, Renovierungen zahlen Sie ebenfalls aus dem Nettoeinkommen und in den meisten Fällen erreichen Sie beim Verkauf nicht den Wert, den Sie insgesamt reingesteckt haben (wir reden nicht vom Kaufpreis). Gerade in der jetzigen Zeit, wo die Zinsen so hoch sind, ist die Nachfrage nach Eigenheimen enorm zurückgegangen; und zwar vor allem auch, weil Käufer von Eigenheimen keine Zinsen von der Steuer geltend machen können.

5. Angst vor Schulden und falsches Verständnis des Hebeleffekts

Schulden sind in Deutschland ein großes Tabuthema. Viele Menschen haben Angst davor, sich zu verschulden, selbst wenn es sich um »gute Schulden« handelt, die für den Kauf einer werthaltigen Immobilie aufgenommen werden.

Ein Praxisbeispiel: Ein Mandant wollte eine Wohnung kaufen, die eine Nettorendite von 4 Prozent hatte. Er hatte genug Eigenkapital, um den Kauf komplett ohne Kredit zu finanzieren. Doch ich zeigte ihm, wie er durch den Einsatz von Fremdkapital seine Eigenkapitalrendite deutlich steigern konnte; also mit einem gegebenen Eigenkapital nicht nur eine Immobilie, sondern gleich drei Objekte kaufen konnte. Natürlich kostet das Zinsen, erhöht aber unterm Strich die Rendite, schließlich nimmt man drei Mieten ein.

Die meisten verstehen nicht, dass Schulden bei Immobilieninvestitionen ein Werkzeug sind. Sie nutzen das Geld der Bank, um Vermögen aufzubauen. Solange die Immobilie solide ist und die Finanzierung nachhaltig tragfähig bleibt, sind Schulden kein Problem, sondern ein Vorteil. Sonst würde auch keine Bank das Geld dazu geben. Dies bedeutet nicht, dass dies für jeden sinnhaft erscheinen muss. Gerade bei älteren Kunden von uns, die Kapital anlegen wollen und bereits Mieteinnahmen »verleben« möchten, kann es Sinn ergeben, ohne Finanzierung zu kaufen.

6. Zu enger Fokus auf einzelne Kennzahlen

Einige Anleger konzentrieren sich zu sehr auf bestimmte Zahlen wie eine hohe Mietrendite oder einen niedrigen Kaufpreis pro Quadratmeter. Das ist zwar verständlich, kann aber dazu führen, dass gute Gelegenheiten übersehen werden.

Ich erinnere mich an eine Wohnung, die ich gekauft habe, die auf den ersten Blick keine besonders gute Rendite bot. Doch ich wusste, dass die Mieten unter dem Marktwert lagen und die Nachfrage in der Gegend stieg. Nach einer moderaten Mietanpassung war die Wohnung eine der profitabelsten in meinem Portfolio.

Immobilien sind kein statisches Investment. Sie müssen das Gesamtbild betrachten: die Lage, die Entwicklungsmöglichkeiten, die steuerlichen Vorteile. Fixieren Sie sich nicht auf eine einzige Zahl, sondern überlegen Sie, wie die Immobilie in Ihr Portfolio passt. Ebenfalls sollten Sie berücksichtigen, das Große und Ganze zu bewerten. Es bringt Ihnen wenig, eine Immobilie mit 5, 6 oder 7 Prozent Mietrendite zu erwerben, bei der Probleme in der Eigentümergemeinschaft bestehen, wenig bis keine Rücklagen in der Eigentümergemeinschaft angespart sind und die Wohnung noch saniert werden muss. Sie sollten Gleiches mit Gleichem vergleichen und sich nicht blauäugig in die falschen Investments stürzen, die nur auf den ersten Blick toll aussehen.

Gedankenspiel: Was würden Sie tun, wenn Sie eine Immobilie geschenkt bekämen?

Machen wir einmal ein Gedankenspiel: Was würden Sie tun, wenn ich Ihnen eine Immobilie schenken würde? Wahrscheinlich würden immer noch 50 Prozent der Leser ablehnen – weil sie nur das Negative sehen und Belastungen im Blick haben: Was, wenn der Mieter nicht zahlt, ja womöglich ein Mietnomade ist? Was passiert, wenn Reparaturen anstehen oder der Mieter ständig anruft? All das sind berechtigte Fragen und Themen, die man sich natürlich genau anschauen sollte. Doch auf der anderen Seite sind das alles Herausforderungen, bei denen Sie mit der richtigen Vorbereitung das Risiko erheblich minimieren können.

Der richtige Mieter macht den Unterschied: Wenn Sie sich den Mieter gut aussuchen, geht das Risiko nahezu gegen null. Falls der Mieter bereits in der Immobilie wohnt, wissen Sie in der Regel durch die bisherigen Zahlungen, ob er pünktlich zahlt. Mietnomaden? Das ist vor allem ein Medienthema. In der Praxis sind solche Fälle extrem selten und mit einem gründlichen Mietercheck kaum ein Risiko. Sanierungsstau? Natürlich sollten Sie sich das Objekt genau ansehen und die Protokolle der WEG-Versammlung prüfen. Mit solchen Maßnahmen können Sie Risiken drastisch reduzieren. Am Ende ist es aber ein Investment, das Ihnen genau deshalb eine Rendite bietet, weil ein gewisses (theoretisches) Risiko damit verbunden ist.

Was jedoch auf keinen Fall passieren darf: dass Sie aufgrund solcher Überlegungen gar nichts tun und die positiven Seiten der Investition übersehen – wie den Ausblick auf zusätzliche Einnahmen, finanzielle Freiheit oder erhebliche Steuervorteile.

Diese Frage beschäftigt mich immer wieder: Warum setzen nicht viel mehr Menschen ihre Pläne in die Tat um? Oft fehlt einfach der entscheidende Schubser in Richtung Umsetzung. Ohne den ersten Schritt können Sie weder Erfahrungen sammeln noch dazulernen. Sie werden nicht besser und es wird sich nichts in Ihrem Leben verändern. Wenn Sie unsicher sind, holen Sie sich Experten an Ihre Seite – nach zwei oder drei Objekten werden Sie selbst zum Immobilienprofi.

Nutzen Sie den folgenden QR-Code und vereinbaren Sie einen kostenlosen Kennenlern-Termin mit meinem Team und mir, um zu erfahren, ob und wie wir Ihnen helfen können, endlich den Weg zur ersten Million mit Immobilien zu machen oder die richtige Struktur und Beratung aufzusetzen.

Florian schaut auf die beiden Paare und lächelt. »Ihr seid alle schon gut dabei, aber wenn ich euch so anblicke, sehe ich noch viel mehr Potenzial. Yvonne und Sebastian – ihr solltet die 10.000 Euro monatliche Mieteinnahmen fest im Blick haben. Andrea, für dich wären 5.000 realistisch, vielleicht sogar mehr, wenn du nach den ersten zehn Jahren manche deiner Immobilien steuerfrei verkaufen kannst. Aber dafür musst du noch einige wenige smarte Käufe tätigen. Und Andreas, mit deinem strukturierten Ansatz halte ich 8.500 für absolut machbar.«

Sebastian staunt: »10.000 Euro – das klingt nach einer großen Zahl. Aber wenn ich genauer drüber nachdenke ... Ja, warum eigentlich nicht?«

Andrea lacht. »Und 5.000 für mich? Da habe ich ja noch einiges vor mir.«

Florian nickt. »Das schaffen wir schon gemeinsam. Gern helfe ich dir und euch. Und ehrlich gesagt – für euch drei, Yvonne, Sebastian und Andreas, wäre der nächste Schritt eigentlich klar: Ihr solltet über ein Mehrfamilienhaus nachdenken. Einzelne Einheiten sind super, aber wenn ihr langfristig wachsen wollt, ist Skalierung das A und O.«

Andrea runzelt die Stirn. »Und ich? Ich bin ja noch nicht auf eurem Level.«

Florian schüttelt den Kopf. »Ja, deshalb würde ich dein Ziel auch anders formulieren. Für dich geht es erst mal darum, noch ein solides Fundament zu schaffen. Aber auch du solltest in absehbarer Zeit in größeren Dimensionen denken.«

Sebastian sagt: »Und wir haben immer gedacht, dass wir mit unseren Einheiten gut fahren, aber wenn man das so betrachtet …«

Florian nickt. »Für den Anfang ist das auch goldrichtig. Man fängt ja nicht mit einem Mietshaus an. Aber genau da liegt das Problem vieler Investoren: Sie hören auf, sich weiterzuentwickeln. Sie bleiben irgendwann stehen, weil es bequemer ist. Dabei ist der Markt ständig in Bewegung – und wer nicht mitgeht, verpasst die größten Chancen.« Er erhebt sein Glas. »Strukturen schaffen, Chancen und Steuervorteile nutzen – und dann kommt ihr an eure Ziele. Also, worauf wartet ihr?«

Ein Beispiel aus meiner Praxis: Mitte 2024 hatte ich ein Objekt für meine Kunden, das ohne Eigenkapital finanziert werden konnte. Die Zinskonditionen waren traumhaft, die Rendite stimmte, der Zustand und die Lage waren ausgezeichnet, und das Objekt hatte ein großes Steigerungspotenzial. Man hätte sogar zwei dieser Objekte kaufen können. Einige Interessenten hatten mir bereits vor Jahren erzählt, dass sie genau so ein Objekt suchten. Nun war es da, ich präsentierte es ihnen auf dem Silbertablett – und trotzdem passierte nichts. Sie trauten sich einfach nicht. So etwas macht mich immer wieder fassungslos.

Natürlich ist eine 110-Prozent-Finanzierung kein Geschenk. Sie lassen sich damit auf erhebliche Schulden und Verantwortung ein. Doch das sind normale Bausteine auf dem Weg zum Immobilienerfolg – alles Dinge, die kalkulierbar sind und hinter denen immer ein konkreter Gegenwert steht.

Ich sage solchen Kunden dann: Schauen Sie sich die Objekte an, die Sie damals abgelehnt haben. Werfen Sie einen Blick darauf, wie sie sich entwickelt haben. Ist es wirklich so schlimm geworden? Sind diese Immobilien Ruinen geworden oder wurden sie von kostspieligen Sanierungen ruiniert? Sind die Eigentümer pleitegegangen? Natürlich nicht. Stattdessen wird schnell klar, was sie in den vergangenen Jahren an Einnahmen, Wertsteigerung, Steuervorteilen und Vermögensaufbau verpasst haben.

Deshalb lautet die Devise: Einfach anfangen, klein beginnen und sich dann stetig steigern. Selten startet jemand direkt mit einem Mehrfamilienhaus. Doch nach den ersten Eigentumswohnungen sollte ein solches Objekt ein realistisches Ziel sein, das Sie im Blick behalten.

Think Big: Skalieren und Immobilienportfolio aufbauen – es beginnt im Kopf

Zunächst ist es wichtig, die Rechtsformen zu kennen und sich vorab Gedanken zu dem Aufbau und der Struktur seines Portfolios zu machen. Viele können sich zu Beginn gar nicht vorstellen, ein größeres Immobilienportfolio aufzubauen. Schon der Gedanke an eine, zwei oder drei Immobilien scheint überwältigend. Noch unrealistischer erscheint es, 3.000 oder 5.000 Euro monatliche Mieteinnahmen zu erzielen. Für viele wirkt das so weit entfernt wie die Teilnahme an Olympia oder einem Grand-Slam-Turnier.

Doch die Wahrheit ist: Mit der richtigen Strategie, passenden Partnern und dem nötigen Durchhaltevermögen ist genau das erreichbar. Ich habe bereits mit vielen Kunden zusammengearbeitet, die heute Immobilienmillionäre sind. Sie haben ein siebenstelliges Portfolio aufgebaut und dabei massiv Steuern gespart – obwohl sie sich das anfangs ebenfalls nicht vorstellen konnten. Ich habe selbst bei null angefangen und mittlerweile Mieteinnahmen von rund 250.000 Euro jährlich – für mich am Anfang unfassbar weit weg und kaum vorstellbar. Dabei schreibe ich diese Werte hier nicht, um mich als tollen Investor darzustellen. Vielmehr möchte ich Ihnen Mut machen und zeigen, dass es geht und nie zu spät ist!

Der Schlüssel liegt im Mindset. Viele setzen sich selbst Grenzen, die nur in ihrem Kopf existieren. Ein gutes Beispiel sind Arbeitselefanten in Asien: Als Babys bekommen sie eine Kette um den Fuß, deren Ende mit einem Nagel im Boden verankert wird. Die jungen Tiere haben nicht die Kraft, sich zu befreien, und gewöhnen sich daran. Später, als ausgewachsene Elefanten, könnten sie den Nagel problemlos herausziehen – doch sie versuchen es nicht, weil sie glauben, es sei unmöglich.

Vielleicht geht es Ihnen ähnlich. Vielleicht sind Sie mit dem Gedanken aufgewachsen, dass die Rente sicher sei oder dass Vermieter sein etwas Negatives sei. Doch solche Glaubenssätze halten Sie zurück. Entscheidend ist, diesen mentalen Nagel zu lösen und den ersten Schritt zu machen.

Dazu muss man das Grundprinzip verstehen – und sich die entscheidende Frage stellen: »Was will ich unterm Strich erreichen?« Viele denken einfach: »Ich will Steuern sparen.« Aber wo genau? Wofür? Wo soll die Reise hingehen? Es braucht eine klare Strategie, die sich an den eigenen Zielen und der Motivation orientiert. Ohne diesen Plan bleibt vieles ungenutzt.

Beginnen Sie mit einer Wohnung – und hören Sie danach nicht auf. Setzen Sie sich ein großes Ziel, das Sie in Etappen aufteilen können. Ein Kunde von mir, Anfang 50, hatte zum Beispiel kein Eigenkapital zur Verfügung. Aber er besaß eine abbezahlte Wohnung. Durch Kapitalbeschaffung konnte er diese nutzen, um das Eigenkapital für drei weitere Wohnungen zu finanzieren.

Der Weg zum erfolgreichen Immobilienportfolio beginnt im Kopf – und mit dem ersten mutigen Schritt. Es muss aber immer das Ziel, das »Wie viel« und »Warum« klar sein. Denn ich steige ja auch nicht einfach in ein Auto und fahre nur so herum. Ich muss immer wissen, wo es hingeht.

Einfach loslegen: Immobilienbestand ausbauen

Immer wieder erlebe ich, dass Menschen zwar investieren wollen, aber nicht in die Umsetzung kommen. Manche geben sich mit ein oder zwei Wohnungen zufrieden und skalieren nicht weiter. Auch ich habe das zu Beginn erlebt. Wie also schaffen Sie es?

1. Ziele setzen! Wann möchten Sie was erreicht haben? Zum Beispiel: bis zu einem bestimmten Zeitpunkt eine festgelegte Höhe an Mieteinnahmen erzielen. Wichtig ist, dass Sie konkrete und messbare Parameter definieren. Ein Ziel macht nur Sinn, wenn Sie klar wissen, was bis wann erreicht werden soll. Planen Sie eventuell einen Exit, also einen Verkauf? Dann sollten Sie auch hier klare Vorgaben haben: Wann wollen Sie verkaufen und welchen Preis streben Sie an?
2. Das »Warum« kennen! Ihre Motivation ist der Antrieb, der Sie auf Kurs hält. Sie sollten genau wissen, warum Sie Vermögen aufbauen oder bestimmte Einnahmen erzielen möchten. Geld ist kein Selbstzweck. Der Sinn dahinter ist entscheidend. Überlegen Sie, wie Ihr Vermögen Ihr Leben verändern wird. Gerade in schwierigen Zeiten hilft ein starkes »Warum«, Rückschläge zu verkraften und weiterzumachen. Fragen Sie sich auch: Was passiert, wenn Sie Ihr Ziel nicht erreichen? Ziele sollten groß genug sein, um echte Anstrengung zu erfordern, und gleichzeitig emotional so packend, dass sie Sie antreiben. Sollten Sie jetzt sagen, Geld allein macht auch nicht glücklich, ist das völlig korrekt. Doch was stört Sie an der Vorstellung, genügend Geld und Einnahmen zu jeder Zeit zu haben und einfach die Dinge zu machen, die Sie sich wünschen? Mit ausreichend Geld lebt es sich leichter und befreiender und bitte verstehen Sie diese Zeilen nicht so, dass sie den nächsten Luxusartikel kaufen sollen. Geld haben und es investieren zu können, was Ihnen passive Einnahmen und Zinsen beschert, kommt von »halten« und nicht von »ausgeben für unnütze Dinge«. Sehen Sie daher die richtigen Immobilieninvestitionen als clevere Investments, die Ihnen langfristig helfen, Ihre Ziele zu erreichen.
3. Einfach machen! Das bedeutet nicht, blind Immobilien zu kaufen. Halten Sie sich an bewährte Spielregeln, aber vermeiden Sie Untätigkeit durch ständige Ausreden oder Zweifel. Das perfekte Ob-

jekt, der ideale Zinssatz oder der perfekte Zeitpunkt existieren in der Theorie – doch erkennen Sie diese Perfektion immer erst im Nachhinein. Minimieren Sie Risiken mit Checklisten und Grundregeln, aber machen Sie den entscheidenden Schritt.

Vergleichen Sie es mit einem Fitnessstudio: Sich nur anzumelden reicht nicht. Sie müssen hingehen und trainieren, sonst passiert nichts. Ebenso bei Immobilien: Wer nur Anzeigen durchstöbert, Excel-Tabellen ausfüllt oder Makler anruft, wird auf Dauer keinen Erfolg haben. Handeln Sie, sammeln Sie Erfahrungen und entwickeln Sie Routine. Der Prozess wird Sie mitreißen und begeistern.

Angst oder Respekt vor dem ersten Schritt sind normal. Nutzen Sie diese Gefühle als Antrieb und suchen Sie den Austausch mit erfahrenen Investoren oder Beratern. Besonders beim ersten Investment sind Vorbilder und Gespräche Gold wert. Und denken Sie immer daran: Die Immobilie muss nicht Ihnen gefallen, sondern für Ihre Zielmieter attraktiv sein. Funktionalität steht über Ästhetik.

Wer ein Immobilienportfolio aufbauen will, braucht klare Ziele und eine strukturierte Herangehensweise:

- Ziele definieren: Warum investieren Sie? Wollen Sie Vermögen sichern, Einkommen generieren oder Ihre Altersvorsorge absichern?
- Regeln einhalten: Ist die Investition mit Ihrer Strategie und Ihren finanziellen Möglichkeiten vereinbar?
- Finanzierung sicherstellen: Passt die Immobilie in Ihr Budget und lässt sie sich sinnvoll finanzieren?

Wenn Sie alle drei Fragen mit »Ja« beantworten können, dann handeln Sie. Warten Sie nicht auf den perfekten Zeitpunkt – dieser wird nie kommen. Starten Sie jetzt und beginnen Sie, Ihr Portfolio Schritt für Schritt aufzubauen.

Nach und nach treffen die Teilnehmer der Mastermind-Gruppe im Beach Club ein. Sie haben sich im Hotel frisch gemacht und betreten nun den Bereich, den Florian für sie reserviert hat. Kellner servieren Cava und Cocktails, während die Gruppe sich an den Stehtischen verteilt. Bald mischen sich Yvonne, Sebastian, Andrea und Andreas unter die Runde.

Andrea kommt ins Gespräch mit einem älteren Teilnehmer, der bereits seit knapp 30 Jahren investiert ist. »Ich bin gerade dabei, mein Portfolio strategisch zu erweitern, aber es fühlt sich an, als gäbe es immer einen noch besseren Weg. Woher weiß man, wann es genug ist?«, übertreibt sie ein wenig, um auf gleicher Augenhöhe mitzumischen.

Er lacht. »Das habe ich mich auch oft gefragt. Der Trick ist nicht, einfach mehr zu kaufen, sondern Strukturen zu schaffen, die dir echte Freiheit ermöglichen. Hast du schon über eine Holding-Struktur nachgedacht?«

Andrea verschluckt sich beinahe, fasst sich aber schnell: »Nein, das wäre noch nichts für mich. Aber eine GmbH habe ich durchaus im Auge.«

Sebastian unterhält sich mit einer Unternehmerin aus München, die, ebenso wie er, bundesweit unterwegs ist. »Ich überlege, in ein Mehrfamilienhaus zu gehen, aber das ist schon eine andere Hausnummer als Eigentumswohnungen. Wo siehst du aktuell die besten Chancen?«

Sie nimmt einen Schluck von ihrem Drink und überlegt kurz. »Wenn du nach aufstrebenden Wohnlagen suchst, in denen die Nachfrage stetig wächst, kannst du noch gute Deals machen. Hast du dir mal Leipzig oder Kassel angesehen? Dort gibt es noch solide Mietrenditen, wenn man die richtigen Objekte findet.«

Florian hebt sein Glas und klopft mit einem Löffel leicht dagegen. Die Gespräche verstummen. »Ihr Lieben, genau solche Gespräche sind es, die die Mastermind ausmachen. Fachwissen ist wichtig, aber es sind diese Begegnungen, die einen wirklich weiterbringen. Ihr seid alle hier, weil ihr das nächste Level erreichen wollt – und morgen geht es genau darum: Wie setzen wir das alles in die Praxis um?« Er macht eine kurze Pause, lässt seinen Blick über die Gruppe schweifen und lächelt. »Aber jetzt genießen wir erst mal diesen Abend. Das Buffet ist eröffnet!«

PRAXISLEITFADEN: SCHRITT FÜR SCHRITT ZUM ERFOLGREICHEN IMMOBILIENINVESTMENT

Erfolgreiche Immobilieninvestoren handeln nicht impulsiv, sondern mit Plan. Eine fundierte Strategie, die sowohl steuerliche als auch finanzielle Aspekte berücksichtigt, bildet das Fundament für nachhaltigen Vermögensaufbau. In diesem Kapitel erhalten Sie eine klare Anleitung, wie Sie systematisch vorgehen – von der Auswahl der geeigneten Rechtsform über die optimale Nutzung der Abschreibung bis hin zur langfristigen Vermögensplanung und Beispiele für bestimmte Marktsegmente.

Checkliste Steuern sparen mit Immobilien (Basis 2025)

Steuern sparen mit vermieteten Immobilien in Deutschland erfordert eine strukturierte Herangehensweise. Hier ist eine umfangreiche Checkliste – gewissermaßen auch eine Faktenzusammenfassung des Buchs –, die Ihnen helfen kann, durch die Vermietung von Immobilien steuerliche Vorteile zu nutzen. Die Zahlen basieren auf den Steuergesetzen für 2025 (Stand Januar 2025).

1. Rechtsform und Struktur wählen
    - **Prüfung der richtigen Rechtsform:** Entscheiden Sie, ob Sie die Immobilie als Privatperson oder über eine Gesellschaft (zum Beispiel eine GmbH oder eine GbR) vermieten. In bestimmten Fällen kann eine GmbH steuerliche Vorteile bringen, vor allem, wenn Sie mehrere Immobilien besitzen.
    - **Investitionsgesellschaften:** Wenn Sie in großem Stil Immobilien vermieten, kann eine spezielle Immobiliengesellschaft sinnvoll sein, um Steuern zu optimieren.

2. AfA (Absetzung für Abnutzung) richtig nutzen
    - **Berechnung der AfA:** Sie können jährlich den Wertverlust der Immobilie absetzen (normalerweise 2 Prozent pro Jahr bei Standardimmobilien über 50 Jahre).
    - **AfA für Renovierungskosten:** Bei Renovierungen und Sanierungen können Sie ebenfalls steuerliche Vorteile durch AfA in Anspruch nehmen, wobei Sie die AfA über drei bis fünf Jahre verteilen können, je nach Art der Renovierung.

3. Kosten für Instandhaltung und Reparaturen absetzen
    - **Reparaturkosten:** Alle Ausgaben, die durch Reparaturen und Instandhaltungen entstehen, können von den Einkünften aus Vermietung und Verpachtung abgezogen werden.
    - **Modernisierungen und Renovierungen:** Diese können ebenfalls als Betriebsausgaben geltend gemacht werden. Beachten Sie, dass umfassende Modernisierungen möglicherweise nicht sofort, sondern über mehrere Jahre verteilt abgesetzt werden müssen.

4. Finanzierungskosten optimal nutzen
    - **Zinsen auf Darlehen absetzen:** Die Zinsen auf Kredite, die zur Finanzierung des Kaufs oder der Renovierung der Immobilie aufgenommen wurden, sind steuerlich absetzbar.
    - **Verwaltungskosten und Steuerberatungskosten:** Diese Kosten sind ebenfalls als Betriebsausgaben abzugsfähig.

5. Gewinne aus der Vermietung optimieren
   - **Verluste aus Vermietung und Verpachtung:** Falls Ihre Ausgaben höher als Ihre Einnahmen sind (zum Beispiel durch hohe Renovierungskosten), können Sie diese Verluste aus Vermietung und Verpachtung mit anderen Einkünften (zum Beispiel aus dem Gehalt) verrechnen lassen.
   - **Steuerfreie Mieteinnahmen:** Es gibt bestimmte Steuerbefreiungen für langfristig vermietete Immobilien, insbesondere bei Denkmalimmobilien oder Förderprogrammen.

6. Verkauf der Immobilie
   - **Spekulationsfrist beachten:** Der Gewinn aus dem Verkauf einer Immobilie ist steuerpflichtig, wenn die Immobilie innerhalb von zehn Jahren nach dem Erwerb wieder verkauft wird. Nach Ablauf der zehn Jahre ist der Gewinn steuerfrei.
   - **Verkauf durch GmbH:** Wenn Sie eine GmbH gründen und die Immobilie über diese Gesellschaft halten, unterliegt der Gewinn aus dem Verkauf der Immobilie anderen steuerlichen Regelungen (zum Beispiel Körperschaftsteuer).

7. Steuervorteile durch Denkmalschutz
   - **Denkmalimmobilien:** Bei denkmalgeschützten Immobilien kann man besonders hohe Abschreibungen (AfA) geltend machen (bis zu 9 Prozent pro Jahr in den ersten zwölf Jahren).

8. Verlustverrechnung und Steuerprogression
   - **Verlustvortrag und -rücktrag:** Verluste aus der Vermietung können in anderen Jahren mit zukünftigen oder vorhandenen Einkünften verrechnet werden, um die Steuerlast zu senken.
   - **Einkommensteuerprogression:** Durch Verlustverrechnung können Sie von der Progression in der Einkommensteuer profitieren und Ihre Steuerlast insgesamt reduzieren.

9. Private Nutzung und Vermietung kombinieren
   - **Gegenseitige Nutzung:** Falls Sie einen Teil der Immobilie selbst nutzen und einen anderen Teil vermieten, können Sie die Kosten für den nicht privaten Teil der Immobilie absetzen.

10. Steuerliche Beratung einholen
    - **Zusammenarbeit mit einem Steuerberater:** Ein Steuerberater kann Ihnen helfen, die besten steuerlichen Optionen zu finden und sicherzustellen, dass Sie alle relevanten Abzugsmöglichkeiten nutzen. Besondere steuerliche Sachverhalte wie Immobilienverkäufe oder Änderungen in der Gesetzgebung (zum Beispiel Mietrecht) sollten immer von einem Experten begleitet werden. Nutzen Sie über den untenstehenden QR-Code unser Expertennetzwerk.

11. Optimierung der Steuererklärung
    - **Jährliche Steuererklärung:** Stellen Sie sicher, dass alle relevanten Einnahmen und Ausgaben korrekt in Ihrer Steuererklärung aufgeführt sind. Dazu gehören die Mieteinnahmen, die Absetzung von AfA, die Werbungskosten und weitere abzugsfähige Kosten.
    - **Einnahmen aus Vermietung aufteilen:** Stellen Sie sicher, dass alle Einnahmen aus der Vermietung korrekt und vollständig angegeben werden, um keine Fehler bei der Steuererklärung zu machen.

12. Zukunftsorientierte Planung
    - **Vermögensaufbau und -erhalt:** Betrachten Sie Ihre Immobilien auch im Hinblick auf zukünftige steuerliche und rechtliche Änderungen, wie beispielsweise die Einführung einer Immobilienbesteuerung oder Änderungen in der Steuerpolitik.
    - **Langfristige Investitionen:** Achten Sie darauf, die Immobilien langfristig zu planen, um Steuererleichterungen (zum Beispiel durch die Zehn-Jahres-Frist) optimal zu nutzen.

Checkliste: Weitere Steuersparmöglichkeiten

Mit den steuerlichen Regelungen für ein Immobilieninvestment ist das Ende der Fahnenstange noch längst nicht erreicht. Das deutsche Steuersystem bietet darüber hinaus weitere Spielräume, die den Status als Hochsteuerland relativieren. Denn obwohl andere Länder niedrigere Steuersätze haben mögen – die Absetzungsmöglichkeiten und Freibeträge sind dort oft viel geringer oder gar nicht vorhanden, so dass die Durchschnittssteuersätze gar nicht mal so weit auseinanderliegen. Freilich hängt das immer von der persönlichen Situation ab. Egal, ob Sie in Ihre Altersvorsorge investieren, die Betreuung Ihrer Kinder fördern oder durch clevere Umstrukturierungen Ihre Steuerlast optimieren möchten – es gibt zahlreiche Möglichkeiten, die gesetzlich vorgesehen sind und Ihnen helfen, bares Geld zu sparen.

Die folgenden Punkte zeigen Ihnen, wie Sie gezielt steuerliche Vorteile nutzen können. Viele dieser Maßnahmen lassen sich nicht nur mit klassischen Investments kombinieren, sondern auch im Alltag einfach anwenden. Das Ziel ist klar: Mehr finanzieller Spielraum und eine kluge Gestaltung Ihrer persönlichen und familiären Finanzen. Wer diese Sparmöglichkeiten geschickt einsetzt, kann seine Steuerlast erheblich reduzieren – ohne dabei Abstriche bei der Lebensqualität zu machen.

1. **Steuerliche Vorteile durch Investitionen in die Altersvorsorge**
   - **Rürup-Rente (Basisrente):** Beiträge zur Rürup-Rente können als Sonderausgaben abgesetzt werden, was Ihre Steuerlast senkt. Besonders Selbstständige und Freiberufler profitieren hier, da sie in keine gesetzliche Rentenversicherung zahlen müssen.
   - **Riester-Rente:** Wenn Sie förderberechtigt sind (zum Beispiel als Arbeitnehmer oder Beamter), können Sie in einen Riester-Vertrag einzahlen. Die Beiträge sind steuerlich absetzbar, und Sie erhalten staatliche Zulagen.
   - **Betriebliche Altersvorsorge (bAV):** Wenn Sie als Arbeitnehmer in eine betriebliche Altersvorsorge einzuzahlen beginnen, sind

die Beiträge bis zu bestimmten Grenzen steuerfrei. Dies kann eine effektive Methode sein, Steuern zu sparen und für das Alter vorzusorgen.

Bitte verstehen Sie diese Aufzählung nicht als Empfehlung, sondern nur als eine kurze Übersicht dessen, was alles möglich ist in Deutschland, wenn es darum geht, Steuern zu sparen. Häufig lohnt ein Immobilieninvestment sowohl aus steuerlichen als auch Rendite-Gesichtspunkten mehr als etwa eine Riester-Rente.

2. **Steuerliche Förderung von Kinderbetreuung und Familien**
   - **Kinderfreibetrag:** Pro Kind können Sie einen Freibetrag von 8.652 Euro im Jahr geltend machen (2024). Dies reduziert das zu versteuernde Einkommen.
   - **Betreuungskosten für Kinder:** Aufwendungen für die Kinderbetreuung sind bis zu 4.000 Euro pro Jahr und Kind steuerlich absetzbar.
   - **Elternzeit und Elterngeld:** Elterngeld kann steuerlich vorteilhaft sein, da es in vielen Fällen steuerfrei ist und nicht direkt in das zu versteuernde Einkommen einfließt.

3. **Investitionen in erneuerbare Energien und energieeffiziente Maßnahmen**
   - **Steuerliche Absetzbarkeit von energetischen Sanierungen:** Bei Investitionen in die energetische Sanierung von Gebäuden können Sie von steuerlichen Förderungen und Absetzungen profitieren. Dies betrifft besonders die Kosten für die Wärmedämmung, den Austausch von Heizsystemen oder die Nutzung erneuerbarer Energien. Die Details habe ich im entsprechenden Abschnitt dargestellt.
   - **Energieeffiziente Neubauten:** Wenn Sie in einen Neubau mit besonders hohen energetischen Standards investieren (zum Beispiel ein KfW-Effizienzhaus), können Sie von Steuervergünstigungen und zinsgünstigen Krediten profitieren.

- **Förderprogramme der KfW:** Die Kreditanstalt für Wiederaufbau (KfW) bietet zinsgünstige Kredite und Zuschüsse für Investitionen in erneuerbare Energien und energetische Sanierungen.

4. Freibeträge und Steuervergünstigungen nutzen
   - **Sparer-Pauschbetrag:** Der Sparer-Pauschbetrag für Kapitalerträge liegt bei 1.000 Euro für Ledige und 2.000 Euro für Verheiratete. Kapitalerträge (Zinsen, Dividenden, Kursgewinne) bis zu diesem Betrag sind steuerfrei.
   - **Vermögenswirksame Leistungen (VL):** Wenn Ihr Arbeitgeber vermögenswirksame Leistungen zahlt, können Sie von staatlichen Zuschüssen profitieren und Steuern sparen.
   - **Spenden und Steuerabzüge:** Spenden an gemeinnützige Organisationen sind steuerlich absetzbar. Dies kann als Sonderausgabe bis zu 20 Prozent Ihres Einkommens berücksichtigt werden.
   - **Werbungskostenpauschale:** Sie können eine Werbungskostenpauschale von 1.230 Euro (für Singles) beziehungsweise 2.460 Euro (für Ehepaare) für beruflich bedingte Ausgaben geltend machen, ohne Belege einreichen zu müssen.

5. Optimierung der Steuerlast durch Verlustverrechnung
   - **Verlustvortrag und -rücktrag:** Wenn Sie in einem Jahr Verluste machen (zum Beispiel durch Aktienverkäufe oder Vermietungsverluste), können Sie diese mit Gewinnen aus anderen Jahren verrechnen, um Ihre Steuerlast zu senken. Verluste können entweder in das nächste Jahr vorgetragen oder in das vorherige Jahr zurückgetragen werden. Dies gilt aber nicht allgemein, sondern immer nur für die jeweilige Assetklasse, Sie können also nicht Verluste aus Aktiengeschäften mit Gewinnen aus ETF-Wertsteigerungen verrechnen.
   - **Steueroptimierung bei Kapitalerträgen:** Wenn Sie Kapitalerträge erzielen, die den Sparer-Pauschbetrag übersteigen, können Sie diese durch den Verkauf von Aktien oder Fondsanteilen, die im Verlust sind, steuerlich optimieren.

6. Steuergestaltung durch Unternehmensbeteiligungen
   - **Investition in Start-ups:** Wenn Sie in junge, innovative Unternehmen investieren, können Sie unter bestimmten Voraussetzungen von steuerlichen Förderungen wie dem **Anlage- oder Beteiligungsförderungsgesetz** profitieren. Dies bietet steuerliche Vorteile für Investitionen in Unternehmen, die zukunftsorientierte Technologien entwickeln.
   - **Verlustverrechnung bei Unternehmensanteilen:** Bei Verlusten aus der Beteiligung an Unternehmen können Sie diese mit anderen Einkünften verrechnen und so Steuern sparen.

7. Steuerliche Begünstigungen durch private Immobilienverkäufe
   - **Spekulationsfrist von zehn Jahren:** Wenn Sie eine Immobilie privat nutzen und diese länger als zehn Jahre im Besitz haben, ist der Gewinn aus dem Verkauf steuerfrei.
   - **Verkauf von Immobilien innerhalb der Familie:** Übertragen Sie Immobilien innerhalb der Familie, gibt es unter bestimmten Voraussetzungen steuerliche Vergünstigungen, vor allem bei Schenkungen oder Erbschaften. Die Freibeträge bei Schenkungen und Erbschaften können hoch sein, was Ihnen helfen kann, Steuern zu sparen.

8. Optimierung von Sonderausgaben
   - **Beiträge zu Berufsverbänden:** Mitgliedsbeiträge zu Berufsverbänden oder Gewerkschaften können Sie steuerlich geltend machen.
   - **Studienkosten und Weiterbildung:** Kosten für berufliche Weiterbildungen, Fortbildungen oder ein Studium (auch Zweitstudium) können als Werbungskosten oder Sonderausgaben abgesetzt werden.

9. Investitionen in Kunst und Kultur
   - **Spenden und Kunstförderung:** Wenn Sie in Kunst oder kulturelle Projekte investieren, können Sie von Steuervergünstigun-

gen profitieren. Spenden an kulturelle Einrichtungen oder die Förderung von Kunstprojekten sind häufig als Sonderausgaben absetzbar.

10. Steuerliche Planung durch Umstrukturierungen
    - Verkauf von Immobilien durch Gesellschaften: Wenn Sie eine Immobilie über eine Gesellschaft (zum Beispiel eine GmbH) halten, wird der Verkauf nach zehn Jahren steuerlich anders behandelt, was zu einer Reduzierung der Steuerlast führen kann.
    - Steuergestaltung durch Schenkung: Durch eine gezielte Schenkung von Vermögenswerten innerhalb der Familie können Sie die Steuerlast auf Erbschaften oder Schenkungen minimieren. Dabei gelten hohe Freibeträge und steuerliche Vergünstigungen.

Fazit

Es gibt viele Möglichkeiten, Ihre Steuerlast in Deutschland im Jahr 2025 zu optimieren. Ob durch gezielte Altersvorsorge, Immobilieninvestitionen, Familienförderungen oder steuerliche Verlustverrechnungen – eine Kombination aus den richtigen Strategien und einer frühzeitigen Planung kann zu erheblichen Einsparungen führen. Es ist sinnvoll, regelmäßig die Steuerplanung mit einem Fachmann zu besprechen, um von aktuellen steuerlichen Änderungen und Optimierungen zu profitieren.

Freibeträge für steuerfreie Erbschaften nach Verwandtschaftsgrad (gültig ab 2025)

Wie im Abschnitt zur Erbschaftsteuer beschrieben, hängt die steuerliche Belastung beim Vererben und Verschenken maßgeblich vom Verwandtschaftsgrad ab. Je enger das Verhältnis, desto höher der

Freibetrag und desto niedriger die Steuerlast. Um die Planung zu erleichtern, lohnt es sich, die aktuellen Freibeträge zu kennen und geschickt einzusetzen. Nachfolgend finden Sie eine Übersicht der ab 2025 gültigen Freibeträge – ein wichtiger Baustein, um das Vermögen möglichst steueroptimiert innerhalb der Familie weiterzugeben.

1. **Ehegatten und eingetragene Lebenspartner:** 500.000 Euro.
2. **Kinder (einschließlich Adoptiv- und Stiefkinder):** 400.000 Euro pro Kind.
3. **Enkelkinder:** 200.000 Euro pro Enkelkind (sollten die Eltern der Enkel bereits verstorben sein, gelten 400.000 Euro).
4. **Eltern und Großeltern:** 100.000 Euro.
5. **Sonstige Erben (zum Beispiel Freunde, entferntere Verwandte wie Neffen und Nichten):** 20.000 Euro.

Während also Eltern für Zuwendungen an ihre Kinder **400.000 Euro** steuerfrei übertragen können, gilt in umgekehrter Richtung nur ein **Freibetrag von 100.000 Euro**. Dies liegt daran, dass der Gesetzgeber die Weitergabe von Vermögen innerhalb der nachfolgenden Generationen stärker begünstigen möchte als in die entgegengesetzte Richtung.

Erbschaftsteuer-Klassen

Je nach Verwandtschaftsgrad werden die Erben in eine von drei Steuerklassen eingeteilt, was die Höhe des Steuersatzes bestimmt:

- **Steuerklasse I:** Ehegatten, eingetragene Lebenspartner, Kinder, Stiefkinder, Enkelkinder (direkte Nachkommen).
- **Steuerklasse II:** Eltern, Großeltern, Geschwister, Nichten, Neffen, Schwiegerkinder.
- **Steuerklasse III:** Alle anderen Erben, wie zum Beispiel Freunde, entfernte Verwandte oder Unbekannte.

Erbschaftsteuer-Sätze (ab 2025)

Die Höhe der Erbschaftsteuer hängt nicht nur vom Verwandtschaftsgrad, sondern auch vom Wert des Erbes ab. Die Steuersätze sind progressiv und steigen mit dem Wert des Erbes:

- Steuerklasse I (Ehegatten, Kinder, Enkel):
  - Bis 75.000 Euro: 7 Prozent,
  - 75.001 bis 300.000 Euro: 11 Prozent,
  - 300.001 bis 600.000 Euro: 15 Prozent,
  - 600.001 bis 6.000.000 Euro: 19 Prozent,
  - 6.000.001 bis 13.000.000 Euro: 23 Prozent,
  - 13.000.001 bis 26.000.000 Euro: 27 Prozent,
  - über 26.000.000 Euro: 30 Prozent.

- Steuerklasse II (Eltern, Geschwister, Nichten, Neffen, Schwiegerkinder):
  - Bis 75.000 Euro: 15 Prozent,
  - 75.001 bis 300.000 Euro: 20 Prozent,
  - 300.001 bis 600.000 Euro: 25 Prozent,
  - 600.001 bis 6.000.000 Euro: 30 Prozent,
  - 6.000.001 bis 13.000.000 Euro: 35 Prozent,
  - 13.000.001 bis 26.000.000 Euro: 40 Prozent,
  - über 26.000.000 Euro: 43 Prozent.

  - Steuerklasse III (entferntere Verwandte, Freunde):
  - Bis 75.000 Euro: 30 Prozent,
  - 75.001 bis 300.000 Euro: 35 Prozent,
  - 300.001 bis 600.000 Euro: 40 Prozent,
  - 600.001 bis 6.000.000 Euro: 43 Prozent,
  - 6.000.001 bis 13.000.000 Euro: 45 Prozent,
  - 13.000.001 bis 26.000.000 Euro: 50 Prozent,
  - über 26.000.000 Euro: 51 Prozent.

Sonderregelungen und Steuervergünstigungen

- **Begünstigungen für Betriebsvermögen:** Wenn es sich bei dem vererbten Vermögen um Betriebsvermögen handelt, gibt es unter bestimmten Bedingungen steuerliche Erleichterungen (zum Beispiel Betriebsvermögenserleichterungen, die das Betriebsvermögen mit bis zu 85 Prozent begünstigen können). Diese Regelungen gelten vor allem für Unternehmen, die innerhalb der Familie vererbt werden.
- **Immobilienvererbung:** Wenn Immobilien vererbt werden, gelten ebenfalls spezielle Regelungen zur Steuerberechnung. Auch hier gibt es Möglichkeiten der Steueroptimierung, vor allem durch die Anwendung von Freibeträgen und speziellen Bewertungsregelungen.

Weitere wichtige Aspekte

- **Freibetrag alle zehn Jahre:** Der Freibetrag für Schenkungen und Erbschaften wird alle zehn Jahre neu gewährt. Dies bedeutet, dass Sie alle zehn Jahre wieder von den Freibeträgen profitieren können, falls Sie in diesem Zeitraum Schenkungen oder Erbschaften erhalten. Gerade aus diesem Grund bietet es sich an, Schenkungen rechtzeitig vorzunehmen, um nach zehn Jahren gegebenenfalls erneut etwas zu schenken.
- **Günstige Steuerklasse bei Ehegatten und Kindern:** Ehegatten und Kinder profitieren besonders von hohen Freibeträgen und niedrigen Steuersätzen in Steuerklasse I.
- **Vererbung von Lebensversicherungen:** Bei der Vererbung von Lebensversicherungen gelten ebenfalls spezifische Freibeträge und Steuerregelungen.

Fazit

Ab 2025 sind die Freibeträge für die Erbschaftsteuer in Deutschland weiterhin relativ großzügig, besonders für enge Familienangehörige. Die Erbschaftsteuer kann jedoch auch mit relativ hohen Sätzen belegt werden, besonders für entferntere Verwandte (also schon von der berühmten Erbtante zur Nichte) oder nicht verwandte Personen – oder aber wenn die Immobilien einen relativ hohen Wert (bekommen) haben. Es ist ratsam, frühzeitig eine steuerliche Planung vorzunehmen, vor allem im Hinblick auf die Schenkung von Vermögen und die Nutzung der Freibeträge alle zehn Jahre. Ein Steuerberater kann helfen, Strategien zur Minimierung der Erbschaftsteuer zu entwickeln. Beachten Sie jedoch, dass es nicht irgendein Steuerberater ist, sondern jemand, der sich mit der richtigen Gestaltung auskennt und bestenfalls darauf spezialisiert ist. Nutzen Sie unser Expertennetzwerk!

Das Restaurant in der Altstadt von Palma ist in warmes Kerzenlicht getaucht. Der Duft von frischem Brot, gegrilltem Fisch und würziger Sobrasada, einer lokalen Wurstspezialität, erfüllt die Luft. An einem Holztisch sitzen Yvonne, Sebastian, Andrea und Andreas. Ihnen werden die ersten Vorspeisen serviert, zusammen mit einem mallorquinischen Rotwein. Es ist ihr letzter gemeinsamer Abend auf der Insel.

Andreas lehnt sich zurück, nimmt einen Schluck Wein und lächelt. »Wenn ich so zurückblicke – ohne Florian hätte ich es nicht so weit geschafft.«

Sebastian schaut interessiert. »Ja, er hat uns wirklich einen Push gegeben. Dabei begann alles mit einem kostenfreien Immobilien-Workshop von ihm, wo er erklärt hat, wie man mit wenig Eigenkapital Immobilien kauft, die richtigen Standorte findet und wie sich Immobilien gegenüber anderen Assetklassen schlagen.«

Yvonne ergänzt: »Ja, und das hat bei uns die Rakete gezündet.«

Andreas nickt. »Genau, so war es bei mir auch. Und danach habe ich mehr wissen – und natürlich machen wollen. Die Beratung und die Objekte waren erstklassig, aber es ging um viel mehr. Ich habe durch ihn nicht nur meine ersten Wohnungen gekauft und finanziert, sondern auch den richtigen Steuerberater gefunden. Von Anfang an lief es strategisch.«

Andrea pflichtet bei. »Großartig, und so konntest du das alles gleich an uns weiterleiten. Selbst Yvonne und Sebastian konnten noch von dir lernen, obwohl sie schon lange dabei sind.«

Andreas lacht. »Ich wusste zwar, dass Immobilien lukrativ sind, aber erst durch Florians Expertennetzwerk habe ich verstanden, wie wichtig die richtigen Strukturen sind. Er hat mir nicht nur Kontakte vermittelt, sondern mir gezeigt, wie ich steuerlich optimiere und wie ich mich langfristig ausrichte.«

Yvonne nickt. »Das hat dich wirklich ein paar Jahre nach vorne katapultiert. Du bist echt auf der Überholspur.«

Und Sebastian ergänzt: »Und wartet mal. Wenn Andreas erst in der Mastermind-Klasse ist, hebt er ab!«

Andrea schaut erstaunt: »Ach, davon wusste ich ja noch gar nichts ...?«

»Entschuldige, aber ich habe mich auch ganz spontan vorhin erst entschieden. Das Treffen gestern und was die Teilnehmer berichtet haben, sprachen für sich. Jetzt bin ich gespannt auf die Inhalte, Impulse ...«

»... und das nächste Level«, ergänzt Sebastian.

»Großartig«, freut sich Yvonne, »vor allem, weil du uns beim nächsten Mal dann noch viel mehr erzählen kannst.«

Strategische Planung für nachhaltigen Vermögensaufbau und steueroptimierte Investments

Ein solides Immobilieninvestment beginnt immer mit einer fundierten Planung. Dabei gilt es, verschiedene Aspekte zu analysieren und aufeinander abzustimmen – von der aktuellen Vermögenssituation über die steuerlichen Rahmenbedingungen bis hin zur langfristigen Strategie. Dieses Kapitel zeigt Ihnen Schritt für Schritt, wie Sie dabei vorgehen können und welche Überlegungen entscheidend sind.

Analyse der Ist-Situation: Struktur des Vermögens und des bisherigen Portfolios

Der erste Schritt besteht darin, eine Bestandsaufnahme Ihrer vorhandenen Werte vorzunehmen:

1. **Immobilienbesitz:** Welche Objekte besitzen Sie bereits? Handelt es sich um vermietete Wohnungen, Mehrfamilienhäuser oder Gewerbeimmobilien? Sind diese Objekte bereits finanziert, oder bestehen noch hohe Verbindlichkeiten?
2. **Liquidität:** Welche Barmittel stehen zur Verfügung, die kurzfristig für weitere Investments genutzt werden können?
3. **Wertpapiere und andere Investments:** Haben Sie ein breit diversifiziertes Portfolio, das Aktien, Anleihen oder ETFs umfasst? Diese Werte können als Sicherheit dienen oder zur Diversifikation beitragen.
4. **Verbindlichkeiten:** Erfassen Sie bestehende Kredite und deren Konditionen, wie Zinssatz, Restlaufzeit und Tilgungsrate.
5. **Erbschaften:** Stehen zukünftig Erbschaften oder Schenkungen an, die einen Einfluss auf Ihren Portfolioaufbau haben könnten – sowohl steuerlich als auch bezüglich der Frage, über welche Vehikel sie investieren sollten?

Diese Bestandsaufnahme ist wichtig, um ein realistisches Bild Ihrer finanziellen Ausgangslage zu erhalten. Auf dieser Basis können Sie entscheiden, ob weiteres Fremdkapital aufgenommen werden sollte oder ob Sie auf bereits vorhandene Eigenmittel zurückgreifen.

Was ist mein Ziel? Warum Immobilien?

Jedes Investment sollte einem klaren Ziel folgen. Dabei ist es entscheidend, dass Sie sich bewusst machen, warum Sie etwa in Immobilien investieren wollen. Die Gründe dafür habe ich auf mehr als 250 Seiten dargelegt. Hier einige typische Zielsetzungen:

- **Kapitalaufbau:** Möchten Sie langfristig Vermögen aufbauen und von Mieteinnahmen profitieren?
- **Altersvorsorge:** Planen Sie, Ihre Immobilien als Einkommensquelle im Ruhestand zu nutzen?
- **Steuervorteile:** Geht es Ihnen in erster Linie darum, Ihre Steuerlast zu senken und dadurch mehr Nettovermögen zu schaffen?

Strategiekonzeption: Nachhaltige Planung und Diversifikation

Eine nachhaltige Strategie sollte folgende Punkte berücksichtigen:

1. **Richtige Altersvorsorge:** Immobilien sind ein wichtiger Baustein der Altersvorsorge. Wichtig ist, dass die Objekte bis zum Renteneintritt schuldenfrei sind.
2. **Steueroptimierte Geldanlagen:** Neben Immobilien können auch andere Anlageklassen wie Aktien, ETFs und Edelmetalle sinnvoll sein.
3. **Diversifikation:** Setzen Sie nicht alles auf eine Karte. Eine breite Streuung über verschiedene Anlageklassen und Standorte minimiert das Risiko.

Durch die Kombination aus einer detaillierten Analyse Ihrer aktuellen Situation und einer klar definierten Strategie können Sie Ihr Vermögen gezielt aufbauen und langfristig optimieren.

Steuerliche Analyse

Ein entscheidender Faktor bei Immobilieninvestments ist die Steueroptimierung. Wie ausführlich dargestellt, bietet das deutsche Steuerrecht zahlreiche Möglichkeiten, um Ihre Steuerlast zu senken. In dieser Phase sollten Sie gemeinsam mit einem Experten folgende Punkte klären:

- **Abschreibungsmöglichkeiten:** Welche Abschreibungen (AfA) können Sie für Ihre Objekte nutzen? Gibt es potenzielle Vorteile durch Denkmalimmobilien oder energetische Sanierungen?
- **Verlustverrechnung:** Haben Sie in der Vergangenheit Verluste erzielt, die noch nicht steuerlich genutzt wurden?
- **Freibeträge und Schenkungen:** Gibt es Möglichkeiten, Freibeträge innerhalb der Familie zu nutzen, um Vermögen steuerfrei zu übertragen?

Finanzierungsprüfung

Eine saubere Finanzierungsstruktur ist der Schlüssel für den langfristigen Erfolg Ihrer Immobilieninvestitionen. Hierbei sollten Sie folgende Punkte analysieren:

1. **Zinssatz, Tilgung und Laufzeit:** Passen die aktuellen Finanzierungsbedingungen noch zu Ihrer Strategie? Bei günstigen Zinssätzen könnte es sinnvoll sein, langfristige Zinsbindungen zu wählen.
2. **Hebeleffekt nutzen:** Ist es möglich, mit einem geringen Eigenkapitaleinsatz durch den Einsatz von Fremdkapital eine höhere Eigenkapitalrendite zu erzielen?
3. **Risikoabsicherung:** Haben Sie ausreichende Rücklagen für unvorhergesehene Ereignisse eingeplant, wie Leerstand, notwendige Reparaturen oder plötzliche Zinserhöhungen?

Todesfall und Patientenverfügung: Vorsorgeplanung

Ein oft unterschätztes, aber wichtiges Thema ist die Vorsorge für den Todesfall. Hierbei sollten folgende Punkte geregelt werden, sonst dürfen selbst Ehepartner elementare Dinge nicht regeln:

1. **Erstellung einer Patientenverfügung:** Diese regelt, welche medizinischen Maßnahmen im Ernstfall gewünscht sind.

2. Vorsorgevollmacht: Damit legen Sie fest, wer in Ihrem Namen handeln darf, falls Sie selbst dazu nicht mehr in der Lage sind.
3. Testament: Ein Testament stellt sicher, dass Ihr Vermögen entsprechend Ihrer Wünsche verteilt wird, und kann helfen, Erbschaftsteuer zu optimieren.

Erbschaft/Schenkungen: Vorzeitige Vermögensübertragung prüfen

Frühzeitige Schenkungen innerhalb der Familie können eine effektive Möglichkeit sein, Erbschaftsteuer zu minimieren. Nutzen Sie die Freibeträge und starten Sie damit frühzeitig. In vielen Fällen kann es sinnvoll sein, bereits zu Lebzeiten Vermögen in Form von Immobilien zu übertragen, um die steuerlichen Vorteile mehrfach zu nutzen.

Das richtige Investmentvehikel finden

Je nach Größe Ihres Portfolios und Ihrer langfristigen Ziele kann es sinnvoll sein, Immobilien nicht privat, sondern über bestimmte Rechtsformen zu halten. Hier noch mal die wichtigsten Optionen:

1. Personengesellschaften (zum Beispiel GbR, KG):
   - Geeignet für kleinere Portfolios oder gemeinschaftliche Investments mit Partnern.
   - Gewinne werden direkt den Gesellschaftern zugerechnet und mit deren persönlichem Steuersatz versteuert.

2. Kapitalgesellschaften (zum Beispiel GmbH, UG):
   - Sinnvoll bei größeren Portfolios, da Gewinne im Unternehmen verbleiben und mit einem günstigen Körperschaftsteuersatz von 15 Prozent besteuert werden.
   - Ermöglicht eine professionelle Verwaltung und eine einfachere Nachfolgeregelung.

3. Kombination aus beiden:
   - Eine Kombination aus Personengesellschaften und Kapitalgesellschaften kann strategisch sinnvoll sein, um sowohl von den Vorteilen der persönlichen Verlustverrechnung als auch von den günstigen Steuersätzen einer Kapitalgesellschaft zu profitieren.

Durch die gezielte Analyse Ihrer Situation, klare Zieldefinitionen und die Wahl der richtigen Strategie können Sie Ihr Immobilienportfolio optimal aufbauen und langfristig davon profitieren. Planen Sie vorausschauend, nutzen Sie steuerliche Vorteile und sichern Sie Ihr Vermögen für die nächsten Generationen.

Nachfolgend skizziere ich ein paar wesentliche Kategorien, nach denen Kapitalanleger Investmentchancen überprüfen sollten: Wohnungsgröße und Lage.

Die Hauptgänge werden serviert: Lamm, Fisch und Gemüse.

Andrea schneidet ihr Fleisch und sagt nachdenklich: »Ich bin immer noch begeistert. Aber ich habe das Gefühl: Je mehr ich darüber lerne, desto vielschichtiger wird das Thema. Man denkt anfangs, es geht nur um Kaufen, Nebenkosten, Finanzierung und Vermieten, aber es steckt so viel mehr dahinter.«

Sebastian nickt. »Das stimmt. Gerade wenn du mehr als eine Wohnung hast und erst recht, wenn wir die Ziele angehen, die Florian gestern in den Raum gestellt hat. Steueroptimierung, Rechtsformen, Sanierung, Mietrecht – ohne einen guten Berater kann man da schnell den Überblick verlieren.«

Sebastian legt sein Besteck beiseite und lehnt sich nachdenklich zurück. »Und genau deshalb ist die richtige Begleitung entscheidend. Wer von Anfang an mit einem erfahrenen Experten arbeitet, spart sich Jahre des Experimentierens und fatale Fehler.«

Yvonne schmunzelt. »Das ist wohl der Unterschied zwischen einfach nur investieren und intelligent investieren.«

Andreas lacht. »Das stimmt! Genau das macht den Unterschied, ob man sich irgendwann verzettelt oder langfristig ein solides Vermögen aufbaut.«

Einzimmerwohnungen auf dem Investment-Prüfstand: Ende eines Evergreens?

Eine Immobilienklasse als Selbstläufer: Überschaubare Investitionssumme, die Mieterträge überdurchschnittlich hoch, Vermietung im Handumdrehen – und die hohe Fluktuation ist kein Beinbruch, sondern bietet gerade die Chance, bei Neuvermietung noch mehr Miete herauszuschlagen. Ach, das wäre doch zu schön! Denn im Schlaf ist noch niemand Immobilienmillionär geworden, auch nicht bei Einzimmerwohnungen.

Solche Objekte gelten, besonders unter Immobilien-Einsteigern, als ideales Investitionsobjekt. Sie sind zwar klein, aber die Quadratmetermiete ist hoch und vor allem in Studentenstädten könnte man die Buden gleich dreimal vermieten, so hoch ist der Bedarf. Die Zeiten haben sich aber gewandelt. Für die Zukunft möchte ich vor Einraumwohnungen warnen – vor allem auch im Vergleich mit anderen Wohnungsgrößen. Was also ist passiert?

Der Ansturm auf die Einzimmerwohnungen brach vor der Corona-Pandemie aus. Seitdem ist aber Heimarbeit deutlich populärer geworden. Tendenz steigend. Das dürfte die Nachfrage von Jobeinsteigern und Pendlern nach kleineren Wohnungen weiter drücken. Immer mehr spricht aus meiner Sicht dagegen. Eine Liste der Nachteile ist so lang, dass sie alle zusammen in keine Einzimmerwohnung passen:

- Immer mehr Leute arbeiten von zu Hause oder sogar aus dem Urlaub heraus. Die Nachfrage ist gesunken.
- Zudem steigen die Verwaltungskosten überproportional im Verhältnis zur Miete.
- Zwar ist der Kaufpreis gering. Doch Banken verlangen häufig dafür mehr Eigenkapital und/oder setzen einen niedrigeren Beleihungswert als bei Zwei- oder Dreizimmerwohnungen.

- Vor allem aber ziehen die Mieter häufiger um. Weil sie Studenten sind, die den Studienort wechseln oder eine WG gefunden haben; weil eine Einzimmerwohnung nun mal nicht fürs langfristige Verweilen angelegt ist – oder weil einen der hohe Quadratmeterpreis irgendwann stört.

Höhere Fluktuation bedeutet:
- Mehr Verwaltungsaufwand für Abrechnungen und Abwicklung ...
- Mehrkosten für Renovierung ...
- Mehrkosten für die Suche eines neuen Mieters, inklusive Maklerprovision ...
- Besonders aber: Mindereinnahmen. Denn unterm Strich ist die Wohnung womöglich nur zehn, elf Monate pro Jahr vermietet. All das schmälert die Rendite.

Eine Sonderstellung nehmen Mikro- oder Businessapartments ein. Sie sind meist in größeren Anlagen mit mehreren Hundert Einheiten entstanden: teil- und vollmöblierte Einzimmerwohnungen von 18 bis rund 35 Quadratmetern mit kleiner Küche und Bad. Sie sind allesamt relativ neu und daher entsprechend teuer. Das Analysehaus Bulwiengesa sieht das Renditepotenzial dieser Mikroapartments daher bei mittelprächtigen 3,6 Prozent, und zwar für Profis. Private Betreiber liegen deutlich darunter, nach einer älteren Studie von Finanztest bei 2,8 bis 3,3 Prozent.

Natürlich kann ich regelmäßig bei einer Neuvermietung die Miete erhöhen – wenn es der Markt und die Rechtslage hergeben. Bei einer kleinen Wohnung macht das vielleicht prozentual viel aus, aber nicht in absoluten Zahlen. Allerdings soll das nicht heißen, dass die Einzimmerwohnungen vom Markt verschwinden oder unvermietbar werden. Nur für aktuelle Investitionsentscheidungen würde ich nicht auf dieses Pferd setzen. Schließlich sollte man immer vergleichen, wo man sein Kapital am besten (verzinst) anlegen kann.

Denn die Wahrscheinlichkeit ist hoch, dass Einzimmerwohnungen gegenüber anderen Wohnungsgrößen in zehn Jahren weniger wert sind als heute. Die Altersvorsorge oder der Start ins Immobilieninvestment endet dann mit Verlusten. Auch die politischen Unsicherheiten haben zugenommen: Es ist absolut vorstellbar, dass sich die Politik angesichts der Wohnungskrise in vielen Städten gezwungen sieht, die Mietpreise zu begrenzen – beispielsweise auf 20 Euro pro Quadratmeter. Was sich zunächst nach viel anhört, ist bei Einzimmerwohnungen so ungewöhnlich nicht. Ein Mietendeckel – der dann ebenso für möblierte Wohnungen gilt – würde für Kapitalanleger die Kostenkalkulation komplett verändern.

Bislang fällt es niemandem auf, dass Einzimmerwohnungen langsam ins Abseits geraten. Schließlich läuft es aktuell bei allen Wohnungsgrößen vermietungstechnisch gut. Die Nachfrage in Städten und Ballungsräumen ist nach wie vor gigantisch, der Wohnraummangel dramatisch. Bevor jemand also gar keine Wohnung findet, nimmt er oder sie eine Einzimmerwohnung, die natürlich auch Vorteile bietet: Für Bewohner, weil die absolute Miethöhe erträglich ist. Und für Investoren, weil der Kaufpreis geringer ist. Die Betriebskosten fallen niedriger aus. Zugleich ist das Renditepotenzial kleinerer Wohnungen höher. Die Betonung liegt aber auf »Potenzial«. Denn die Realität sieht, wie beschrieben, oft anders aus – und in meinen Augen vor allem die Zukunft.

Größere Wohnungen sind auch für Immobilienanfänger die bessere Lösung: Sie bieten mehr Flexibilität – und damit mehr Sicherheit. Ich kann eine Zweiraumwohnung trotzdem an Studenten vermieten, womöglich gleich an zwei oder an ein junges Pärchen, gar eine kleine Familie. Irgendwann könnte ich die Wohnung auch selbst nutzen. Das Wichtigste aber ist der Exit, das zentrale Element bei einer Kapitalanlage: Bei einem Verkauf von Zwei-, Drei- oder Vierzimmerwohnungen spreche ich Kapitalanleger *und* Eigennutzer an. Bei einer Einzimmerwohnung sind es meist nur Kapitalanleger. Damit reduziert sich der Kreis der potenziellen Nachfrager schon einmal deutlich – zumal wenn sich die Immobilienklasse als wenig lukrativ herausstellt oder ich den einst hohen Kaufpreis von Mikroapartments wieder einspielen möchte.

Das aktuelle Kurzprofil von Einzimmerwohnungen lautet daher eher so: geringe Mieterträge, Renovierungskosten, wenig Optimierungspotenzial, hohe Fluktuation mit kurzzeitigem Leerstand – und eine begrenzte Zielgruppe bei einem möglichen Verkauf. Eine Dreizimmerwohnung in Hannover ist daher der Einraumwohnung in München – aber auch in Hannover – vorzuziehen, und zwar vor allem wegen des langfristigen Werts der Immobilie und der Flexibilität bei der Vermietung. Einzimmerwohnungen stellen nun mal ein Spezialsegment auf dem Immobilienmarkt dar – und seien wir ehrlich: Selbst und gerade Singles möchten ungern in nur einem Zimmer leben. Irgendwann fällt einem da die Decke auf den Kopf. Die perfekte Überleitung zum nächsten Abschnitt.

Warum Mehrzimmerwohnungen eine kluge Investition sind

Bei gleichem Aufwand und gegebenenfalls sogar gleich hohem Kapitaleinsatz würde ich eher eine Investition in Zwei-, Drei- oder Vierzimmerwohnungen empfehlen. Warum?

- Die **Nachfrage** nach Wohnraum mit mehreren Zimmern wächst unaufhörlich. Dies liegt unter anderem an sich verändernden Lebensstilen, wachsenden Familien, Zuzug nach Deutschland und gerade auch an der seit 2020 eingesetzten Entwicklung, verstärkt von zu Hause zu arbeiten und daher dort über ein eigenes Arbeitszimmer verfügen zu wollen.
- Mehrzimmerwohnungen bieten den Bewohnern **mehr Flexibilität** und ermöglichen es, den Wohnraum an verschiedene Bedürfnisse anzupassen. Sie sind also deutlich attraktiver.
- Aus Vermietersicht bedeutet dies gleichzeitig **Optimierungspotenzial:** Mit mehr Räumen – die man je nachdem womöglich zusammenlegen oder auch trennen könnte – habe ich viel mehr

Möglichkeiten, auf einen veränderten Markt oder die Bedürfnisse eines konkreten Mieters reagieren zu können.

- **Attraktivität für verschiedene Zielgruppen:** Mehrzimmerwohnungen sprechen sowohl beim Verkauf als auch bei der Vermietung eine breitere Zielgruppe an. Beim Verkauf Kapitalanleger *und* Selbstnutzer, während es bei Einzimmerwohnungen, wie erwähnt, fast nur Kapitalanleger sind. Und auch beim Vermieten ist die Bandbreite größer: Besonders interessieren sich langfristig orientierte Zielgruppen für Wohnungen mit größerer Fläche, etwa junge Familien mit Zukunftsplänen, die nicht gleich beim nächsten Kind wieder umziehen möchten. Hinzu kommen Familien und Mieter, die nun einen Raum mehr für Heimarbeit benötigen. Durch die Anpassungsfähigkeit und Vielseitigkeit solcher Wohnungen können Investoren ihre Mieterbasis diversifizieren und das Risiko einer Leerstandsquote verringern.

Größere Wohnungen sind, auch für Immobilienanfänger, die bessere Lösung. Sie bieten mehr Flexibilität – und damit mehr Sicherheit. Hinzu kommt aus Investorensicht: Nach dem Motto »Nicht kleckern, sondern klotzen« dreht man mit Mehrzimmerwohnungen einfach ein größeres Rad. Bei gleichem Eigenkapitaleinsatz und höherem Finanzierungsgrad kauft man einfach wesentlich mehr Quadratmeter! Der Aufwand beim Kaufen ist dabei derselbe, dafür hat man später aufgrund der geringeren Fluktuation viel weniger zu tun und natürlich mehr Erträge. Gerade in prominenten B-Städten wie Hannover, Duisburg oder Mannheim sind die fälligen Kaufpreise (noch) deutlich niedriger. Wer in zehn Jahren oder später verkauft, kann im Normalfall mit spürbaren Wertzuwächsen rechnen – anders als in den meist überteuerten A-Städten, wo preisliche Optimierung kein Selbstläufer ist.

Vor allem aber stellen Mehrzimmerwohnungen eine Assetklasse dar, die immer gebraucht und nachgefragt wird. Sie sind daher weniger anfällig für Schwankungen auf dem Immobilienmarkt, da sie eine stabilere Mietnachfrage aufweisen. Dies mindert das Investitionsrisiko und trägt dazu bei, langfristige Erträge zu sichern.

A- und B-Städte: Vor- und Nachteile

Ich bin ein großer Fan von Diversifikation. Wenn sich in einer B-Lage eine bessere Rendite erzielen lässt als in einer A-Lage, sollte man Erstere bevorzugen. Die Gründe hierfür sind recht klar: In A-Lagen sind die Preise sehr hoch. Die Mieten zwar auch, doch in der Gesamtbetrachtung fährt man mit günstigeren Kaufpreisen anderswo und guten Mieten rechnerisch meist besser.

Die A-Lagen bezeichnen die sieben größten Städte in Deutschland: Berlin, Hamburg, München, Köln, Frankfurt, Stuttgart und Düsseldorf. Diese haben umfangreichere Arbeitgeberangebote, eine bessere Infrastruktur und mehr kulturelle Angebote als die kleineren B-Städte, in denen diese häufig in geringerem Maße oder gar nicht vorhanden sind. Für viele Menschen ist das aber auch nicht vorrangig wichtig, weil es ihnen primär um bezahlbaren Wohnraum geht, zumal Deutschland durch seine föderale Struktur ohnehin nicht nur auf einen oder ganz wenige Ballungsräume begrenzt ist. Zu den B-Städten gehören etwa Leipzig, Dortmund, Essen, Bremen, Dresden, Hannover, Nürnberg, Münster oder Mannheim. Überdurchschnittlich viele finden sich in Nordrhein-Westfalen (NRW), dem mit mehr als 18 Millionen Einwohnern mit Abstand größten deutschen Bundesland.

Die meisten Menschen in Deutschland würden sicherlich gern in einer A-Lage wohnen. Aber A-Lagen sind in den vergangenen Jahren alle deutlich teurer geworden. Oder es ist nahezu unmöglich geworden, eine Wohnung zu finden, etwa in Berlin – und dies obwohl oder gerade weil dort Mieter durch ausufernde Gesetze und Regelungen vordergründig geschützt sind. Ich sage bewusst »vordergründig«, weil die meist halbsozialistischen und von mir bereits beschriebenen Maßnahmen oft genau das Gegenteil dessen bewirken, was der Gesetzgeber beabsichtigt hat. Auch wenn es um den Verkauf von Immobilien geht, hat sich gerade in der jetzigen Zeit mit höheren Zinsen gezeigt, dass die Wohnungen in B-Lagen häufig schneller Abnehmer fanden als in A-Lagen, da hier einfach deutlich mehr Eigenkapital bei meist schlechterer Rendite eingesetzt werden musste.

Doch zurück zur Wohnortpräferenz. Hier kommt noch hinzu, dass viele auch von zu Hause aus arbeiten können und lieber 40 bis 70 Prozent Mietersparnis wählen oder in einer größeren Wohnung wohnen, anstatt in eine A-Lage zu ziehen, zumal B-Städte auch eine Menge Vorteile bieten. Zuallererst ist dies die Lage im Vergleich zu den Kosten. Beispielsweise ist die Entfernung vom Kölner Süden in den Kölner Norden ähnlich wie die von Bergisch Gladbach oder Leverkusen nach Köln. Allerdings habe ich dort als Vermieter bei gleicher Entfernung niedrigere Kaufpreise, geringere Quadratmeterpreise, meistens höhere Mietrenditen und in meinen Augen ein höheres Potenzial, was die Mietentwicklung angeht.

Im Jahr 2024 haben sich die Mietpreise in den B-Lagen häufig prozentual besser entwickelt als in den A-Lagen; dort war das Niveau schon sehr hoch und ist sowohl von der Kaufkraft als auch von den angesprochenen Gesetzen her kaum noch steigerbar. Und wenn die Kaufpreise geringer sind, habe ich auch weniger Kaufnebenkosten zu zahlen, was ein weiterer Pluspunkt ist. Das verbessert Finanzierung und Eigenkapitalrendite. Ein weiterer Vorteil von Wohnimmobilien in B-Lagen hat sich 2023 und 2024 gezeigt: Verkäufe in B-Lagen waren aufgrund der geringeren Preise tendenziell einfacher als in den Metropolen.

Doch natürlich bieten B-Städte auch Nachteile – sonst wären es keine B-Städte. Die Nachfrage ist mit Sicherheit etwas geringer, aber nicht so schwach, dass man Gefahr läuft, keine gute Vermietung mehr zu erzielen. Und bei einem Verkauf spricht man mit einer Immobilie in B-Lage nicht die Menschen an, die unbedingt in eine echte Metropole wollen. Da wir aber in Deutschland so eine hohe Nachfrage nach Wohnraum haben, wird sich diese Einstellung in den nächsten 10 bis 15 Jahren meines Erachtens tendenziell verändern.

Bei vermieteten Immobilien oder auch bei Kapitalanlageimmobilien haben wir in den vergangenen Jahren in B-Städten relativ stabile Märkte gesehen. Die Mietrenditen sind gestiegen, weil die Mieten so stark gestiegen sind. Die Kaufpreise haben von 2016 bis heute in B-Städten wie beispielsweise Leipzig, Krefeld, Duisburg, Essen oder auch Dresden deutlich angezogen. Damals lagen die Quadratmeterpreise je nach Zustand und Lage zwischen 900 Euro und 1.500 Euro. Heute bewegen wir uns eher im Bereich von 2.000 bis teilweise schon an die 3.200 Euro je Quadratmeter. Viele Kunden, die zwischen 2016 und 2022 gekauft haben, konnten Wertsteigerungen von 30 bis 80 Prozent erzielen. Falls Sie jetzt denken: »Die besten Zeiten sind vorbei!«: Nein, keinesfalls! Das dachten die Kunden, die 2016 und in den Folgejahren gekauft haben, auch und sie sind überrascht, wie positiv sich die Investments entwickelt haben.

Das liegt vor allem auch an den gestiegenen Mieten: In Essen und Leipzig zum Beispiel lagen die Mieten vor wenigen Jahren zwischen 5 und 7 Euro kalt je Quadratmeter. Mittlerweile findet man dort Mietpreise unter 11 Euro nur noch selten. In A-Lagen ist es dagegen normal, 15 bis 20 Euro kalt je Quadratmeter zu bezahlen. Da sieht man, warum B-Lagen so nachgefragt sind.

Niedrigere Preise beim Immobilienkauf in B-Städten bedeuten auch weniger Kapitalbedarf als in den A-Lagen, weil dort die Preise auf einem anderen Niveau liegen. In B-Städten sind Einstandspreis und Kaufnebenkosten deutlich geringer. Im Durchschnitt brauchen Käufer in A-Lagen vermutlich doppelt so viel Eigenkapital wie in B-Lagen. Oder anders ausgedrückt: In B-Lagen können sie sich von derselben Summe doppelt so viel kaufen – und haben obendrein noch eine höhere Mietrendite.

Apropos Eigenkapitalrendite – wenn ich jetzt eine Wohnung in einer B-Stadt als Kapitalanlage kaufe, mit welcher Eigenkapitalrendite kann ich dann rechnen? Im Durchschnitt sind das ab 6 Prozent aufwärts, da kommt es auf Lage und Sanierungszustand an. Das muss man aber im Ganzen bewerten und nicht nur die Rendite betrachten. Zum Beispiel ist eine kernsanierte Immobilie mit 5 Prozent Rendite meiner Meinung nach besser zu bewerten als ein unsaniertes Objekt mit 6 Prozent Rendite. Außer, Sie suchen genau solche Objekte, haben das Kapital, dort zu investieren, und möchten durch die Sanierungen Steuervorteile nutzen – dann ja. Aber wenn Sie ein solides Investment suchen und Ihr Eigenkapital begrenzen möchten, sollten Sie das Große und Ganze betrachten.

Doch wird sich diese Entwicklung von Immobilien in B-Lagen so fortsetzen? Meines Erachtens ja. Man erkennt schon einen leichten Trend. 2016 hat sich der ein oder andere gefragt, warum er in Krefeld oder Mönchengladbach kaufen solle. Der Fokus lag auf den A-Städten. Mittlerweile ist deutlich zu sehen, wie lukrativ die Renditen in den B-Städten sind und wie gut die Objekte vermietbar sind.

Der Trend schwappt jetzt langsam auf C-Lagen über, also Städte mit bis zu 200.000 Einwohnern. Das liegt aber auch daran, dass es viel zu wenig Wohnraum gibt, die Nachfrage weiter sehr hoch bleibt und das Angebot gar nicht nachkommt. Deswegen wird sich speziell in den B-Lagen in den kommenden 7 bis 15 Jahren der positive Trend weiter fortsetzen.

Andreas jedenfalls hat mit meiner Hilfe im Jahr 2025 eine Eigentumswohnung in einer A-Stadt erworben, in Hamburg, und dort obendrein in einer absoluten Premiumlage. Weitere Besonderheit: Sie wird möbliert als WG vermietet und generiert aufgrund der enormen Mieteinnahmen einen hohen Cashflow. Daher hat er hier auch – anders als sonst – Eigenkapital eingesetzt.

Objekt Hamburg, Eigentumswohnung 2025, Andreas: möblierte WG-Wohnung

- Kaufpreis: 495.000 Euro.
- Eigenkapital: 85.000 Euro (10 Prozent des Kaufpreises plus Nebenkosten).
- Mieteinnahmen: 2.750 Euro monatlich.
- Nebenkosten und Hausgeld: 750 Euro monatlich.
- Verwaltergebühr: 48 Euro monatlich.
- Finanzierung: 445.000 Euro.
- Monatliche Rate: 1.791,13 Euro.
- Steuererstattung: circa 200 Euro monatlich.
- Positiver Cashflow: 400 Euro monatlich.
- Zinssatz: 3,83 Prozent.
- Tilgung: 1 Prozent.
- Gebäude-AfA: 3,33 Prozent (ermittelt durch Restnutzungsgutachten).

Die Teller sind fast leer, nur noch ein paar Oliven und ein Rest Aioli stehen auf dem Tisch. Ein Kellner serviert Espresso und kleine Gläser mit Hierbas, dem typischen mallorquinischen Kräuterlikör. Während sich alle entspannt zurücklehnen, fasst Sebastian zusammen: »Also, wenn ich eines aus den letzten Tagen mitnehme, dann, dass der Schlüssel nicht nur Wissen ist, sondern auch das richtige Netzwerk und die Fähigkeit, ins Handeln zu kommen.«

Andrea nickt. »Genau. Und ich weiß jetzt, wo ich stehe – ich werde mein nächstes Objekt gezielt mit den richtigen Leuten planen.«

»Und mit uns«, ergänzt Sebastian.

»Na klar, ihr gehört dazu – zu meinem Investorennetzwerk«, erwidert Andrea.

Andreas lächelt. »Für mich steht ohnehin fest: Ich werde mein Portfolio weiter ausbauen. Und ich weiß auch schon, wer mir dabei hilft, mein nächstes Objekt zu finden. Immobilien-Millionär zu werden, ist dann nur noch eine Frage der Zeit – und der optimierten Steuerlast.«

Yvonne lehnt sich zufrieden zurück. »Das klingt nach einem perfekten Plan. Wir haben alle eine klare Vorstellung von unseren nächsten Schritten. Ich bin gespannt, wo wir in zwei Jahren stehen. Die nächsten Besichtigungstermine kann ich kaum erwarten.«

»Und ich die Notartermine«, sagt Andreas.

»Typisch Jurist!«, kommt es wie aus einem Munde.

Sebastian erhebt sein Glas. »Auf das, was vor uns liegt. Und dass wir weiter das Leben so genießen können.«

FAZIT UND AUSBLICK

Immobilieninvestitionen bieten die einmalige Chance, Vermögen langfristig aufzubauen, stetige Einnahmen zu generieren und durch clevere Gestaltung die Steuerlast deutlich zu reduzieren. In Deutschland, das gemeinhin als Hochsteuerland gilt, haben Immobilieninvestoren den Vorteil, dass der Staat ihnen zahlreiche legale Möglichkeiten zur Steueroptimierung bietet.

Ich persönlich finde es angemessen, wenn man zwischen 20 und 30 Prozent Steuern zahlt. Das ist ein fairer Beitrag zur Finanzierung unseres Gemeinwesens. Alles darüber hinaus halte ich jedoch für problematisch. Wer dennoch mehr zahlen will und dies akzeptiert, kann das gern tun. Aber diejenigen, die hohe Steuerzahlungen beklagen, sollten sich eingehender mit den bestehenden Möglichkeiten befassen. Denn gerade bei Immobilien ist es möglich, mit kluger Planung und der Nutzung der vorgesehenen Abschreibungen sowie Finanzierungskosten die Steuerlast erheblich zu mindern – legal und sogar erwünscht vom Gesetzgeber. Sogar der Bundesgerichtshof hat bereits 1965 festgestellt: »Wer die Pflicht hat, Steuern zu zahlen, hat auch das Recht, Steuern zu sparen!« Ein Grundgedanke der, wiederum angeblich oft von Ex-Bundeskanzler Helmut Schmidt zitiert wurde.[23]

Immobilieninvestoren spielen zudem eine wichtige gesellschaftliche Rolle. Sie schaffen dringend benötigten Wohnraum und tragen durch ihre Investitionen zur Stabilität und Weiterentwicklung des Marktes bei. Die sogenannten Steuervorteile sind dabei kein Geschenk des Staates, sondern ein notwendiger Ausgleich für die Risiken, Belastungen und auch Anfeindungen, die Vermieter tragen. Dazu kommen politische Unsicherheiten, dynamische Regulierungen und steigende Anforderungen an Energieeffizienz und Modernisierungen.

Hier noch einmal zusammengefasst die wichtigsten Erfolgsfaktoren für Immobilieninvestoren:

- **Langfristige Planung:** Immobilieninvestitionen sind kein kurzfristiges Spekulationsobjekt. Wer eine langfristige Strategie verfolgt, profitiert von kontinuierlichem Vermögensaufbau.
- **Steuerliche Optimierung:** Die Nutzung von Abschreibungen, Finanzierungsaufwendungen und der richtigen Rechtsform senkt die Steuerlast erheblich.
- **Finanzierungsstrategie:** Ein solides Finanzierungskonzept ist das Fundament jeder erfolgreichen Investition und ein hoher Fremdkapitalanteil hebelt die Eigenkapitalrendite. Wichtig ist dabei eine konservative Kalkulation, die auch Zinsänderungen standhält.
- **Standortwahl:** Der Standort ist der entscheidende Faktor für den Erfolg einer Immobilie. Dabei geht es nicht nur um die Stadt oder Region, sondern vor allem um die Mikrolage. Sie entscheidet über Erfolg oder Misserfolg. B- und C-Städte bieten oft bessere Renditen als die teuren Metropolen.
- **Diversifikation:** Ein ausgewogenes Portfolio, bestehend aus verschiedenen Immobilientypen und Standorten, reduziert das Risiko und erhöht die Stabilität der Erträge.
- **Aktives Management:** Vermieter sollten sich regelmäßig über rechtliche Änderungen informieren und ihre Strategie entsprechend anpassen.

Gewohnt wird immer. An dieser jahrtausendealten Weisheit wird sich auch in Zukunft nichts ändern. Dennoch gibt es immer wieder Megatrends, die zeigen, wie sich der Immobilienmarkt auch verändert. Wer als Investor solche Entwicklungen erkennt, kann sich zusätzliche Chancen sichern. Hierzu gehören etwa mobiles Arbeiten und damit verbundene neue Wohnkonzepte. Workation-Konzepte und der Wunsch nach einem höheren Lebensstandard könnten die

Nachfrage in strukturschwächeren, aber landschaftlich attraktiven Regionen steigern. B- und C-Lagen, die bislang eher als Geheimtipp galten, könnten langfristig stark an Bedeutung gewinnen. Wenn Sie die aktuellen Trends am Immobilienmarkt nicht verpassen möchten, folgen Sie uns auf LinkedIn, Instagram oder YouTube oder besuchen Sie einen unserer regelmäßig stattfindenden kostenfreien Immobilienworkshops. Mehr Infos unter: investment-bauer.de.

Doch eins ist klar: Deutschland wird weiterhin von einem deutlichen Wohnraumdefizit geprägt sein, zumal Deutschland ein Mieterland ist. Erst jüngst ist die Eigentumsquote sogar gesunken, auf gerade einmal 44 Prozent, während sie 2020 noch bei 50 Prozent gelegen hatte.[24] Dies und die Kombination aus einer wachsenden Bevölkerung, steigenden Anforderungen an Neubauten und einem zurückhaltenden Baugewerbe führen dazu, dass die Nachfrage nach Wohnraum die Neubautätigkeit bei Weitem übersteigt. Besonders in urbanen Zentren und gut angebundenen B-Lagen wird die Nachfrage hoch bleiben.

Wohnen ist ein unverzichtbares Grundbedürfnis. Anders als viele andere Anlageformen oder Wirtschaftsbereiche kann Wohnraum nicht digitalisiert oder ersetzt werden. Jeder Mensch braucht ein Zuhause – und dieser Bedarf ist unabhängig von wirtschaftlichen Schwankungen. Deutschland bleibt trotz aller Herausforderungen ein attraktiver Markt für Investoren. Allein Nordrhein-Westfalen hat ungefähr so viele Einwohner wie die Niederlande, was das enorme Potenzial für Wohnimmobilien verdeutlicht.

Trotz regulatorischer Eingriffe und steigender Anforderungen bleibt Deutschland ein hochinteressanter Markt für Immobilieninvestoren. Die stabile Wirtschaft, die hohe Bevölkerungszahl und der kontinuierliche Zuzug sorgen für eine ungebrochen hohe Nachfrage. Zwar gibt es politische Unsicherheiten und regulatorische Hürden, doch wer sich informiert und eine langfristige Strategie verfolgt, kann diese Herausforderungen meistern und von den zahlreichen Vorteilen profitieren.

Ein weiterer Punkt ist die relative Sicherheit des Marktes. Anders als bei Aktien oder Kryptowährungen sind Immobilien weit weniger volatil und bieten einen besseren Schutz vor Inflation. Hinzu kommt, dass Immobilien durch die stetig steigenden Mieten eine attraktive Rendite bieten, vor allem bei langfristiger Vermietung.

Der Weg zum erfolgreichen Immobilieninvestor beginnt mit dem ersten Schritt. Denken Sie daran: Perfekte Bedingungen gibt es nie. Wer wartet, bis alle Unsicherheiten verschwunden sind, wird die besten Chancen verpassen. Wie viele Menschen ärgern sich, dass sie nicht in der Niedrigzinsphase Eigentum erworben haben?

Nutzen Sie die Chancen, die Ihnen der Markt bietet, und bleiben Sie flexibel. Informieren Sie sich regelmäßig über rechtliche Änderungen und passen Sie Ihre Strategie entsprechend an. So schaffen Sie es, nicht nur kurzfristig Gewinne zu erzielen, sondern langfristig ein solides und werthaltiges Portfolio aufzubauen.

Die Kombination aus fundierter Planung, steuerlicher Optimierung und dem Blick für langfristige Trends macht den Unterschied aus zwischen einem Investor, der nur gelegentlich Renditen erzielt, und einem, der echte finanzielle Freiheit erreicht.

Besonders wertvoll ist die Kombination aus fundiertem Wissen und praxisnahen Strategien, die direkt angewendet werden können. Die Treffen finden sowohl in Deutschland als auch auf Mallorca statt und bieten damit die perfekte Verbindung zwischen Einblicken in den deutschen Immobilienmarkt und einem erweiterten Blick auf internationale Möglichkeiten. Auf Mallorca erhalten die Teilnehmer wertvolle Einblicke in die Dynamik eines wachsenden Auslandsmarktes, während in Deutschland vor allem das Wissen zu steuerlichen und rechtlichen Rahmenbedingungen vertieft wird – ein entscheidender Vorteil für erfolgreiche Investitionen.

Ein besonderer Fokus liegt auf dem Praxisbezug. Statt rein theoretischer Inhalte stehen erprobte Strategien und reale Beispiele im Mittelpunkt. Experten und erfahrene Investoren teilen ihre Erkenntnisse, um den Teilnehmern dabei zu helfen, ihr Immobilienportfolio gezielt weiterzuentwickeln. Das Mastermind richtet sich an Investoren, die ihr Portfolio strategisch erweitern und optimieren wollen. Unabhängig davon, ob jemand gerade erst beginnt oder bereits über umfangreiche Erfahrung verfügt – die Teilnahme bietet wertvolle Impulse, um die eigene Strategie nachhaltig zu verbessern. Durch die Teilnahme erhalten Sie nicht nur wertvolles Wissen, sondern auch Zugang zu einem breiten Netzwerk erfahrener Investoren und Experten. Diese Gemeinschaft ermöglicht es, langfristig neue Investitionsmöglichkeiten zu erkennen und erfolgreich umzusetzen.

ANMERKUNGEN

1 Gesamtverband der Versicherer (2024): »Die deutsche Lebensversicherung in Zahlen 2024«, https://www.gdv.de/resource/blob/180978/b8ae8eb0b1bf4b15e7cc3354bc231af9/die-deutsche-lebensversicherung-in-zahlen-2024-publikation-pdf-data.pdf, S. 4; abgerufen am 17.12.2024.

2 Cünnen, Andrea (2024): »Die Jahressieger der Anlageklassen«, Handelsblatt, 30.12.2024.

3 Cünnen, Andrea (2024): »Die Jahressieger der Anlageklassen«, Handelsblatt, 30.12.2024.

4 Cünnen, Andrea (2024): »Die Jahressieger der Anlageklassen«, *Handelsblatt*, 30.12.2024.

5 Hinterberger, Markus (2024): »Wie der Immobilienkauf ohne Eigenkapital klappt«, Seite, 07.11.2024,Seitehttps://www.handelsblatt.com/finanzen/immobilien/baufinanzierung-wie-der-immobilienkauf-ohne-eigenkapital-klappt/100081376.html?utm_source=chatgpt.com.

6 Hinterberger, Markus (2024): »Wie der Immobilienkauf ohne Eigenkapital klappt«, Seite, 07.11.2024,Seitehttps://www.handelsblatt.com/finanzen/immobilien/baufinanzierung-wie-kaufen-sie-eine-immobilie-ohne-eigenkapital/100081376.html?_gl=1v6ax4s_upMQ..&gclid=CjoKCQi-Aoae5BhCNARIsADVLzZdZD6zTAfUtlY6TqM8K6W_fH1bKINnNskZH64cdEwacxQEIfCwZESAa-AkvpEALw_wcB&gbraid=0AAAAACwTgYGsmgtPUojqdS9uDfd-yuchF.

7 Urbanek, Cathrin (2024): »Wachstumschancengesetz kann nachhaltige Impulse für mehr Wohnungsbau setzen«, Bundesarchitektenkammer, Pressemitteilung, 26.03.2024, https://bak.de/presse/pressemitteilungen/wachstumschancengesetz-kann-nachhaltige-impulse-fuer-mehr-wohnungsbau-setzen/.

8 Boysen-Hogrefe, Jens (2023): »Niedrige Grunderwerbsteuer fördert Neubau«, IfW Kiel, 06.03.2023, https://www.ifw-kiel.de/de/publikationen/aktuelles/niedrige-grunderwerbsteuer-foerdert-neubau/?utm_source=chatgpt.com; abgerufen am 17.12.2024.

9 Frohn, Philipp (2024): »Die ganz legalen Steuertricks der Wohnkonzerne«, Seite, 25.10.2024,Seitehttps://www.wiwo.de/finanzen/immobilien/share-deals-die-ganz-legalen-steuertricks-der-wohnkonzerne/30050270.html; abgerufen am 08.01.2025.

10 Anger, Heike (2025): »Mehr bauen – oder regulieren?«, *Seite*, 10.01.2025.

11 Engel & Völkers: »Milieuschutzgebiete, Mietpreisbremse & Umwandlungsverordnung in Berlin«, https://www.engelvoelkers.com/de-de/berlincommercial/milieuschutz-in-berlin/; abgerufen am 13.12.2024.

12 Herz, Carsten (2024): »Was ImmoScout 24 für 2025 erwartet«, *Seite*, 17.12.2024.

13 Herz, Carsten (2024): »Was ImmoScout 24 für 2025 erwartet«, *Seite*, 17.12.2024.

14 BNP Paribas Real Estate: »Residential Report Deutschland 2024«, https://www.realestate.bnpparibas.de/marktberichte/wohnungsmarkt/deutschland-report-institutionelle-investoren-2024?utm_source=chatgpt.com; abgerufen am 10.01.2025.

15 Anger, Heike (2025): »Mehr bauen – oder regulieren?«, Seite, 10.01.2025.

16 Statistik Berlin Brandenburg (2024): »Zahl fertiggestellter Wohnungen gesunken«, Pressemitteilung Nr. 64, 24.05.2024, https://www.statistik-berlin-brandenburg.de/064-2024; abgerufen am 10.01.2025; ohne Ein- und Zweifamilienhäuser.

17 Engel & Völkers: »Mietspiegel 2025 für Deutschland«, https://www.engelvoelkers.com/de-de/mietspiegel/?utm_source=chatgpt.com; abgerufen am 10.01.2025.

18 statista: »Entwicklung der Angebotsmieten für Wohnungen in Berlin von 2012 bis zum 4. Quartal 2024«, https://de.statista.com/statistik/daten/studie/535119/umfrage/mietpreise-auf-dem-wohnungsmarkt-in-berlin/?utm_source=chatgpt.com; abgerufen am 10.01.2025.

19 ImmoScout24: »Mietspiegel für München 2025«, https://www.immobilienscout24.de/immobilienpreise/bayern/muenchen/mietspiegel?utm_source=chatgpt.com&mapCenter=48.15496%2C11.541755%2C11.078923963533812; abgerufen am 10.01.2025.

20 https://www.tagesschau.de/wirtschaft/verbraucher/mietpreisbremse-mieterbund-auslaufen-100.html; abgerufen am 09.05.2025

21 Anger, Heike (2025): »Mehr bauen – oder regulieren?«, *Seite*, 10.01.2025.

22 Herz, Carsten (2024): »Was ImmoScout 24 für 2025 erwartet«, *Seite*, 17.12.2024.

23 https://stb-summa.de/betriebswirtschaftliche-beratung.html; abgerufen am 09.05.2025

24 Anger, Heike & Kersting, Silke (2025): »Studie untersucht Eigentumsquote – Karte zeigt regionale Unterschiede«, Seite, 13.01.2025,Seitehttps://www.handelsblatt.com/politik/deutschland/immobilien-studie-untersucht-eigentumsquote-karte-zeigt-regionale-unterschiede/100099089.html; abgerufen am 14.01.2025.